실습과 그림으로 배우는
리눅스 구조

실습과 그림으로 배우는 리눅스 구조

개발자가 알아야 하는 OS와 하드웨어의 기초

초판 1쇄 발행 2019년 2월 20일
초판 3쇄 발행 2022년 6월 24일

지은이 다케우치 사토루 / **옮긴이** 신준희 / **펴낸이** 김태헌
펴낸곳 한빛미디어(주) / **주소** 서울시 서대문구 연희로2길 62 한빛미디어(주) IT출판부
전화 02-325-5544 / **팩스** 02-336-7124
등록 1999년 6월 24일 제25100-2017-000058호 / **ISBN** 979-11-6224-152-3 93000

총괄 전정아 / **책임편집** 이미향 / **기획** 조희진 / **편집** 조경숙 / **진행** 김선우
디자인 이아란 **전산편집** 이경숙
영업 김형진, 김진불, 조유미 / **마케팅** 박상용, 송경석, 한종진, 이행은, 고광일, 성화정 / **제작** 박성우, 김정우

이 책에 대한 의견이나 오탈자 및 잘못된 내용에 대한 수정 정보는 한빛미디어(주)의 홈페이지나 아래 이메일로
알려주십시오. 잘못된 책은 구입하신 서점에서 교환해 드립니다. 책값은 뒤표지에 표시되어 있습니다.

한빛미디어 홈페이지 www.hanbit.co.kr / 이메일 ask@hanbit.co.kr

지금 하지 않으면 할 수 없는 일이 있습니다.
책으로 펴내고 싶은 아이디어나 원고를 메일(writer@hanbit.co.kr)로 보내주세요.
한빛미디어(주)는 여러분의 소중한 경험과 지식을 기다리고 있습니다.

실습과 그림으로 배우는
리눅스 구조

HB 한빛미디어
Hanbit Media, Inc.

이미 리눅스는 설명할 필요도 없이 세상에 널리 사용되고 있습니다. 이 부분은 제가 덧붙일 필요가 없을 정도입니다. 하지만, 리눅스의 내부가 어떻게 구성되어 있고, 어떤 방식으로 돌아가고 있는지 깊이 아는 이는 드물 겁니다.

그간 제가 했던 일을 다시 생각해보면 리눅스 커널의 소스를 살펴보며 컴파일하거나, 임베디드 시스템을 구성하거나, 직접 서버를 구성하여 운영한 경험이 있습니다. 그렇게 나름 리눅스와 친밀하게 일해왔지만, 대학에서 배운 OS나 컴퓨터 구조 등과 연관 지어 리눅스에 대해 깊이 생각해본 적은 별로 없습니다.

부끄럽게도 트러블슈팅도 대부분 구조를 이해했다기보다는, 남이 해결한 방식을 인터넷에서 찾아보고 그대로 적용해보는 수준에 그쳤었습니다. 게다가 그나마 따라 한 해결 방식을 제대로 이해하지 못했거니와 (남의 방식을 단순히 따라 해서 생기는) 오히려 더 많은 문제를 일으키기도 했습니다.

다행스럽게도(?) 저는 시스템을 깊이 있게 알아야만 해결할 수 있는 문제를 마주칠 일은 적었습니다. 제가 마주쳤던 문제는 그저 제 서버를 다시 설치하거나 코드를 롤백해서 처음부터 작성하는 정도로 문제를 해결할 수 있었습니다.

하지만 여러분이 더 나은 개발자의 영역으로 발을 들이기 위해서는, 운이 좋든 나쁘든 남이 해결한 방식으로는 해결할 수 없는 수많은 문제에 맞닥뜨리고 도전하고, 더해서 나만의 방식으로 해결해야 할 일이 언젠가는 반드시 생기게 될 것입니다.

이 책을 읽으며 여러분이 리눅스로 대표되는 OS(운영체제)의 구성 방식 및 어떻게 구현되었나를 이해하기 시작한다면, 이 책을 만난 일이야말로 더 나은 개발자가 되기 위한 가장 중요한 첫걸음이 되리라 믿습니다.

모든 프로그래머가 이 책을 읽을 필요는 없습니다.

하지만 특히 리눅스와 연관된 분야에서 일하는 프로그래머 중에서 '여기가 왜 이렇게 되었을까' 하는 의문을 조금이라도 지니신 분들이라면 이 책이 그 의문을 풀기 위해 '내 코드의 어느 곳을 어떻게 봐야 할까'를 알아가는 데 충분히 도움이 되리라 생각합니다.

이 책의 저자, '다케우치 사토루'의 풍부한 교육 경험에 이론과 실전이 어우러진 실무 경력을 잘 녹여낸 덕에 이 책에는 이론과 실제 사이의 간극을 좁히고 나아가 이해할 수 있는 아주 좋은 내용이 들어 있습니다. 다른 책에서는 이런 부분을 접하기 어려웠을 겁니다.

OS의 구조에 대해 조금 더 알고 개발하고자 하는 분들, 혹은 리눅스에 대해 조금이라도 깊이 있는 의문을 가져본 적이 있는 분들이라면 이 책을 읽어보시기를 적극적으로 권장합니다.

고맙습니다!

2019년 봄을 기다리며,
신준희 드림

추천사

저자인 다케우치 씨와는 오래전부터 알고 지낸 사이로, 약 10년간 같은 직장에서 근무했습니다. 다케우치 씨는 예전부터 다른 사람에게 가르치는 일을 매우 잘하는 분으로, 대기업에서 신입사원에게 소프트웨어 관련 OS의 동작 원리를 교육하는 일을 매년 자신의 본업과 함께 해오고 있습니다. 이 교육과정은 신입사원의 이해도 및 만족도가 다른 강의보다 경이적일 만큼 높아 회사 내에서도 높게 평가받고 있습니다. 또한 IPA의 시큐리티 캠프 등에서 학생을 대상으로 OS를 교육하고 있습니다.

저도 경험이 있지만, OS를 가르치는 일은 굉장히 어렵습니다. 우선 하드웨어의 동작부터 가르쳐야 하기 때문에 하드웨어부터 일일이 설명하는 데에 시간이 오래 걸립니다. 거기에 제대로 이해하기 위해서는 최소한의 프로그래밍 지식도 필요하기 때문에 초보자들은 도중에 좌절해버릴 내용이 산재해 있습니다.

다케우치 씨의 교육은 매우 독특하고 늘 풍부한 도표와 설명을 더한 테스트 데이터를 그림으로 보여줌으로써 구체적이고도 간결하게 상황을 잘 설명합니다. 예를 들어 성능을 내기 위해 프로그램을 작성할 때 필수인 캐시 메모리를 설명할 때에는 동작 원리를 그림으로 나타낼 뿐만 아니라, 메모리와 캐시 메모리의 구체적인 속도 차이를 나타내는 그래프를 이용하기도 합니다. 이런 교육 방법으로 신입사원이 작성하는 프로그램의 품질개선에 매우 큰 공헌을 해주고 계십니다.

다케우치 씨가 이런 풍부한 교육 경험을 바탕으로 OS의 동작 원리에 대한 지식을 책 한 권으로 정리해 주어서 저는 매우 감사합니다. 리눅스의 동작 원리에 대해 알고 싶은 분은 물론, OS를 스스로 만들어보고 싶은 분, 자신의 프로그램 성능을 개선하고 싶은 분 등에게 이 책이 매우 도움이 되리라 여깁니다.

2018년 1월 30일

리눅스 커널 해커, 루비 커미터

코사키 모토히로

들어가기 전에

이 책에서는 컴퓨터 시스템을 구성하는 OS운영체제, Operating System나 하드웨어를 직접 다루며 어떻게 작동하는지를 알려주고자 합니다. 책에서는 리눅스 환경에서 실습을 진행하겠습니다.

애플리케이션 개발자, 시스템 설계자, 지금 서비스를 운영하거나 벤더의 서버 엔지니어라면 이 책을 한 번 읽어 보길 권합니다. 단, 리눅스의 기본 명령어 정도는 아셔야 합니다.

그림 0-1 컴퓨터 시스템의 계층(예쁜 모델)

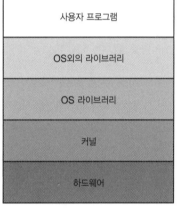

오늘날 컴퓨터 시스템은 계층화, 세분화가 잘 되어 있습니다. 덕분에 개발자들이 OS나 하드웨어를 하나하나 고려하면서 프로그래밍할 일도 적어졌지요. 이런 계층화를 그림으로 표현하면 바로 [그림 0-1]처럼 도식화할 수 있습니다. 보통 임의의 계층, 예를 들어 애플리케이션 개발자라면 바로 밑의 라이브러리 정도만 알아도 충분하다고 합니다. OS 라이브러리 개발자라면 커널 정도만 알아도 되는 거죠.

그러나 실제 시스템이 이렇게 단순하지는 않습니다. [그림 0-2]를 볼까요?

그림 0-2 컴퓨터 시스템의 계층(현실)

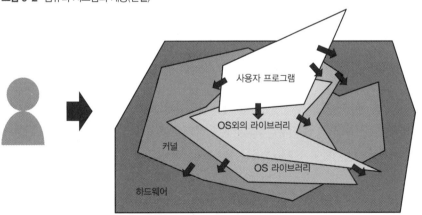

컴퓨터 시스템은 실제 이렇게 계층이 복잡하게 섞여 있으며, 일부만 알아서는 해결할 수 없는 문제가 산재해 있습니다. 결국 이 모든 계층에 대한 이해가 있어야만 해결할 수 있는 문제가 있는 거죠. 연륜이 있는 개발자라면 오랜 실무 경험으로 이런 지식이 있겠지만, 이건 쉬운 일이 아닙니다.

그래서 이 책을 집필했습니다.

필자는 이 책을 통해 독자분들이 OS나 하드웨어에 대한 이해도를 높이기를 바랍니다. 그리고 나면 다음과 같은 일이 가능해질 겁니다.

- 하드웨어 특성을 고려하여 소프트웨어를 개발할 수 있습니다.
- 시스템 설계 시 기준으로 삼을 지표가 무엇인지 알 수 있습니다.
- OS나 하드웨어 관련 오류를 대처할 수 있습니다.*

여기에 더해 네트워크 관련 지식도 쌓으면 좋겠지만, 네트워크는 그 자체만으로도 분량이 방대해 이 책에서는 다루지 않겠습니다. 우선 OS와 하드웨어에만 초점을 맞추겠습니다.

이 책은 『실습과 그림으로 배우는 리눅스 구조』라는 제목에서 알 수 있듯이 여러 가지 실험용 프로그램을 준비해두었습니다. 실제로 직접 여러분의 컴퓨터에서 동작을 확인해보길 권합니다. '단순히 책을 보는 것'과 '본 것을 실제로 해보는 것'을 비교하면 당연히 '실제로 해봤을 때' 학습효과가 훨씬 높습니다. 책에 프로그램의 소스코드를 이미 기재했으며, GitHub로도 공개했습니다.

- https://github.com/satoru-takeuchi/linux-in-practice/

또한 함수의 의미 등도 적절하게 설명해두었습니다. 라이센스는 GPL v2이므로 자유롭게 수정해서 사용해도 됩니다. 하지만 혹시라도 프로그램을 실행하는 것이 불편하다면 필자의 환경에서 동작한 결과를 책에 적어두었으니 내용을 이해하는 것만으로도 괜찮습니다.

....

* 그렇다고 하더라도 OS나 하드웨어의 전문가가 되자고 하는 것은 아닙니다. 어디까지나 필자가 최소로 필요하다고 생각하는 지식을 발췌하여 배우려고 합니다.

이 책에서는 실험용 프로그래밍 언어로 C 언어와 파이썬, Bash 스크립트를 사용했습니다. C 언어라 하여 의아할 수 있을 겁니다. C 언어는 오늘날 주류인 Go나 파이썬에 비하면 원시적인 기능만 있어 생산성이 높지는 않습니다. 그렇지만 OS나 하드웨어의 본연을 다루기에는 매우 훌륭한 언어이기에 이 책에서는 C 언어를 채택했습니다.

실험 환경은 우분투 리눅스 16.04/x86_64로 가정했습니다. 하지만 리눅스 배포판에 의존하는 내용은 거의 없으므로, 배포판 버전이 다르더라도 동작에 무리가 없을 겁니다. 다만, 될 수 있으면 가상머신이 아닌 실제 컴퓨터에서 실험하길 권합니다. 가상머신에서의 결과는 책과 다를 수 있습니다.

이 책의 내용을 실험하려면 다음 패키지가 꼭 필요합니다.

- binutils
- build-essential
- sysstat

다음 명령으로 인스톨할 수 있습니다. 이 이상의 내용은 다루지 않습니다.

```
$sudo apt install binutils build-essential sysstat
```

혹시 궁금해할 분이 있어 제 실험 환경을 남깁니다. 제가 실험하면서 책에 기재한 내용은 다음 환경에서 이뤄졌습니다.

- **CPU** : Ryzen 1800X(하이퍼스레드 off)
- **RAM** : Kingston KVR24N17S8/8 4개(총 32기가바이트)
- **SSD**: Crucial CT275X200(256기가바이트)
- **HDD** : SEAGATE ST3000DM001(3테라바이트)
- **우분투** 16.04/x86_64
- **리눅스 커널 버전** : 4.10.0-40-generic

끝으로 이 책에 쓰여진 내용은 정보를 제공할 뿐입니다. 따라서 이 책의 내용을 이용해서 서버를 운용하실 때에는 반드시 독자 여러분의 책임과 판단을 가지고 실행해주시기 바랍니다. 이 책의 내용에 따른 결과에 대해서 출판사와 필자는 책임을 지지 않습니다.

이 책에 쓰여진 정보는 2018년 1월을 기준으로 적혀 있으므로 독자 여러분이 책을 접할 때에는 변경된 내용이 있을 수도 있습니다.

이 책의 소프트웨어에 대한 설명은 부연 설명이 없는 한 되도록 2018년 1월 버전을 기준으로 하고 있습니다. 소프트웨어는 버전이 업그레이드되기도 하므로 이 책에서 설명하는 것과 기능이나 화면이 바뀌어 있을 수 있습니다.

- 본문 중에 기재되어 있는 제품 이름은 전부 각 회사의 상표 혹은 등록 상표입니다. 본문 중에 ™, ®, ©의 표시는 생략하도록 하겠습니다.

CONTENTS

CONTENTS

CHAPTER **4 프로세스 스케줄러**

CHAPTER **5 메모리 관리**

CONTENTS

CHAPTER 6 메모리 계층

CHAPTER 7 파일시스템

CONTENTS

CHAPTER 8 저장 장치

## CHAPTER 1

컴퓨터 시스템의 개요

1장에서는 OS와 하드웨어의 관계 그리고 OS란 어떤 것인가를 간략하게 살펴보겠습니다. 1장에는 추상적인 내용이 많습니다. 우선 책을 끝까지 읽어본 다음 필요할 때 다시 1장을 읽어보면 도움이 될 겁니다.

요즈음 세상에는 다양한 종류의 컴퓨터 시스템이 넘쳐나고 있습니다. 우리 주변에서 예를 들자면 컴퓨터, 스마트폰, 태블릿 등을 들 수 있겠지요. 또 보통 보기는 힘들지만 회사에서 사용하는 서버 컴퓨터도 있습니다. 이처럼 다양한 컴퓨터 시스템만큼 하드웨어의 구성에도 많은 차이점이 있습니다만, 일반적으로 [그림 1-1]과 같은 구조로 되어 있습니다.

그림 1-1 컴퓨터 시스템의 하드웨어 구성

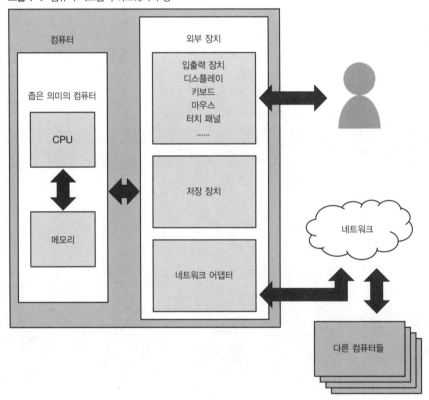

컴퓨터 시스템이 동작할 때 하드웨어에서는 다음 순서가 반복됩니다.

  1 입력 장치 혹은 네트워크 어댑터를 통해서 컴퓨터에 무언가 처리 요청이 들어옵니다.
  2 메모리에 있는 명령을 읽어 CPU에서 실행하고 그 결괏값을 다시 메모리의 다른 영역에 기록합니다.

3 메모리의 데이터를 하드디스크(이하 HDD로 표기)나 SSD 등의 저장 장치에 기록 또는 네트워크를 통해 다른 컴퓨터에 전송하거나 디스플레이 등의 출력 장치를 통해 사람에게 결괏값을 보여줍니다.

4 1번부터 반복해서 실행합니다.

이러한 순서를 반복해서 사용자에게 필요한 하나의 처리(기능)로 정리한 것을 프로그램이라고 합니다. 프로그램은 크게 다음과 같은 종류로 나눌 수 있습니다.

- **애플리케이션** : 사용자가 직접 사용합니다. 예를 들어 컴퓨터의 오피스 프로그램 또는 스마트폰이나 태블릿에 있는 앱 등이 있습니다.
- **미들웨어** : 여러 가지 애플리케이션이 공통으로 사용하는 처리를 묶어서 애플리케이션의 실행을 도와줍니다. 예를 들어 웹 서버, 데이터베이스 등이 있습니다.
- **OS(운영체제)** : 하드웨어를 직접 조작하여 애플리케이션이나 미들웨어의 실행에 필요한 기능을 제공합니다. 예를 들어 리눅스, MS 윈도우, OSX 등이 있습니다.

위에서 설명한 프로그램은 [그림 1-2]와 같이 서로 연동되어 동작합니다.

그림 1-2 프로그램은 서로 연동되어 동작

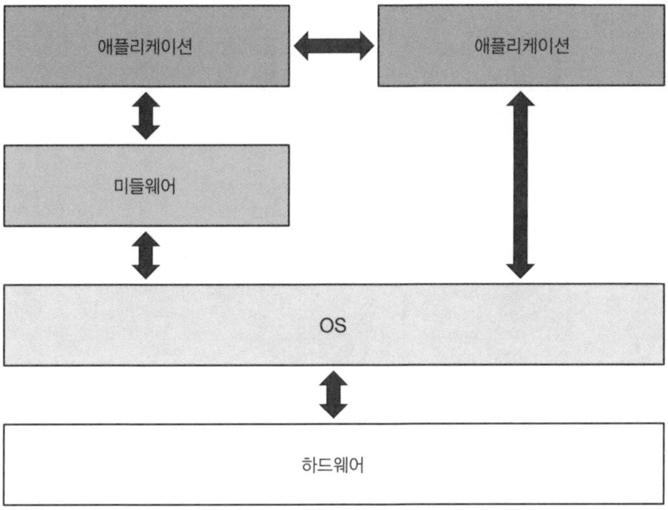

일반적으로 OS는 여러 가지 프로그램을 프로세스라고 하는 단위로 실행합니다. [그림 1-3]과 같이 각 프로그램은 1개 혹은 여러 개의 프로세스로 구성됩니다. 리눅스를 포함하여 대부분의 OS는 여러 개의 프로세스를 동시에 실행할 수 있습니다.

그림 1-3 소프트웨어(프로그램)는 1개 또는 여러 개의 프로세스로 구성

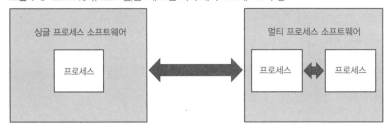

이제부터 리눅스 그리고 리눅스와 하드웨어의 관계에 대해 설명하겠습니다. 리눅스뿐만 아니라 OS에 대해서도 설명할 내용은 많지만 간단히 설명하고자 둘을 크게 구별 짓지 않겠습니다.

리눅스의 중요한 역할은 외부 장치(이하 디바이스)를 조작하는 일입니다. 리눅스 같은 OS가 없으면 여러 개의 프로세스가 각각 디바이스를 조작하는 코드를 작성해야 합니다(그림 1-4).

그림 1-4 OS가 없을 때의 디바이스 조작 방법

이렇게 해도 동작은 하겠지만 다음과 같은 단점이 있습니다.

- 모든 애플리케이션 개발자가 디바이스의 스펙을 상세히 알아야만 디바이스를 조작할 수 있습니다.
- 개별 개발이므로 개발 비용이 커집니다.
- 멀티 프로세스가 동시에 디바이스를 조작할 경우 예상 외의 동작이 발생할 수 있습니다.

이러한 단점 때문에 리눅스는 디바이스 드라이버라고 하는 프로그램을 통해 디바이스를 다룹니다. 따라서 디바이스 드라이버를 통해서만 프로세스가 디바이스를 조작할 수 있습니다(그림 1-5).

그림 1-5 프로세스는 디바이스 드라이버를 통해 디바이스에 접근

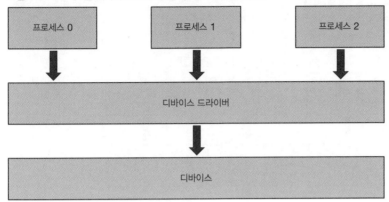

다음 [그림 1-6]과 같이 세상에는 여러 종류의 디바이스가 있습니다만, 리눅스는 디바이스의 종류가 같으면 같은 인터페이스로 조작하도록 되어 있습니다.

그림 1-6 종류가 같은 디바이스는 같은 인터페이스로 조작

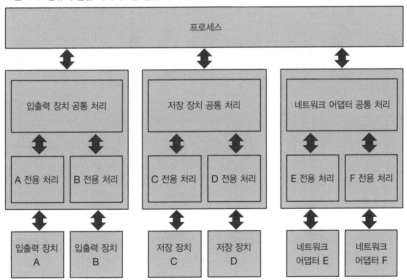

프로그래머의 버그나 해킹 목적으로 의도된 특정 프로세스가 '디바이스 드라이버를 통해 디바이스에 접근함'이라는 룰을 깨면 멀티 프로세스가 동시에 디바이스를 조작하려고 시도하는 상황이 발생합니다. 리눅스는 이러한 문제를 피하고자 CPU에 있는 기능을 이용하여 프로세스가 직접 하드웨어에 접근하는 것을 차단합니다. 자세히 설명하자면 CPU에는 커널 모드와 사용자 모드

라고 하는 두 가지 모드가 있으며 커널 모드로 동작할 때만 디바이스에 접근할 수 있습니다. 디바이스 드라이버는 커널 모드로 동작하고 프로세스는 사용자 모드로 동작합니다(그림 1-7).

그림 1-7 프로세스는 사용자 모드로, 디바이스 드라이버는 커널 모드로 동작

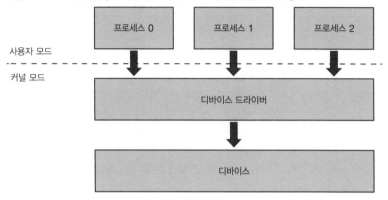

디바이스 조작 외에도 일반적인 프로세스로 실행하면 문제가 되는 처리(수행)가 몇 가지가 있습니다. 예를 들면 다음과 같습니다.

- 프로세스 관리 시스템
- 프로세스 스케줄링
- 메모리 관리 시스템

이러한 처리도 커널 모드에서 동작합니다. 이렇게 커널 모드에서 동작하는 OS의 핵심 부분이 되는 처리를 모아 담당하는 프로그램을 커널이라고 부릅니다. 프로세스가 디바이스 드라이버를 포함한 커널이 제공하는 기능을 사용하려 할 때는 시스템 콜이라고 하는 특수한 처리를 통해 커널에 요청합니다. 또한 OS는 커널만을 지칭하지 않습니다. 커널 이외에도 사용자 모드에서 동작하는 다양한 프로그램으로 구성되어 있습니다. 리눅스의 사용자 모드에서 동작하는 OS 기능 및 프로세스 그리고 커널과의 인터페이스가 되는 시스템 콜에 대해서는 2장에서 자세히 설명하겠습니다.

3장에서는 커널의 프로세스 생성, 파괴를 담당하는 프로세스 관리 시스템에 대해 자세히 설명하겠습니다.

커널은 시스템에 탑재된 CPU나 메모리 등의 리소스를 관리하고 있으며 리소스의 일부를 시스템에 존재하는 각 프로세스에 적절히 분배합니다(그림 1-8).

그림 1-8 CPU나 메모리 등의 리소스는 커널이 관리함

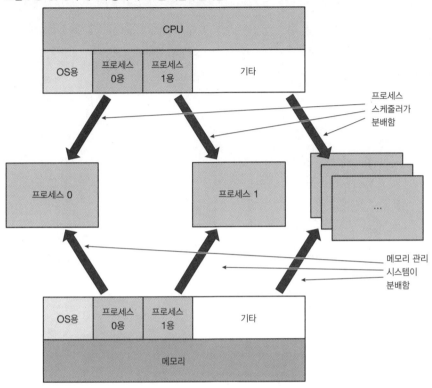

이 가운데 CPU 자원을 관리하는 프로세스 스케줄러에 대해서는 4장에서 다루겠습니다. 메모리 자원을 관리하는 메모리 관리 시스템에 대해서는 5장에서 다루겠습니다.

프로세스 실행에 있어서는 [그림 1-9]와 같이 다양한 데이터가 메모리를 중심으로 CPU의 레지스터나 저장 장치 같은 기억장치 사이에 전송됩니다. 이러한 기억장치는 크기, 가격, 전송 속도 등에서 장단점이 있으며 기억장치 계층이라고 일컫는 계층 구조를 구성하고 있습니다. 프로그램을 빠르고 안정적으로 동작시키기 위해서는 이러한 기억장치를 유용하게 활용하지

그림 1-9 데이터는 여러 가지 기억장치 사이에 전송됨

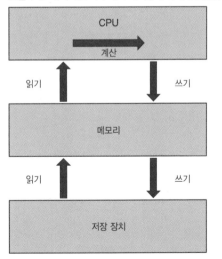

않으면 안 됩니다. 기억장치 계층은 6장에서 자세히 설명하겠습니다.

저장 장치에 보관된 데이터는 디바이스 드라이버에 직접 요청해서 접근할 수 있지만 보통 좀 더 간단히 접근하기 위해 파일시스템이라고 하는 프로그램을 통해 접근합니다(그림 1–10). 파일시스템에 대해서는 7장에서 상세히 설명하겠습니다.

그림 1-10 파일시스템을 통해 저장 장치에 접근

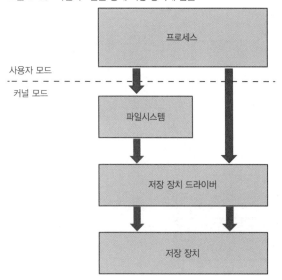

컴퓨터 시스템은 저장 장치가 반드시 필요합니다. 시스템이 작동하려면 먼저, 저장 장치로부터 OS를 읽어야 합니다.* 거기에 추가로 시스템이 작동하면서 생성된 메모리상의 데이터는 전원이 꺼지면 손실되므로 전원이 꺼지기 전에 그 내용을 저장 장치에 기록해둬야 합니다. 8장에서는 저장 장치 성능의 특징, 성능을 끌어내기 위한 커널의 지원 기능에 대해 설명하겠습니다.

....

* 정확하게는 OS를 읽어 들이기 전에 ①BIOS나 UEFI라고 하는 하드웨어 임베디드 소프트웨어가 작동하여 하드웨어의 초기화 처리, ②동작할 OS를 선택하는 부트로더가 작동합니다.

CHAPTER **2**

사용자 모드로 구현되는 기능

1장에서 설명했듯이 OS는 커널 이외에도 사용자 모드에서 동작하는 다양한 프로그램으로 구성되어 있습니다. 이러한 프로그램들은 라이브러리library 형태인 것도 있고 단독 프로그램으로 동작하는 것도 있습니다. 먼저 작은 단위로 컴퓨터 시스템을 구성하는 각각의 프로세스와 OS의 관계를 [그림 2-1]과 같이 그려보았습니다.

그림 2-1 프로세스와 OS의 관계

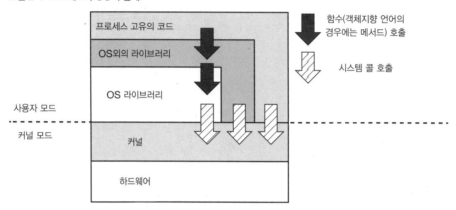

[그림 2-1]은 기본적으로 사용자 모드의 프로세스 처리부터 시스템 콜을 통한 커널 처리를 호출하는 방식입니다. 이러한 호출을 하는 것은 프로그램 고유의 코드인 경우도 있고, 그 코드가 사용하는 라이브러리인 경우도 있습니다. 더불어 라이브러리도 OS가 제공하는 라이브러리와 그렇지 않은 라이브러리로 나누어질 수 있습니다.

시스템 전체를 들여다보면 시스템에는 애플리케이션이나 미들웨어뿐만 아니라 OS에서 제공하는 프로그램도 여러 가지 있습니다.

이번 장에서는 시스템 콜, OS가 제공하는 라이브러리, OS가 제공하는 프로그램에 대해 설명하고 이들이 왜 필요한지 설명하겠습니다.

시스템 콜

프로세스는 프로세스의 생성이나 하드웨어의 조작 등 커널의 도움이 필요할 경우 시스템 콜을 통해 커널에 처리를 요청합니다.

다음은 시스템 콜의 종류입니다.

- 프로세스 생성, 삭제
- 메모리 확보, 해제
- 프로세스 간 통신(IPC)
- 네트워크
- 파일시스템 다루기
- 파일 다루기(디바이스 접근)

위에서 나열한 시스템 콜에 대해서는 이후 필요에 따라 자세히 설명하겠습니다.

CPU의 모드 변경

시스템 콜은 CPU의 특수한 명령을 실행해야만 호출됩니다. 프로세스는 보통 사용자 모드로 실행되고 있지만 커널에 처리를 요청하고자 시스템 콜을 호출하면 CPU에서는 인터럽트interrupt 이벤트가 발생합니다. 인터럽트 이벤트가 발생하면 CPU는 사용자 모드에서 커널 모드로 변경 되며 요청한 내용을 처리하기 위해 커널은 동작하기 시작합니다. 요청한 내용 처리가 끝나면 커널 내의 시스템 콜 처리가 종료됩니다. 그리고 다시 사용자 모드로 돌아가 프로세스의 동작 을 계속 진행합니다(그림 2-2).

그림 2-2 CPU의 모드 변경

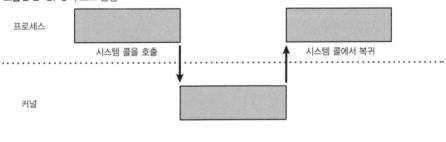

커널은 프로세스가 요청한 내용을 처리하기 전에 프로세스의 요구가 유효한지 확인합니다(예를 들어 시스템의 메모리 용량 이상의 메모리를 요구하는 것 등). 요구 사항이 맞지 않는다면 커널은 시스템 콜을 실패했다고 처리합니다.

유저 프로세스에서 시스템 콜을 통하지 않고 직접 CPU 모드를 변경하는 방법은 없습니다(만약 그런 방법이 있다면 커널이 존재하더라도 사용자가 마음대로 하드웨어를 다룰 수 있게 되어 문제가 되겠지요).

시스템 콜 호출의 동작 순서

프로세스가 어떠한 시스템 콜을 호출했는가는 'strace' 명령어를 통해 확인할 수 있습니다. 단순한 메시지를 출력하는 [코드 2-1]의 hello 프로그램에 strace를 적용해보겠습니다.

코드 2-1 hello 프로그램(hello.c)

```c
#include <stdio.h>

int main(void)
{
    puts("hello world");
    return 0;
}
```

우선 컴파일한 다음 strace 없이 실행해봅시다.

```
$ cc -o hello hello.c
$ ./hello
hello world
$
```

'hello world'라고 화면에 표시되나요? 그렇다면 strace로 이 프로그램이 어떤 시스템 콜을 호출하는지 살펴봅시다. strace의 출력과 프로그램 자체의 출력이 섞이지 않도록 '-o' 옵션을 사용해 strace의 출력을 별도의 파일로 저장하겠습니다.

```
$ strace -o hello.log ./hello
hello world
$
```

프로그램은 이전과 마찬가지로 화면에 'hello world'를 출력하고 종료되었습니다. 그렇다면 strace의 결과가 저장된 hello.log의 내용을 살펴보도록 합시다.*

```
$ cat hello.log
execve("./hello", ["./hello"], [/* 28 vars */]) = 0
brk(NULL)                       = 0x917000
access("/etc/ld.so.nohwcap", F_OK) = -1 ENOENT (No such file or directory)
mmap(NULL, 8192, PROT_READ|PROT_WRITE, MAP_PRIVATE|MAP_ANONYMOUS, -1, 0) =
0x7f3ff46c2000
access("/etc/ld.so.preload", R_OK) = -1 ENOENT (No such file or directory)
...
brk(NULL)                       = 0x917000
brk(0x938000)                   = 0x938000
write(1, "hello world\n", 12)   = 12          ●——— ①
exit_group(0)                   = ?
+++ exited with 0 +++
$
```

strace 각각의 줄은 1개의 시스템 콜 호출입니다. 이 프로그램은 여러 줄을 출력했는데 여기서 중요한 것은 ①입니다. ①의 출력 줄을 보면 데이터를 화면이나 파일 등에 출력하는 'write()' 시스템 콜이 'hello world\n' 문자열을 화면에 출력하고 있습니다.

필자의 환경에서는 시스템 콜이 총 31회 호출되었습니다. 이 호출의 대부분은 hello.c에 있는 'main()' 함수의 앞뒤로 실행된 것들로서 프로그램의 시작과 종료 처리(이것 또한 OS가 제공하는 기능 중 한 가지입니다)가 호출되었던 것으로 크게 신경 쓸 필요 없습니다.

[코드 2-1]의 hello 프로그램은 C 언어로 작성되었지만 작성한 언어와 상관없이 프로그램이 커널에 처리를 요청할 때에는 결국 시스템 콜을 호출합니다. 확인해볼까요? [코드 2-2]는 파이썬으로 작성한 프로그램입니다.

---

* 실행 결과에 표시되는 내용 중 일부는 실행 환경에 따라 달라집니다.

코드 2-2 파이썬으로 작성한 hello 프로그램(hello.py)

```python
print("hello world")
```

이 hello.py 프로그램을 strace로 실행해봅시다.

```
$ strace -o hello.py.log python3 ./hello.py
hello world
$
```

실행해봤으면 추적 정보를 살펴보겠습니다.

```
execve("/usr/bin/python3", ["python3", "./hello.py"], [/* 28 vars */]) = 0
brk(NULL)                    = 0x2120000
access("/etc/ld.so.nohwcap", F_OK) = -1 ENOENT (No such file or directory)
mmap(NULL, 8192, PROT_READ|PROT_WRITE, MAP_PRIVATE|MAP_ANONYMOUS, -1, 0) =
0x7f6a9a36d000
access("/etc/ld.so.preload", R_OK) = -1 ENOENT (No such file or directory)
...
close(3)                     = 0
write(1, "hello world\n", 12)   = 12          ●──────── ②
rt_sigaction(SIGINT, {SIG_DFL, [], SA_RESTORER, 0x7f6a99f3e390}, {0x63f1d0, [],
SA_RESTORER, 0x7f6a99f3e390}, 8) = 0
exit_group(0)                = ?
+++ exited with 0 +++
```

이번에도 여러 줄이 출력되었지만, 여기서 중요한 것은 ②입니다. C 언어로 작성된 hello 프로그램(hello.c)과 마찬가지로 결국은 write() 시스템 콜이 호출되고 있음을 알 수 있습니다. 이것은 hello 프로그램과 같이 간단한 프로그램뿐만 아니라, 다른 복잡한 프로그램에도 모두 해당되는 이야기입니다.

또한 hello.py.log에 기록된 write() 이외의 시스템 콜은 파이썬 처리 계열의 초기화와 종료 처리를 호출한 것입니다. C 언어보다도 처리할 양이 많기 때문에 hello 프로그램보다 훨씬 많은 705개나 되는 시스템 콜이 호출되었습니다.* hello 프로그램과 마찬가지로 크게 신경 쓸 필요는 없습니다.

----

* 개별 시스템 콜은 'man' 명령에서 'man 2 write' 등으로 확인할 수 있습니다.

여러분이 가지고 있는 프로그램에도 strace를 사용하여 추적 정보를 확인해보면 재미있을 겁니다(실행 시간이 긴 소프트웨어에 적용하면 출력량이 어마어마하게 많으므로 주의가 필요합니다).

실험

프로세스가 사용자 모드와 커널 모드 중 어느 쪽에서 실행되고 있는지의 비율은 다음처럼 'sar' 명령어로 확인할 수 있습니다. 각 CPU 코어가 어떤 종류의 처리를 실행하고 있는지를 1초 단위로 측정해보겠습니다.**

```
$ sar -P ALL 1
(중략)
16:29:52   CPU   %user   %nice  %system   %iowait  %steal  %idle
16:29:53   all    0.88    0.00     0.00      0.00     0.00   99.12
16:29:53     0    2.00    0.00     1.00      0.00     0.00   97.00
16:29:53     1    1.00    0.00     0.00      0.00     0.00   99.00
16:29:53     2    0.00    0.00     0.00      0.00     0.00  100.00
16:29:53     3    2.00    0.00     0.00      0.00     0.00   98.00
16:29:53     4    0.00    0.00     0.00      0.00     0.00  100.00
16:29:53     5    1.98    0.00     0.00      0.00     0.00   98.02
16:29:53     6    0.00    0.00     0.00      0.00     0.00  100.00
16:29:53     7    0.99    0.00     0.00      0.00     0.00   99.01

16:29:53   CPU   %user   %nice  %system   %iowait  %steal  %idle
16:29:54   all    0.75    0.00     0.25      0.12     0.00   98.88
16:29:54     0    2.97    0.00     0.00      0.00     0.00   97.03
16:29:54     1    0.99    0.00     0.99      0.00     0.00   98.02
16:29:54     2    0.00    0.00     0.00      0.00     0.00  100.00
16:29:54     3    0.00    0.00     0.00      0.00     0.00  100.00
16:29:54     4    0.00    0.00     0.00      1.00     0.00   99.00
16:29:54     5    1.00    0.00     0.00      0.00     0.00   99.00
16:29:54     6    0.00    0.00     0.00      0.00     0.00  100.00
16:29:54     7    1.00    0.00     0.00      0.00     0.00   99.00
(중략)
```

** 세 번째 파라미터로 '1'을 지정하면 1초 단위로 측정하게 됩니다.

이때 Ctrl-c*를 누르면 데이터를 측정한 동안의 평균치를 출력하고 sar은 종료됩니다.

```
(중략)
Average:   CPU   %user   %nice   %system   %iowait   %steal   %idle
Average:   all   0.71    0.00    0.08      0.04      0.00     99.17
Average:   0     1.66    0.00    0.33      0.00      0.00     98.01    ─── ③ %user부터 %idle
Average:   1     1.00    0.00    0.33      0.00      0.00     98.67        까지 필드값을 전부
Average:   2     0.33    0.00    0.00      0.00      0.00     99.67        더하면 100입니다.
Average:   3     0.67    0.00    0.00      0.00      0.00     99.33
Average:   4     0.00    0.00    0.00      0.33      0.00     99.67
Average:   5     1.00    0.00    0.00      0.00      0.00     99.00
Average:   6     0.00    0.00    0.00      0.00      0.00     100.00
Average:   7     0.99    0.00    0.00      0.00      0.00     99.01
$
```

CPU 코어에서 실행되고 있던 처리의 종류는 각 줄의 '%user'부터 '%idle'까지 필드에 표시됩니다. 한 줄의 필드값을 전부 더하면 100이 됩니다. 예를 들어 ③의 '%user'부터 '%idle'까지를 실제로 모두 더하면(1.66 + 0.00 + 0.33 + 0.00 + 0.00 + 98.01) 100이 되는 것을 알 수 있습니다. 한 줄에 1개의 CPU 코어가 대응하고 있으므로 이 시스템에 탑재된 8개의 CPU 코어 각각에 대해 정보가 출력되고 있음을 알 수 있습니다(CPU 필드값이 'all'로 표시된 줄은 전체 CPU 코어의 평균치를 나타냅니다).

사용자 모드에서 프로세스를 실행하고 있는 시간의 비율은 '%user'와 '%nice'의 합계로 얻을 수 있습니다(%user와 %nice의 차이점은 4장에서 설명하겠습니다). CPU 코어가 커널 모드에서 시스템 콜 등의 처리를 실행하고 있는 시간의 비율은 '%system'으로 얻을 수 있습니다. 이 데이터를 측정할 때, 모든 CPU 코어는 대부분의 시간 동안 %idle이 100에 가까운 값이었습니다. '%idle'은 CPU 코어상에 프로세스도, 커널도 움직이고 있지 않은 'idle아이들 상태'인 것을 의미합니다(idle 상태에 대한 설명은 4장에서 하겠습니다). 다른 필드의 의미에 대해서는 3장에서 설명하겠습니다.

다음과 같이 정보를 측정하는 횟수를 네 번째 파라미터로 지정할 수도 있습니다.**

....
* 'Ctrl' 키를 누른 상태에서 'c' 키를 누릅니다.
** 이 예에서는 1초마다 1회의 정보를 측정하고 있습니다.

```
$ sar -P ALL 1 1
(중략)
16:32:50 CPU   %user   %nice   %system   %iowait   %steal   %idle
16:32:51 all   0.13    0.00    0.00      0.00      0.00     99.87
16:32:51 0     0.00    0.00    0.00      0.00      0.00     100.00
16:32:51 1     0.00    0.00    0.00      0.00      0.00     100.00
16:32:51 2     0.00    0.00    0.00      0.00      0.00     100.00
16:32:51 3     0.00    0.00    0.00      0.00      0.00     100.00
16:32:51 4     0.99    0.00    0.00      0.00      0.00     99.01
16:32:51 5     1.00    0.00    0.00      0.00      0.00     99.00
16:32:51 6     0.00    0.00    0.00      0.00      0.00     100.00
16:32:51 7     0.00    0.00    0.00      0.00      0.00     100.00

Average: CPU   %user   %nice   %system   %iowait   %steal   %idle
Average: all   0.13    0.00    0.00      0.00      0.00     99.87
Average: 0     0.00    0.00    0.00      0.00      0.00     100.00
Average: 1     0.00    0.00    0.00      0.00      0.00     100.00
Average: 2     0.00    0.00    0.00      0.00      0.00     100.00
Average: 3     0.00    0.00    0.00      0.00      0.00     100.00
Average: 4     0.99    0.00    0.00      0.00      0.00     99.01
Average: 5     1.00    0.00    0.00      0.00      0.00     99.00
Average: 6     0.00    0.00    0.00      0.00      0.00     100.00
Average: 7     0.00    0.00    0.00      0.00      0.00     100.00
$
```

이번에는 시스템 콜을 호출하지 않고 계속 무한루프를 도는 프로그램을 실행하여 sar로 확인해보겠습니다(코드 2-3).

코드 2-3 loop 프로그램(loop.c)

```
int main(void)
{
    for (;;)
        ;
}
```

이 코드를 컴파일해서 실행한 결과는 다음과 같습니다.

```
$ cc -o loop loop.c
$ ./loop &
```

```
[1] 13093
$ sar -P ALL 1 1
(중략)
16:45:45  CPU  %user  %nice  %system  %iowait  %steal  %idle
16:45:46  all  12.86  0.00   0.12     0.00     0.00    87.02
16:45:46  0    100.00 0.00   0.00     0.00     0.00    0.00       ●————— ①
16:45:46  1    0.00   0.00   0.00     0.00     0.00    100.00
16:45:46  2    0.00   0.00   0.00     0.00     0.00    100.00
16:45:46  3    1.00   0.00   0.00     0.00     0.00    99.00
16:45:46  4    0.99   0.00   0.00     0.00     0.00    99.01
16:45:46  5    1.01   0.00   0.00     0.00     0.00    98.99
16:45:46  6    0.00   0.00   0.00     0.00     0.00    100.00
16:45:46  7    0.00   0.00   0.00     0.00     0.00    100.00
(중략)
```

①을 보면 통계 정보를 측정하고 있던 1초 동안, CPU 코어 0에서는 유저 프로세스, 즉 loop 프로그램이 계속해서 동작하고 있었던 것을 알 수 있습니다(그림 2-3).

그림 2-3 loop 프로그램의 동작

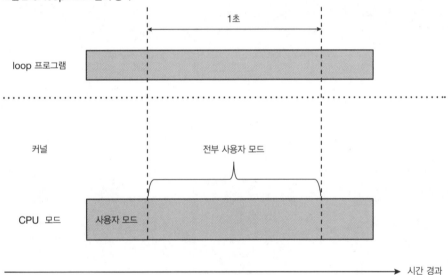

측정이 끝났다면 loop 프로그램을 종료합시다.*

....

* 'kill' 명령어의 인수에 종료하려는 프로그램의 프로세스 ID를 지정합니다. loop 프로그램의 프로세스 ID는 '&'를 붙여서 실행했을 때에 나타나는 숫자로 알 수 있습니다. 앞의 명령어에서 ./loop &를 실행했을 때 다음에 나타나는 [1] 13093의 13093이 프로세스 ID입니다.

```
$ kill 13093
$
```

이어서 단순히 부모 프로세스의 프로세스 ID를 얻는 'getppid()' 시스템 콜을 무한루프 하는 프로그램을 실행해서 측정해보겠습니다(코드 2-4).

코드 2-4 ppidloop 프로그램(ppidloop.c)

```
#include <sys/types.h>
#include <unistd.h>

int main(void)
{
    for (;;)
        getppid();
}
```

이 프로그램을 컴파일해서 실행하면 다음과 같습니다.

```
$ cc -o ppidloop ppidloop.c
$ ./ppidloop &
[1] 13389
$ sar -P ALL 1 1
(중략)
16:49:11 CPU %user %nice %system %iowait %steal %idle
16:49:12 all 3.51  0.00   9.02    0.00    0.00   87.47
16:49:12 0   0.00  0.00   0.00    0.00    0.00   100.00
16:49:12 1   28.00 0.00   72.00   0.00    0.00   0.00    •——② 
16:49:12 2   0.00  0.00   0.00    0.00    0.00   100.00
16:49:12 3   0.00  0.00   0.00    0.00    0.00   100.00
16:49:12 4   0.99  0.00   0.99    0.00    0.00   98.02
16:49:12 5   0.00  0.00   0.00    0.00    0.00   100.00
16:49:12 6   0.00  0.00   0.00    0.00    0.00   100.00
16:49:12 7   0.00  0.00   0.00    0.00    0.00   100.00
(중략)
$
```

실행 결과를 보면 ②는 통계 정보를 측정하고 있던 1초 동안 한 일을 알 수 있으며 이를 그림으로 나타낸 것이 [그림 2-4]입니다.

- CPU 1 내에서는 ppidloop 프로그램을 28%의 비율로 실행하고 있었습니다.

- ppidloop 프로그램의 요청에 대응하여 이 프로그램의 부모 프로세스를 얻는 커널의 처리를 72% 비율로 실행하고 있었습니다.

왜 **%system**이 100%가 아니고 ppidloop 프로그램이 28%를 차지할까요? 바로 **main()** 함수 안에 **getppid()**를 무한루프 하기 위해 루프 처리를 하는 데 ppidloop 프로그램이 프로세스를 사용하고 있기 때문입니다.

그림 2-4 ppidloop 프로그램의 동작

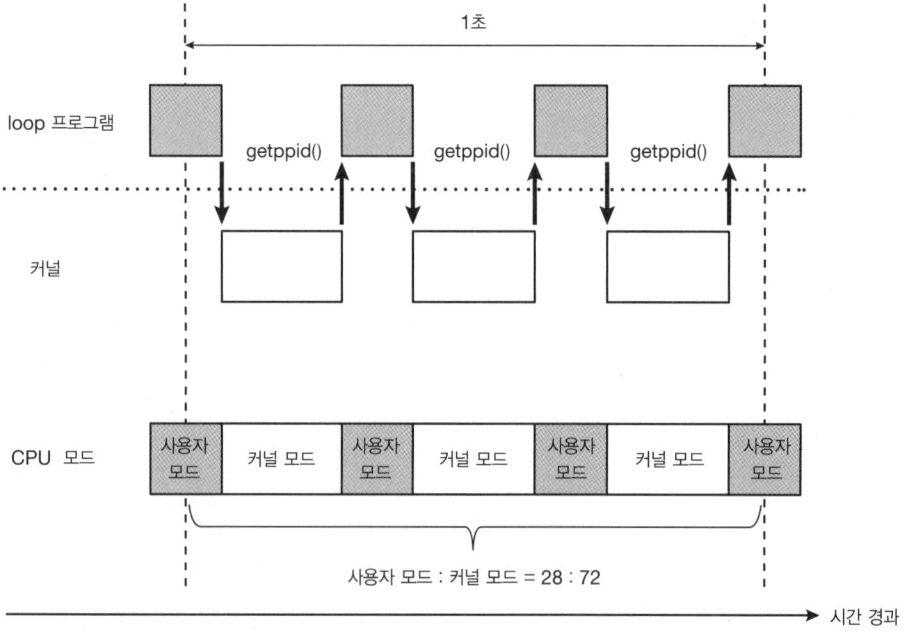

측정이 끝난 프로그램은 종료하도록 합시다.

```
$ kill 13389
$
```

대체로 **%system**의 수치가 크면(수십 이상) 시스템 콜이 너무 많이 호출되고 있거나 시스템에 과부하가 걸려 있는 등의 좋지 않은 상태를 의미합니다.

시스템 콜의 소요 시간

strace에 '-T' 옵션을 붙여 각종 시스템 콜 처리에 걸린 시간을 마이크로초 단위로 정밀하게 측정할 수 있습니다. %system의 점유율이 높을 때 구체적으로 어떤 시스템 콜에 시간이 걸리고 있는지를 확인할 경우 이 기능을 사용하면 편리합니다. 다음은 hello 프로그램에 'strace -T'를 실행한 결과입니다.

```
$ strace -T -o hello.log ./hello
hello world
$ cat hello.log
execve("./hello", ["./hello"], [/* 28 vars */]) = 0 <0.000225>
brk(NULL)                       = 0x6c6000 <0.000012>
access("/etc/ld.so.nohwcap", F_OK) = -1 ENOENT (No such file or directory) <0.000016>
mmap(NULL, 8192, PROT_READ¦PROT_WRITE, MAP_PRIVATE¦MAP_ANONYMOUS, -1, 0) =
0x7ff02b49a000 <0.000013>
access("/etc/ld.so.preload", R_OK) = -1 ENOENT (No such file or directory) <0.000014>
(중략)
brk(0x6e7000)                   = 0x6e7000 <0.000008>
write(1, "hello world\n", 12)   = 12 <0.000014>
exit_group(0)                   = ?
+++ exited with 0 +++
$
```

여기서는 'hello world\n' 문자열을 출력하는 처리에 14마이크로초가 걸렸던 것을 알 수 있습니다.

strace에는 이것뿐만 아니라 시스템 콜이 호출된 때의 시간을 마이크로초 단위로 표시하는 '-tt' 옵션도 있습니다. 필요에 따라 구별해서 사용하면 됩니다.

시스템 콜의 wrapper 함수

리눅스에는 프로그램의 작성을 도와주기 위해 프로세스 대부분에 필요한 여러 라이브러리 함수가 있습니다.

시스템 콜은 보통의 함수 호출과는 다르게 C 언어 등의 고급언어에서는 직접 호출이 불가능합니다. 아키텍처에 의존하는 어셈블리 코드를 사용해 호출할 필요가 있습니다. 예를 들어

x86_64 아키텍처에는 getppid() 시스템 콜을 다음과 같이 호출합니다.*

```
mov $0x6e,%eax
syscall
```

평소에 어셈블리 언어를 사용하지 않는다면 이 코드의 자세한 의미를 이해할 필요는 없습니다. '확실히 평소에 자신이 보는 코드와는 다르다'라는 것만 알면 됩니다.

만약 OS의 도움이 없다면 각 프로그램은 시스템 콜을 호출할 때마다 아키텍처에 의존하는 어셈블리 언어를 써서 고급언어로부터 어셈블리 코드를 호출해야만 했을 겁니다(그림 2-5).

그림 2-5 만약 OS의 도움이 없다면

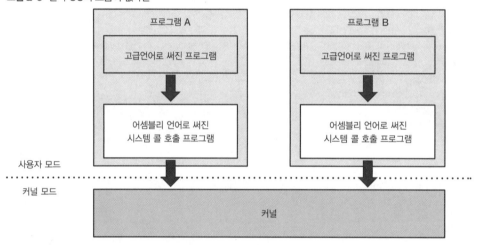

이 방식은 프로그램을 작성하는 데 시간이 오래 걸릴 뿐만 아니라, 다른 아키텍처에도 사용할 수 없어 이식성도 매우 낮으며 이식할 수 없는 경우도 있습니다.

이러한 문제를 해결하기 위해서 OS는 내부적으로 시스템 콜을 호출하는 일만 하는 함수를 제공하는데 이를 시스템 콜 wrapper래퍼라고 합니다. wrapper 함수는 아키텍처별로 존재합니다. 고급언어로 써진 사용자 프로그램부터는 각 언어에 대응하여 준비된 시스템 콜의 wrapper 함수를 호출하기만 하면 됩니다(그림 2-6).

---

* 첫 번째 줄에서는 getppid의 시스템 콜 번호 '0x6e'를 eax 레지스터에 대입합니다. 이것은 리눅스의 시스템 콜을 호출하는 규약에 의해 정해진 사항입니다. 또한 두 번째 줄에서는 syscall 명령을 통해 시스템 콜을 호출하고 커널 모드로 변환하고 있습니다. 이 뒤에 getppid 를 처리하는 커널의 코드가 실행됩니다.

그림 2-6 사용자 프로그램은 wrapper 함수를 호출하기만 하면 됨

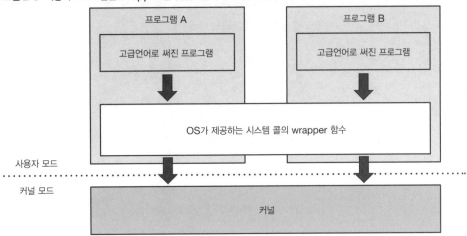

표준 C 라이브러리

C 언어에는 ISO에 의해 정해진 표준 라이브러리가 있습니다. 리눅스에도 이 표준 C 라이브러리가 제공되고 있습니다. 보통은 GNU 프로젝트가 제공하는 glibc를 표준 C 라이브러리로 사용합니다. 대부분의 C 프로그램은 glibc를 링크link하고 있습니다.

glibc는 시스템 콜의 wrapper 함수를 포함합니다. 또한 POSIX 규격**에 정의된 함수도 제공합니다.

프로그램이 어떠한 라이브러리를 링크하고 있는가는 'ldd' 명령어를 사용하여 확인할 수 있습니다. 테스트로 'echo' 명령어에 대해 ldd의 실행 결과를 보겠습니다.

```
$ ldd /bin/echo
    linux-vdso.so.1 => (0x00007fffed1a2000)
    libc.so.6 => /lib/x86_64-linux-gnu/libc.so.6 (0x00007fddf1101000)
    /lib64/ld-linux-x86-64.so.2 (0x000055605066a000)
$
```

** 유닉스 계열의 OS가 갖추어야 할 각종 기능을 정해둔 규격입니다.

실행 결과를 보면 libc라는 부분이 표준 C 라이브러리에 해당합니다.

앞서 사용한 'ppidloop' 명령어에 대해서도 확인해봅시다.

```
$ ldd ppidloop
    linux-vdso.so.1 => (0x00007fff43dd7000)
    libc.so.6 => /lib/x86_64-linux-gnu/libc.so.6 (0x00007f5e3884b000)
    /lib64/ld-linux-x86-64.so.2 (0x000055c4b2926000)
$
```

여기서도 마찬가지로 libc를 링크하고 있습니다.

파이썬3을 실행하는 'python3' 명령어에 대해서도 확인해봤습니다.

```
$ ldd /usr/bin/python3
    linux-vdso.so.1 => (0x00007ffe629d0000)
    libpthread.so.0 => /lib/x86_64-linux-gnu/libpthread.so.0 (0x00007fab961a9000)
    libc.so.6 => /lib/x86_64-linux-gnu/libc.so.6 (0x00007fab95ddf000)
    libdl.so.2 => /lib/x86_64-linux-gnu/libdl.so.2 (0x00007fab95bda000)
    libutil.so.1 => /lib/x86_64-linux-gnu/libutil.so.1 (0x00007fab959d7000)
    libexpat.so.1 => /lib/x86_64-linux-gnu/libexpat.so.1 (0x00007fab957ae000)
    libz.so.1 => /lib/x86_64-linux-gnu/libz.so.1 (0x00007fab95593000)
    libm.so.6 => /lib/x86_64-linux-gnu/libm.so.6 (0x00007fab9528a000)
    /lib64/ld-linux-x86-64.so.2 (0x0000565208bd3000)
$
```

이것도 마찬가지로 libc로 링크되어 있습니다. 파이썬3으로 작성된 스크립트는 python3에 넘겨주면 직접 실행이 가능합니다.

그러나 파이썬3 자체는 내부적으로는 표준 C 라이브러리를 사용하고 있음을 알 수 있습니다. 최근에는 C 언어를 직접 사용하는 개발자가 드물어졌지만 OS 레벨에서는 매우 중요한 언어임을 알 수 있습니다.

이것뿐만 아니라 시스템에 의존하고 있는 여러 가지 프로그램에 대해 ldd를 실행해보면 매우 많은 프로그램이 libc에 링크되어 있음을 알 수 있습니다. 꼭 직접 확인해보길 바랍니다.

리눅스에서는 이외에도 C++ 등의 여러 가지 프로그래밍 언어의 표준 라이브러리를 제공합니다. 또한 표준 라이브러리 이외에도 많은 프로그램이 사용하는 여러 가지 비표준 라이브러리도 있습니다.

OS가 제공하는 프로그램

OS가 제공하는 프로그램은 OS가 제공하는 라이브러리와 마찬가지로 대부분의 프로그램이 필요로 합니다. OS의 동작을 변경시키는 프로그램도 OS의 일부로써 제공됩니다.

OS가 제공하는 프로그램은 다음과 같습니다.

- **시스템 초기화** : init
- **OS의 동작을 바꿈** : sysctl, nice, sync
- **파일 관련** : touch, mkdir
- **텍스트 데이터 가공** : grep, sort, uniq
- **성능 측정** : sar, iostat
- **컴파일러** : gcc
- **스크립트 언어 실행 환경** : perl, python, ruby
- **셸** : bash
- **윈도우 시스템** : X

이 중 대부분의 프로그램은 여러분이 잘 모르는 사이 간접적으로 사용하고 있을 겁니다. 이 프로그램 가운데 일부는 이 책의 뒤에서 다루겠습니다.

## CHAPTER 3

프로세스 관리

이번 장에서는 커널의 프로세스 생성 및 삭제 기능에 대해 설명하겠습니다. 다만 리눅스의 실제 프로세스 생성 및 삭제의 동작 방식을 제대로 이해하려면 5장에서 배울 가상 기억장치의 이해가 필요합니다. 따라서 이번 장에서는 가상 기억장치가 없는 단순한 경우만 설명하고 실제 프로세스의 생성 및 삭제는 5장에서 자세히 설명하겠습니다.

프로세스 생성의 목적

리눅스에서는 두 가지 목적으로 프로세스를 생성합니다.

- **목적 ①** : 같은 프로그램의 처리를 여러 개의 프로세스가 나눠서 처리합니다. 예를 들어 웹 서버처럼 리퀘스트가 여러 개 들어왔을 때 동시에 처리해야 하는 경우
- **목적 ②** : 전혀 다른 프로그램을 생성합니다. 예를 들어 bash로부터 각종 프로그램을 새로 생성하는 경우

그리고 위의 생성 목적에 'fork()'와 'execve()' 함수를 사용합니다(시스템 내부에서는 'clone()'과 'execve()' 시스템 콜을 호출합니다). 지금부터 리눅스에서 프로세스 생성의 두 가지 목적에 대해 fork()와 execve() 함수를 어떻게 사용하는지 설명하겠습니다.

fork() 함수

'같은 프로그램의 처리를 여러 개의 프로세스가 나눠서 처리합니다'라는 **목적 ①**에는 fork() 함수만을 사용합니다. fork() 함수를 실행하면 실행한 프로세스와 함께 새로운 프로세스가 1개 생성됩니다. 생성 전의 프로세스를 부모 프로세스parent process, 새롭게 생성된 프로세스를 자식 프로세스child process라고 부릅니다.

프로세스를 생성하는 순서는 다음과 같습니다.

1 자식 프로세스용 메모리 영역을 작성하고 거기에 부모 프로세스의 메모리를 복사합니다.
2 fork() 함수의 리턴값이 각기 다른 것을 이용하여 부모 프로세스와 자식 프로세스가 서로 다른 코드를 실행하도록 분기합니다. 동작 순서를 그림으로 살펴보면 다음 [그림 3-1]과 같습니다.

그림 3-1 프로세스 생성의 흐름

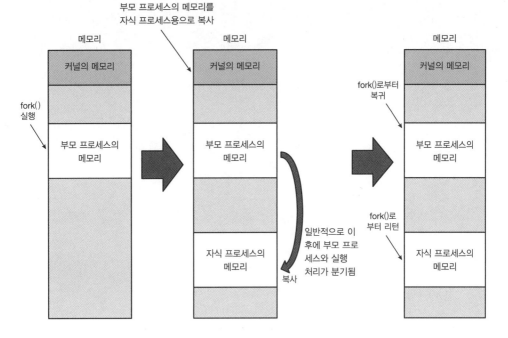

그렇다면 fork() 함수를 사용하여 프로세스가 생성되는 과정을 프로그램을 통해 한번 알아봅시다(코드 3-1).

1 프로세스를 새로 만듭니다.

2 부모 프로세스는 자신의 프로세스 ID와 자식 프로세스의 프로세스 ID를 출력한 뒤 종료합니다.

fork() 함수를 리턴(반환)할 때 부모 프로세스는 자식 프로세스의 프로세스 ID를, 자식 프로세스는 0을 리턴합니다. 이를 이용하여 부모 프로세스와 자식 프로세스의 처리를 나눠서 실행하고 있습니다.

코드 3-1 fork 프로그램(fork.c)

```
#include <unistd.h>
#include <stdio.h>
#include <stdlib.h>
#include <err.h>

static void child()
{
```

```
    printf("I'm child! my pid is %d.\n", getpid());
    exit(EXIT_SUCCESS);
}

static void parent(pid_t pid_c)
{
    printf("I'm parent! my pid is %d and the pid of my child is %d.\n", getpid(), pid_c);
    exit(EXIT_SUCCESS);
}

int main(void)
{
    pid_t ret;
    ret = fork();
    if (ret == -1)
        err(EXIT_FAILURE, "fork() failed");
    if (ret == 0) {
        // child process came here because fork() returns 0 for child process
        child();
    } else {
        // parent process came here because fork() returns the pid of newly
        // created child process (> 1)
        parent(ret);
    }
    // shouldn't reach here
    err(EXIT_FAILURE, "shouldn't reach here");
}
```

컴파일해서 실행해보겠습니다.

```
$ cc -o fork fork.c
$ ./fork
I'm parent! my pid is 4193 and the pid of my child is 4194.
I'm child! my pid is 4194.
$
```

프로세스 ID가 4193인 프로세스가 분기 실행되어 부모 프로세스에게 프로세스 ID 4194번의
자식 프로세스가 생성되었다는 점뿐만 아니라 fork() 함수 실행 뒤에 두 프로세스의 처리가
분기되어 실행되고 있음을 알 수 있습니다.*

----

* 프로세스 ID는 실행하는 환경에 따라 달라집니다. 실행했을 때 4193과 4194가 나오지 않는다고 잘못된 건 아닙니다.

처음 fork() 함수를 실행했을 때는 무슨 일이 벌어지는지 알 수 없었겠지만 이렇게 과정을 살펴보고 나면 매우 간단한 일이란 걸 알 수 있습니다.

execve() 함수

전혀 다른 프로그램을 생성할 때에는 execve() 함수를 사용합니다. 커널이 각각의 프로세스를 실행하기까지의 흐름을 살펴보겠습니다.

1 실행 파일을 읽은 다음 프로세스의 메모리 맵에 필요한 정보를 읽어 들입니다.
2 현재 프로세스의 메모리를 새로운 프로세스의 데이터로 덮어씁니다.
3 새로운 프로세스의 첫 번째 명령부터 실행합니다.

즉, 전혀 다른 프로그램을 생성하는 경우 프로세스의 수가 증가하는 것이 아니라 기존의 프로세스를 별도의 프로세스로 변경하는 방식으로 수행됩니다(그림 3-2).

그림 3-2 별도의 프로그램 생성 순서

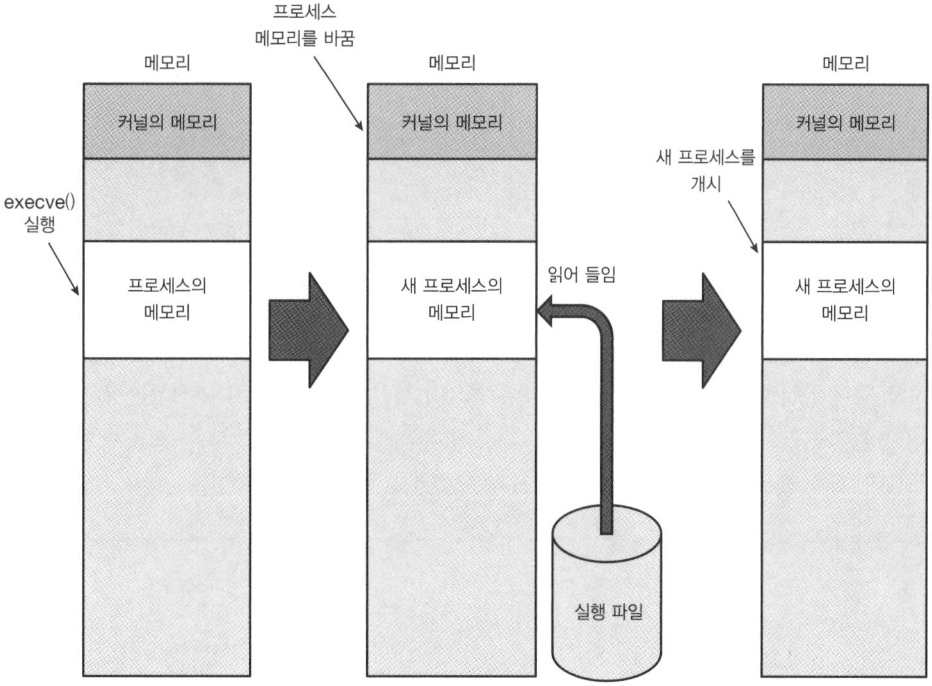

이제 전체 순서를 구체적으로 살펴보겠습니다. 일단, 실행 파일을 읽고 프로세스의 메모리 맵에 필요한 정보를 읽어 들입니다. 실행 파일은 프로세스의 실행 중에 사용하는 코드와 데이터 이외에도 다음과 같은 정보가 필요합니다.

- 코드를 포함한 데이터 영역의 파일상 오프셋, 사이즈, 메모리 맵 시작 주소
- 코드 외의 변수 등에서의 데이터 영역에 대한 같은 정보(오프셋, 사이즈, 메모리 맵 시작 주소)
- 최초로 실행할 명령의 메모리 주소(엔트리 포인트 : entry point)

예를 들어 지금부터 실행할 프로그램의 파일이 [그림 3-3]처럼 구성되어 있다고 가정합시다.

그림 3-3 프로그램 파일의 구조(예)

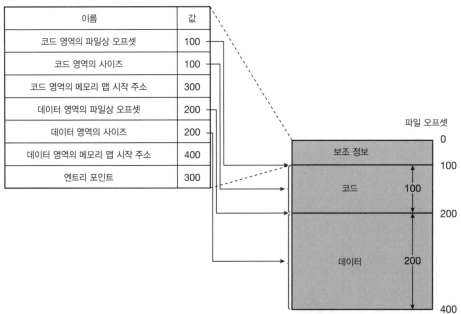

코드 영역과 데이터 영역의 '메모리 맵 시작 주소'가 필요한 이유는 CPU에서 실행되는 기계언어 명령은 고급언어로 쓰인 소스코드와는 다르게 특정 메모리 주소를 지정할 필요가 있기 때문입니다. 예를 들어 어떤 고급언어로 다음과 같은 코드를 적었다고 합시다.

```
c = a + b
```

이 코드를 기계언어로 바꾸면 다음과 같이 메모리 주소를 직접 조작하는 명령으로 변환(컴파일)됩니다.

```
load m100 r0    ●————— 0번 레지스터(r0)에 메모리 주소 100(변수a)의 값을 읽어 들입니다.
load m200 r1    ●————— 1번 레지스터에(r1)에 메모리 주소 200(변수b)의 값을 읽어 들입니다.
add r0 r1 r2    ●————— r0의 값과 r1의 값을 더한 결과를 2번 레지스터(r2)에 저장합니다.
store r2 m300   ●————— 2번 레지스터(r2)의 값을 메모리 주소 300(변수c)에 씁니다.
```

읽어 들인 정보를 기준으로 프로그램을 [그림 3-4]처럼 매핑합니다.

그림 3-4 프로그램 파일의 정보를 기준으로 메모리에 매핑

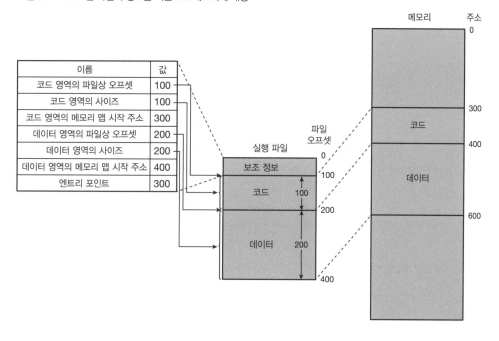

그리고 [그림 3-5]와 같이 엔트리 포인트^{entry point}에서부터 프로그램을 실행하면 완료됩니다.

그림 3-5 엔트리 포인트에서부터 프로그램 실행

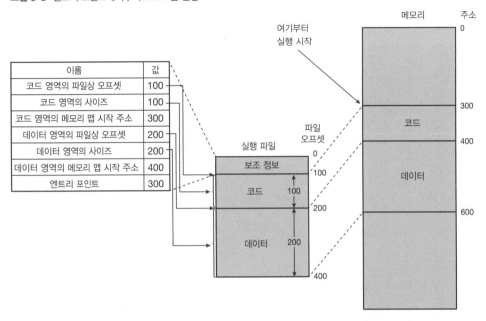

리눅스의 실행 파일은 실제로는 위에서 설명한 것 같은 단순한 것이 아니라 'ELF^{Executable and Linkable Format}'라는 형식을 사용합니다. ELF 형식의 각종 정보는 'readelf' 명령어로 자세히 살펴볼 수 있습니다. '/bin/sleep'의 정보를 예제로 살펴보겠습니다.

'-h' 옵션을 지정하면 시작 주소를 얻을 수 있습니다.

```
$ readelf -h /bin/sleep
(중략)
Entry point address: 0x401760
(중략)
$
```

'Entry point address' 줄의 '0x401760'이 이 프로그램의 엔트리 포인트입니다.

코드와 데이터 영역의 파일상의 오프셋, 사이즈, 메모리 맵 시작 주소를 얻으려면 '-S' 옵션을 사용합니다.

```
$ readelf -S /bin/sleep
Section Headers:
[Nr] Name    Type         Address          Offset
    Size     EntSize      Flags Link Info Align'''
(중략)
[14] .text  PROGBITS     00000000004014e0 000014e0
    0000000000003319     0000000000000000 AX 0 0 16
(중략)
[25] .data  PROGBITS     00000000006071c0 000071c0
    0000000000000074     0000000000000000 WA 0 0 32
(중략)
$
```

여러 내용이 출력되었는데 여기서는 다음 사항만 이해하면 충분합니다.

- 출력된 내용은 두 줄이 하나의 정보 세트입니다.
- 수치는 전부 16진수입니다.
- 세트 중 첫 줄의 두 번째 필드가 '.text'이면 코드 영역의 정보를, '.data'면 데이터 영역의 정보를 의미합니다.
- 세트의 다음 위치를 보면 정보를 알 수 있습니다.
    - 메모리 맵 시작 주소 : 첫 줄의 네 번째 필드
    - 파일상의 오프셋 : 첫 줄의 다섯 번째 필드
    - 사이즈 : 둘째 줄의 첫 번째 필드

이 내용을 기반으로 /bin/sleep의 정보는 다음과 같습니다.

표 3-1 /bin/sleep의 정보

이름	값
코드 영역의 파일상 오프셋	0x14e0
코드 영역의 사이즈	0x3319
코드 영역의 메모리 맵 시작 주소	0x4014e0
데이터 영역의 사이즈	0x74
데이터 영역의 메모리 맵 시작 주소	0x6071c0
엔트리 포인트	0x401760

프로그램 실행 시에 작성된 프로세스 메모리 맵은 /proc/pid/maps 파일을 통해 알 수 있습니다. 그럼 다시 'sleep' 명령어에 대해 확인해보겠습니다.

```
$ /bin/sleep 10000 &
[1] 3967
$ cat /proc/3967/maps
00400000-00407000 r-xp 00000000 08:01 23994 /bin/sleep      ●——————— ①
(중략)
00607000-00608000 rw-p 00007000 08:01 23994 /bin/sleep      ●——————— ②
(중략)
$
```

여러 가지 출력 정보가 나오는데 ①이 코드 영역이고, ②가 데이터 영역입니다. [표 3–1]에 있
는 코드와 데이터 영역의 사이즈 값을 각각 살펴보면 메모리 맵의 범위 내에 들어가 있음을 알
수 있습니다. 이제 사용이 끝난 프로그램은 종료하겠습니다.

```
$ kill 3967
$
```

전혀 다른 프로세스를 새로 생성할 때는 부모가 될 프로세스로부터 fork() 함수를 호출한 다
음 돌아온 자식 프로세스가 exec() 함수를 호출하는 방식, 즉 'fork and exec'이라는 방식을
주로 사용합니다. 예를 들은 [그림 3–6]은 bash가 echo를 생성하는 모습입니다.

그림 3-6 bash 프로세스가 echo 프로세스를 생성하는 방식

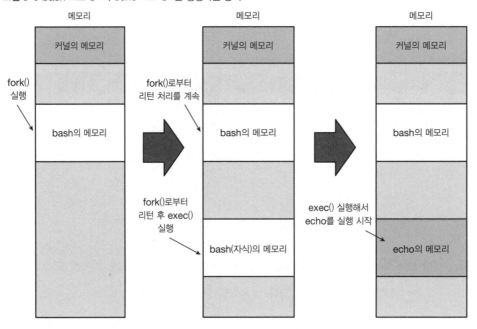

다음과 같은 사양의 프로그램을 만들어 fork and exec 방식에 의한 다른 프로세스 생성 방식을 공부해보겠습니다.

1 프로세스를 새로 만듭니다.

2 부모 프로세스는 echo hello 프로그램을 생성한 뒤 자신의 프로세스 ID와 자식 프로세스의 프로세스 ID를 출력하고 종료합니다. 자식 프로세스는 자신의 프로세스 ID를 출력하고 종료합니다.

이것을 코드로 작성하면 [코드 3-2]와 같습니다.

코드 3-2 fork-and-exec 프로그램(fork-and-exec.c)

```c
#include <unistd.h>
#include <stdio.h>
#include <stdlib.h>
#include <err.h>

static void child()
{
    char *args[] = { "/bin/echo", "hello" , NULL};
    printf("I'm child! my pid is %d.\n", getpid());
    fflush(stdout);
    execve("/bin/echo", args, NULL);
    err(EXIT_FAILURE, "exec() failed");
}

static void parent(pid_t pid_c)
{
    printf("I'm parent! my pid is %d and the pid of my child is %d.\n", getpid(),
    pid_c);
    exit(EXIT_SUCCESS);
}

int main(void)
{
    pid_t ret;
    ret = fork();
    if (ret == -1)
        err(EXIT_FAILURE, "fork() failed");
    if (ret == 0) {
        //child process came here because fork() returns 0 for child process
        child();
    } else {
```

```
        // parent process came here because fork() returns the pid of newly
        created child process (> 1)
        parent(ret);
    }
    // shouldn't reach here
    err(EXIT_FAILURE, "shouldn't reach here");
}
```

컴파일해서 실행해봅시다.

```
$ cc -o fork-and-exec fork-and-exec.c
$ ./fork-and-exec
./fork-and-exec
I'm parent! my pid is 4203 and the pid of my child is 4204.
I'm child! my pid is 4204.
$ hello
```

결과를 보니 잘 실행되었군요.

C 언어 이외의 프로그래밍 언어, 예를 들어 파이썬에서는 execve() 시스템 콜을 'OS.exec()' 함수를 통해서 호출할 수 있습니다.

종료 처리

프로그램 종료는 '_exit()' 함수를 사용합니다(내부에서는 'exit_group()' 시스템 콜을 호출합니다). 이것을 이용하면 [그림 3-7]처럼 프로세스에 할당된 메모리 전부를 회수합니다.

그림 3-7 프로그램 종료 시 프로세스 메모리 회수

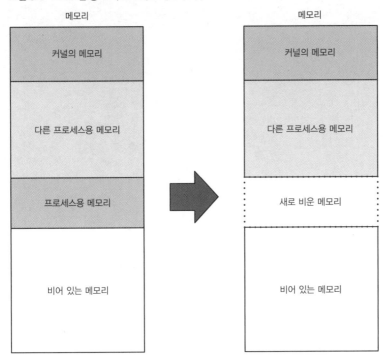

직접 _exit()를 호출하는 일은 매우 드물며, 보통 표준 C 라이브러리의 exit() 함수를 호출해서 종료합니다. 이러한 경우 표준 C 라이브러리는 자신의 종료 처리를 전부 수행한 뒤에 _exit() 함수를 호출합니다. main() 함수로부터 리턴된 경우도 같은 동작을 합니다.

## CHAPTER 4

프로세스 스케줄러

리눅스 커널에는 '프로세스 스케줄러process scheduler'(이하 스케줄러) 기능이 있는데 이 기능은 여러 개의 프로세스를 동시에 동작시킵니다. 정확히는 동시에 동작시키는 것처럼 보이게 합니다. 스케줄러를 의식하며 리눅스 시스템을 사용하는 사람은 거의 없을 겁니다. 하지만 이번 장의 목표는 스케줄러를 이해하는 데 있으니 지금부터 스케줄러의 동작 방식부터 살펴보겠습니다.

흔히 스케줄러를 다음과 같이 설명합니다.

- 하나의 CPU는 동시에 하나의 프로세스만 처리할 수 있습니다.
- 하나의 CPU에 여러 개의 프로세스를 실행해야 할 때는 각 프로세스를 적절한 시간으로 쪼개서* 번갈아 처리합니다.

예를 들어 p0, p1, p2의 3개의 프로세스가 있다고 합시다(그림 4-1).

그림 4-1 p0, p1, p2 스케줄러의 동작

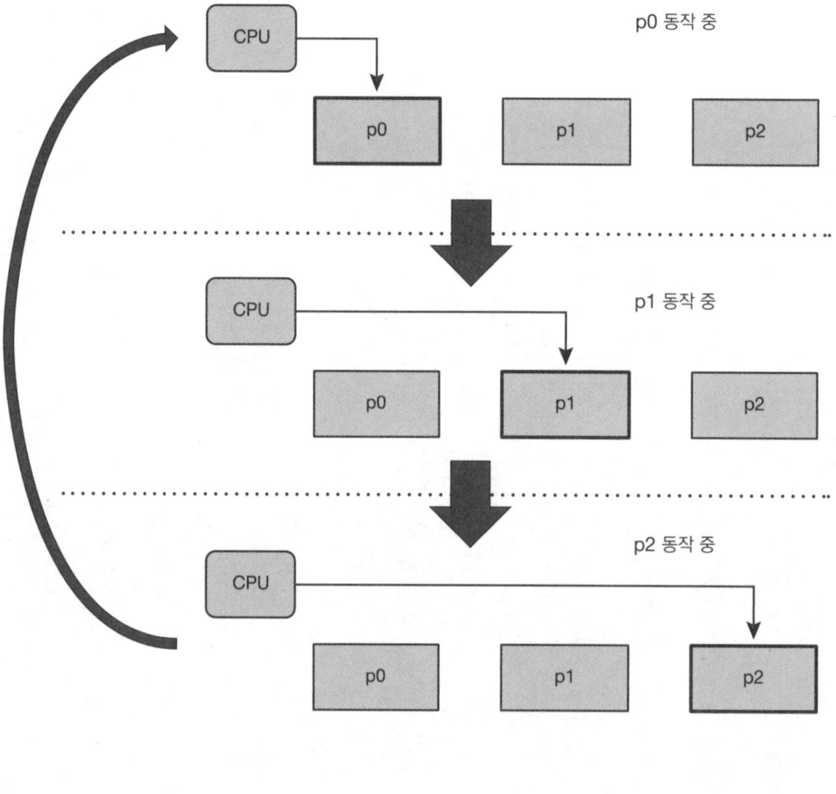

----
* 이를 타임 슬라이스라고 부릅니다.

이제 스케줄러가 [그림 4-1]과 같이 동작하는지 테스트 프로그램을 통해 검증해보겠습니다.

또한 리눅스에서 멀티코어 CPU는 1개의 코어가 1개의 CPU로 인식됩니다. 이 책에서는 이처럼 시스템에서 CPU로 인식하는 것을(여기서는 코어 단위) 논리 CPU라고 하겠습니다. 더불어 하이퍼스레드hyperthread 기능이 있으면 각 코어 내의 각각의 하이퍼스레드가 논리 CPU로 인식됩니다. 하이퍼스레드에 대해서는 6장에서 설명하겠습니다.

테스트 프로그램의 사양

반복해서 CPU 시간 사용을 처리하는 프로세스를 1개가 아닌 여러 개를 동시에 움직여 다음과 같은 통계 정보를 얻도록 하겠습니다.

- 특정 시점에 논리 CPU에는 어떤 프로세스가 동작 중인지
- 각각의 프로세스는 어느 정도 진행되었는지

이 데이터를 분석하면 앞서 말한 스케줄러에 대한 설명이 옳은가를 확인할 수 있습니다. 테스트 프로그램의 사양은 다음과 같습니다.

- 명령어 라인의 파라미터(n, total, resol)
  - n : 첫 번째 파라미터. 동시에 동작하는 프로세스 수
  - total : 두 번째 파라미터. 프로그램이 동작하는 총 시간(밀리초 단위)
  - resol : 세 번째 파라미터. 데이터 수집 간격(밀리초 단위)
- n개의 프로세스를 동시에 동작시킨 다음 프로세스가 모두 종료되면 프로그램도 종료됩니다.
- 각 프로세스의 동작 방식은 다음과 같습니다.
  - CPU 시간을 total 밀리초만큼 사용한 후 종료합니다.
  - CPU 시간을 resol 밀리초만큼 사용할 때마다 프로세스별로 고유의 ID(0부터 n-1까지의 각 프로세스의 고유 번호), 프로그램 시작 시점부터 경과한 시간(밀리초 단위), 진행도(% 단위)를 기록합니다.
- 종료할 때에 위의 데이터를 tab으로 구분하여 한 줄씩 출력합니다.

이를 그림으로 표시하면 [그림 4-2]와 같습니다.

그림 4-2 테스트 프로그램의 동작

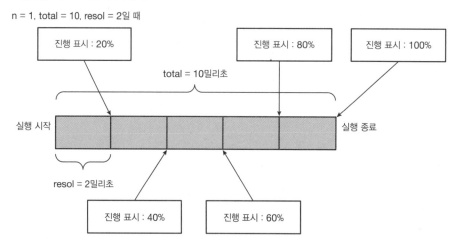

n = 1, total = 10, resol = 2일 때

테스트 프로그램의 구현

이제 소스코드로 구현해봅시다.

코드 4-1 sched 프로그램(sched.c)

```c
#include <sys/types.h>
#include <sys/wait.h>
#include <time.h>
#include <unistd.h>
#include <stdio.h>
#include <stdlib.h>
#include <string.h>
#include <err.h>

#define NLOOP_FOR_ESTIMATION 1000000000UL
#define NSECS_PER_MSEC 1000000UL
#define NSECS_PER_SEC 1000000000UL

static inline long diff_nsec(struct timespec before, struct timespec after)
{
    return ((after.tv_sec * NSECS_PER_SEC + after.tv_nsec) - (before.tv_sec *
    NSECS_PER_SEC + before.tv_nsec));
```

```
}

static unsigned long loops_per_msec() //         ●——————— ①
{
    struct timespec before, after;
    clock_gettime(CLOCK_MONOTONIC, &before);

    unsigned long i;
    for (i = 0; i < NLOOP_FOR_ESTIMATION; i++)
            ;
    clock_gettime(CLOCK_MONOTONIC, &after);

    int ret;
    return NLOOP_FOR_ESTIMATION * NSECS_PER_MSEC / diff_nsec(before, after);
}

static inline void load(unsigned long nloop)
{
    unsigned long i;
    for (i = 0; i < nloop; i++)
        ;
}

static void child_fn(int id, struct timespec *buf, int nrecord, unsigned long
nloop_per_resol, struct timespec start)
{
    int i;
    for (i = 0; i < nrecord; i++) {
        struct timespec ts;

        load(nloop_per_resol);
        clock_gettime(CLOCK_MONOTONIC, &ts);
        buf[i] = ts;
    }
    for (i = 0; i < nrecord; i++) {
        printf("%d\t%ld\t%d\n", id, diff_nsec(start, buf[i]) / NSECS_PER_MSEC,
        (i + 1) * 100 / nrecord);
    }
    exit(EXIT_SUCCESS);
}

static void parent_fn(int nproc)
{
    int i;
```

```
    for (i = 0; i < nproc; i++)
        wait(NULL);
}

static pid_t *pids;

int main(int argc, char *argv[])
{
    int ret = EXIT_FAILURE;

    if (argc < 4) {
        fprintf(stderr, "usage: %s <nproc> <total[ms]> <resolution[ms]>\n",
        argv[0]);
        exit(EXIT_FAILURE);
    }

    int nproc = atoi(argv[1]);
    int total = atoi(argv[2]);
    int resol = atoi(argv[3]);

    if (nproc < 1) {
        fprintf(stderr, "<nproc>(%d) should be >= 1\n", nproc);
        exit(EXIT_FAILURE);
    }

    if (total < 1) {
        fprintf(stderr, "<total>(%d) should be >= 1\n", total);
        exit(EXIT_FAILURE);
    }

    if (resol < 1) {
        fprintf(stderr, "<resol>(%d) should be >= 1 \n", resol);
        exit(EXIT_FAILURE);
    }

    if (total % resol) {
        fprintf(stderr, "<total>(%d) should be multiple of <resolution>(%d)\n",
        total, resol);
        exit(EXIT_FAILURE);
    }
    int nrecord = total / resol;

    struct timespec *logbuf = malloc(nrecord * sizeof(struct timespec));
    if (!logbuf)
```

```
        err(EXIT_FAILURE, "malloc(logbuf) failed");

    puts("estimating workload which takes just one milisecond");
    unsigned long nloop_per_resol = loops_per_msec() * resol;
    puts("end estimation");
    fflush(stdout);

    pids = malloc(nproc * sizeof(pid_t));
    if (pids == NULL) {
        warn("malloc(pids) failed");
        goto free_logbuf;
    }

    struct timespec start;
    clock_gettime(CLOCK_MONOTONIC, &start);

    int i, ncreated;
    for (i = 0, ncreated = 0; i < nproc; i++, ncreated++) {
        pids[i] = fork();
        if (pids[i] < 0) {
            goto wait_children;
        }
        else if (pids[i] == 0) {
            // children

            child_fn(i, logbuf, nrecord, nloop_per_resol, start);
            /* shouldn't reach here */
        }
    }
    ret = EXIT_SUCCESS;

    // parent

wait_children:
    if (ret == EXIT_FAILURE)
        for (i = 0; i < ncreated; i++)
            if (kill(pids[i], SIGINT) < 0)
                warn("kill(%d) failed", pids[i]);

    for (i = 0; i < ncreated; i++)
        if (wait(NULL) < 0)
            warn("wait() failed.");

    free_pids:
```

```
        free(pids);

    free_logbuf:
        free(logbuf);

    exit(ret);
}
```

코드는 좀 길어 보이지만 내용은 복잡하지 않습니다. 중요 포인트는 CPU 시간을 1밀리초 단위로 사용 처리에 필요한 계산량을 추정하고 있는 ① 'loops_per_msec()' 함수입니다.

loops_per_msec() 함수는 최초에 적당한 횟수(NLOOP_FOR_ESTIMATION)만큼 아무것도 하지 않는 루프를 돌려 필요한 시간을 측정합니다. 그리고 NLOOP_FOR_ESTIMATION을 소요한 시간으로 나누면, 즉 몇 번 루프를 돌렸을 때 1밀리초가 걸리는지 추정할 수 있습니다.

각자의 환경에서 이 프로그램을 실행할 때 이러한 추정치를 만드는 데 시간이 너무 오래 걸린다면 적당히 숫자를 감소시켜 측정하길 바랍니다.

테스트 프로그램의 구현에 대해 자세히 공부하는 것이 이 책의 주요 목적이 아니므로 자세한 처리에 대해서는 잘 몰라도 됩니다.

이제 sched 프로그램을 다음처럼 컴파일해봅시다.

```
$ cc -o sched sched.c
$
```

첫 번째 실험

무사히 컴파일되었으면 sched 프로그램을 이용해 스케줄러의 동작을 확인해볼까요? 세 가지 방법으로 실험해봅시다.

- **실험 4-A** : 동작 프로세스가 1개
- **실험 4-B** : 동작 프로세스가 2개
- **실험 4-C** : 동작 프로세스가 4개

시스템에 부하가 걸리면 로드밸런서가 프로세스를 여러 개의 논리 CPU에 나눠 실행할 수도 있습니다(로드밸런서는 나중에 설명하겠습니다). 결괏값의 정확도를 높이고자 이 실험에서는 테스트 프로그램을 1개의 논리 CPU에서만 수행하겠습니다. 이때 OS에서 제공하는 'taskset' 명령어를 이용합니다. taskset은 '-c' 옵션으로 논리 CPU를 지정하고 여기에서만 지정한 프로그램을 동작하게 할 수 있습니다. 예를 들어보겠습니다.

```
$ taskset -c 0 ./sched <n> <total> <resol>
```

이 명령은 논리 CPU 0에서만 sched 프로그램을 실행하도록 제한한 것입니다.

실험을 진행하는 동안에는 시스템에서 다른 프로그램이 동작하지 않아야 정확성이 올라갑니다. 이는 보통 성능 측정 실험을 할 때의 기본 원칙입니다. 뒤에 다룰 테스트 프로그램에서도 오롯이 테스트 프로그램만 동작하도록 합시다.

세 가지 실험을 하기로 했으니 sched 프로그램에 파라미터를 다음과 같이 지정합시다.

실험명	n	total	resol
실험 4-A	1	100	1
실험 4-B	2	100	1
실험 4-C	4	100	1

프로세스 1개 : 실험 4-A

프로그램 실행 결과는 다음과 같습니다.

```
$ taskset -c 0 ./sched 1 100 1
estimating workload which takes just one milisecond
end estimation
0          1          1
0          2          2
0          3          3
0          4          4
0          4          5
(중략)
0          96         96
0          97         97
```

```
0          98         98
0          99         99
0          100        100
$
```

환경에 따라 결괏값은 조금씩 다를 수 있으니 이 부분은 무시하세요. 여기서 중요한 점은 수치의 절댓값이 아니라 나중에 작성할 그래프의 모양입니다.

측정 결과를 다음과 같은 2개의 그래프에 표시해봅시다.

그래프 ① 논리 CPU에 동작 중인 프로세스

• x 축 : 시작 시점부터 경과 시간(밀리초)

• y 축 : 프로세스 번호

그래프 ② 각 프로세스의 진행도

• x 축 : 시작 시점부터 경과 시간(밀리초, 그래프 ①과 동일)

• y 축 : % 단위의 진행도(0이 아무것도 진행되지 않았을 때, 100이 완료되었을 때)

측정 프로그램의 실행 결과를 일단 파일로 저장해두면 그래프로 만들기 편리합니다. 다음과 같이 실행해서 실험 4-A의 결과를 1core-1process.txt에 보관합니다.

```
$ taskset -c 0 ./sched 1 100 1 > 1core-1process.txt
$
```

이 결과를 그래프로 그리면 [그림 4-3]과 [그림 4-4]와 같습니다.

그래프 ①(그림 4-3)을 보면 1개의 프로세스 0이 항상 동작하고 있습니다.

그래프 ②(그림 4-4)도 프로세스 0 이외에 동작하는 프로세스가 없으므로 진행도는 단순히 경과 시간에 비례해서 증가하고 있음을 알 수 있습니다.

그림 4-3 논리 CPU로 동작 중인 프로세스   **(실험 4-A, 그래프 ①)**

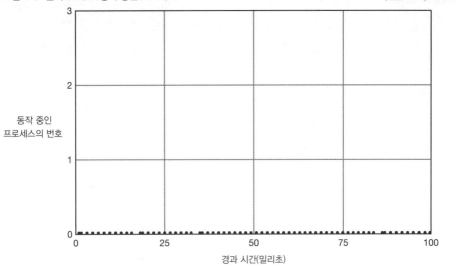

그림 4-4 프로세스 0의 진행도   **(실험 4-A, 그래프 ②)**

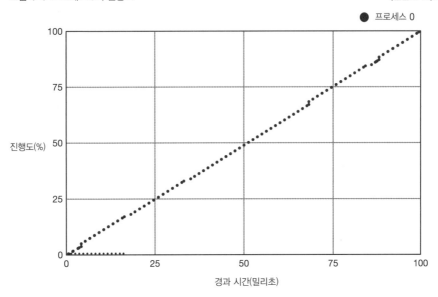

프로세스 2개 : 실험 4-B

실험 결과를 저장하는 방법은 동일합니다. 이번에는 프로세스가 2개인 실험 4-B의 그래프를 봅시다. [그림 4-5]와 [그림 4-6]입니다.

그림 4-5 논리 CPU로 동작 중인 프로세스   **(실험 4-B, 그래프 ①)**

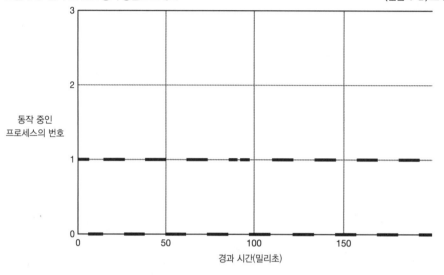

그래프 ①(그림 4-5)에서는 다음을 알 수 있습니다.

- 2개의 프로세스(프로세스 0과 프로세스 1)는 서로 번갈아 가며 논리 CPU를 사용합니다. 다시 말하면 동시에 논리 CPU를 사용하고 있지 않습니다.
- 2개의 프로세스는 대략 같은 양의 타임 슬라이스(수 밀리초 정도)를 가집니다.

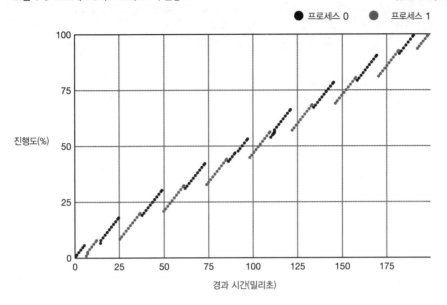

그림 4-6 프로세스 0과 프로세스 1의 진행도 　　　　　　　　　　　　　　**(실험 4-B, 그래프 ②)**

● 프로세스 0　　　● 프로세스 1

진행도(%)

경과 시간(밀리초)

그래프 ②(그림 4-6)에서는 다음 사항을 알 수 있습니다.

- 각 프로세스는 논리 CPU를 사용하고 있는 동안에만 처리가 진행되며 그 이외의 시간, 즉 논리 CPU에 다른 프로세스가 동작 중일 때에는 처리가 진행되지 않습니다.

- 단위 시간별 진행도는 프로세스가 1개일 때와 비교하여 약 절반 정도입니다. 프로세스 수가 1개일 때는 1밀리 초마다 1% 정도, 프로세스가 2개일 때는 1밀리초마다 약 0.5% 정도입니다.

- 처리 완료까지 걸린 시간은 프로세스가 1개였던 실험 4-A보다 2배가 걸립니다.

프로세스 4개 : 실험 4-C

같은 방식으로 프로세스가 4개인 실험 4-C의 그래프를 봅시다. [그림 4-7]과 [그림 4-8]입니다.

이 실험의 **그래프 ①**(그림 4-7)을 살펴보면 마찬가지로 각 프로세스가 동시에 동작하는 일은 없습니다. 또한 1회마다 타임 슬라이스는 매우 작지만, 각각의 프로세스는 대략 균등하게 CPU 시간을 사용하고 있습니다.

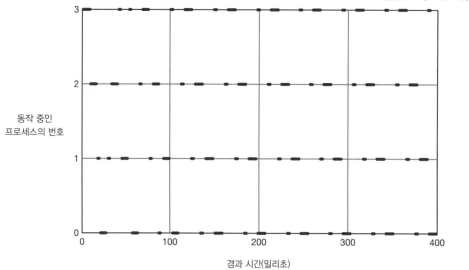

각 프로세스의 진행도는 **그래프 ②**(그림 4-8)와 같습니다.

그림 4-8 프로세스 0~프로세스 3의 진행도   **(실험 4–B, 그래프 ②)**

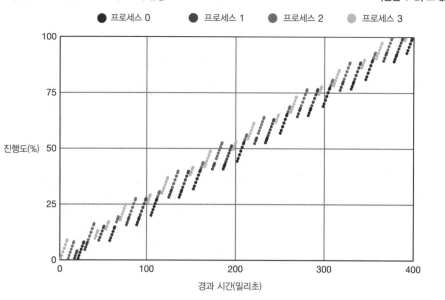

그래프를 살펴보니 지금까지와 경향이 같죠? 단위 시간당 진행도는 프로세스가 1개(실험

4-A)일 때보다 약 1/4입니다. 종료까지의 경과 시간은 프로세스가 1개(실험 4-A)일 때보다 약 4배 걸렸습니다.

고찰

첫 번째 실험(실험 4-A~C)에 따르면 다음과 같은 결론을 내릴 수 있습니다.

- 동시에 프로세스를 여러 개 실행하더라도 특정 순간에 논리 CPU에서 동작되는 프로세스는 1개뿐입니다.
- 논리 CPU에는 여러 개의 프로세스가 순차적으로 1개씩 동작합니다. 첫 번째 프로세스부터 마지막 프로세스까지 프로세스가 한 바퀴 다 돌고 나면 다시 첫 번째 프로세스부터 동작하는 라운드로빈 방식으로 동작하고 있습니다.
- 각 프로세스는 대략 같은 타임 슬라이스를 가집니다.
- 프로세스를 종료할 때까지의 경과 시간은 프로세스 수에 비례하여 증가합니다.

컨텍스트 스위치

논리 CPU 상에서 동작하는 프로세스가 바뀌는 것을 '컨텍스트 스위치context switch'라고 부릅니다. [그림 4-9]는 프로세스 0과 프로세스 1이 존재할 때 타임 슬라이스 타이밍에서 컨텍스트 스위치가 발생하는 모습입니다.

그림 4-9 컨텍스트 스위치의 발생

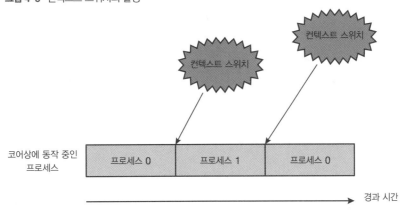

컨텍스트 스위치는 프로세스가 어떤 프로그램을 수행 중이더라도 타임 슬라이스를 모두 소비하면 발생합니다. 이것을 잘못 이해하면 [그림 4-10]과 같이 오해할 수 있습니다.

그림 4-10 프로그램 내의 함수가 실행되는 타이밍(오해할 경우의 예)

코드만 봤을 때 이렇게 추측할 수 있으나 실제로 리눅스에서 foo()의 직후에 bar()가 실행된다고 보장할 수 없습니다. foo()의 실행 직후 타임 슬라이스가 모두 소비되었다면 bar()는 한참 뒤에 실행될 겁니다. [그림 4-11]을 볼까요?

그림 4-11 프로그램 내의 함수가 실행되는 타이밍(제대로 이해한 경우)

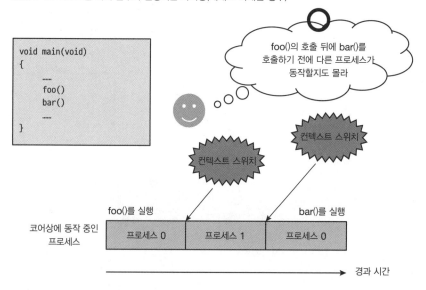

이 내용을 이해한다면 예상보다 처리 시간이 오래 걸렸을 때 '이 처리 자체에 문제가 있는 게 틀림없어'라는 단순한 결론을 내리기보다는 '처리 중에 컨텍스트 스위치가 발생해서 다른 프로세스가 움직였을 가능성도 있어'라는 다른 관점을 가질 수 있습니다.

프로세스의 상태

시스템에는 도대체 몇 개의 프로세스가 있을까요? 'ps ax' 명령어로 시스템에 존재하는 프로세스를 한 줄씩 목록으로 확인할 수 있습니다. 명령어를 실행할 때 줄 수를 세어보면 프로세스의 총 개수를 알 수 있습니다. 다음과 같이 명령을 내려봅시다.

```
$ ps ax | wc -l
365
```

네, 제 컴퓨터에는 364개의 프로세스가 있군요. 각각의 환경마다 개수는 다르며 실행할 때마다 미묘하게 수치가 바뀌므로 개수의 차이는 신경 쓰지 않아도 됩니다.

앞서 수행한 실험에서는 sched 프로그램을 실행하는 중에 sched 프로그램 내의 프로세스만으로 CPU 시간을 분배하고 있다고 배웠습니다. 하지만 이때 시스템의 다른 프로세스는 무엇을 하고 있었을까요? 사실, 프로세스에는 '진행 상태' 외에 여러 상태가 있는데 이 실험 중 시스템의 대부분의 프로세스는 '슬립 상태'였습니다.

프로세스에는 다음과 같은 상태가 있습니다.

상태	의미
실행 상태	현재 논리 CPU를 사용하고 있습니다.
실행 대기 상태	CPU 시간이 할당되기를 기다리고 있습니다.
슬립 상태	이벤트가 발생하기를 기다리고 있으며 이벤트 발생까지는 CPU 시간을 사용하지 않습니다.
좀비 상태	프로세스가 종료한 뒤 부모 프로세스가 종료 상태를 인식할 때까지 기다리고 있습니다.

이 표에 있는 상태 외에도 프로세스의 상태는 더 많지만 이 정도만 기억해도 됩니다. 슬립 상태에서 기다리고 있는 이벤트의 예로는 다음과 같은 것이 있습니다.

- 정해진 시간이 경과하는 것을 기다립니다(예를 들어 3분 대기 등).
- 키보드나 마우스 같은 사용자 입력을 기다립니다.
- HDD나 SSD 같은 저장 장치의 읽고 쓰기의 종료를 기다립니다.
- 네트워크의 데이터 송수신의 종료를 기다립니다.

각 프로세스의 상태는 ps ax를 실행했을 때 출력되는 결과의 세 번째 필드인 'STAT' 필드의 첫 문자를 보면 알 수 있습니다.

STAT 필드의 첫 문자	상태
R	실행 상태 혹은 실행 대기 상태
S 혹은 D	슬립 상태. 시그널에 따라 실행 상태로 되돌아오는 것이 'S', 그렇지 않은 것이 'D' (후자는 주로 저장 장치의 접근 대기)
Z	좀비 상태

실제로 시스템에 있는 프로세스의 상태를 봅시다.

```
$ ps ax
(중략)
10533 pts/24 Ss 0:00 /bin/bash --noediting -i
10759 ? Ss 0:00 sshd: root [priv]
10760 ? S  0:00 sshd: root [net]
10761 pts/24 R+ 0:00 ps ax          ●─────── ①
15599 ? Ssl 0:00 /usr/lib/x86_64-linux-gnu/unity/unity-panel-service
--lockscreen-mode
22857 ? S< 0:00 [bioset]
22859 ? S< 0:00 [xfsalloc]
22860 ? S< 0:00 [xfs_mru_cache]
22869 ? S 0:00 [jfsIO]
22870 ? S 0:00 [jfsCommit]
22871 ? S 0:00 [jfsCommit]
22872 ? S 0:00 [jfsCommit]
22873 ? S 0:00 [jfsCommit]
22874 ? S 0:00 [jfsCommit]
22875 ? S 0:00 [jfsCommit]
22876 ? S 0:00 [jfsCommit]
22877 ? S 0:00 [jfsCommit]
22878 ? S 0:00 [jfsSync]
25057 ? S< 0:00 [kworker/u33:0]
$
```

앞서 설명한 대로 프로세스는 대부분 슬립 상태를 나타내는 'S'로 표기되어 있습니다. 자세히 보면 ①의 ps ax는 'R'입니다. 이것은 이 프로그램이 프로세스의 상태를 출력하기 위해 동작 중이기 때문입니다. 'bash'가 슬립 상태인 것은 사용자로부터 입력을 기다리고 있기 때문입니다.*

또한 'D' 상태에 있는 프로세스는 일반적으로 수 밀리초정도 지나면 다른 상태로 바뀝니다.

....

* 세 번째 필드의 첫 문자 뒤에 붙은 < 나 + 같은 기호는 신경 쓰지 않아도 괜찮습니다.

장시간을 D 상태로 있다면 다음과 같은 원인을 생각해볼 수 있습니다.

- 스토리지의 I/O가 종료되지 않은 상태로 되어 있습니다.
- 커널 내에 뭔가 문제가 발생하고 있습니다.

상태 변환

이번에는 프로세스의 상태 변화입니다. 프로세스의 상태는 [그림 4-12]와 같이 변환됩니다.

그림 4-12 프로세스의 상태

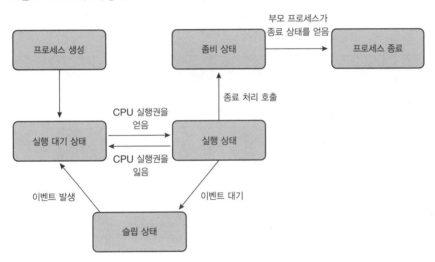

[그림 4-12]에서 알 수 있듯이 프로세스는 생성부터 종료까지 CPU 시간을 필요한 만큼 계속해서 사용하고 종료하는 것이 아니라 살아있는 동안 실행 상태, 실행 가능 상태, 슬립 상태를 몇 번이고 오고 갑니다.

그럼 지금부터 상태 변환의 예를 몇 가지 들어보겠습니다.

먼저, 가장 단순한 예인 슬립 상태로 가지 않는 프로세스의 예입니다.

67쪽의 실험 4-A처럼 sched 프로그램이 프로세스 p0을 1개만 동작시키는 경우에도 해당 프로세스의 상태 변환 혹은 그동안 논리 CPU에서 동작하는 처리는 [그림 4-13]과 같습니다.

그림 4-13 프로세스의 상태와 논리 CPU로 수행되는 처리(슬립이 없는 프로세스의 경우)

p0
실행 상태
논리 CPU
p0

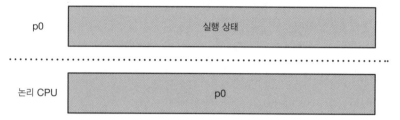

이때 시스템에는 수많은 프로세스가 존재하고 있지만 대부분 슬립 상태이기 때문에 그림상으로는 생략 가능합니다.

2개의 프로세스 p0과 p1이 움직이는 경우는 [그림 4-14]와 같습니다.

그림 4-14 2개의 프로세스의 상태와 논리 CPU로 수행되는 처리(p0, p1을 동작시킨 경우)

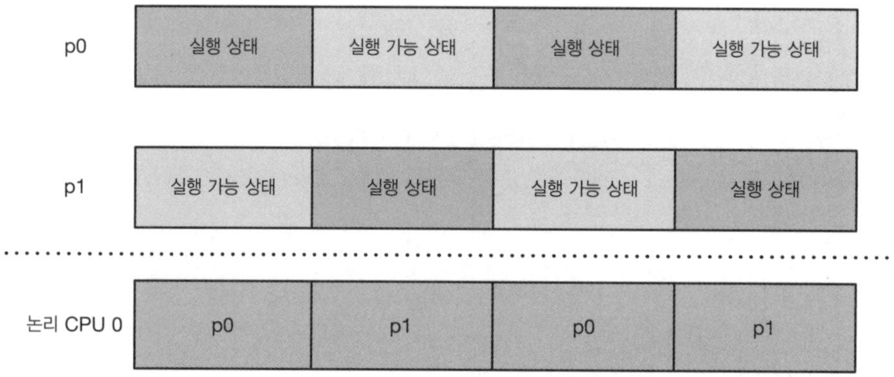

p0
실행 상태
실행 가능 상태
실행 상태
실행 가능 상태
p1
실행 가능 상태
실행 상태
실행 가능 상태
실행 상태
논리 CPU 0
p0
p1
p0
p1

실행 중에 한 번 슬립 상태가 되는 p0이 논리 CPU에 1개 있는 경우는 [그림 4-15]와 같습니다.

그림 4-15 프로세스의 상태와 논리 CPU로 수행되는 처리(슬립하는 프로세스의 경우)

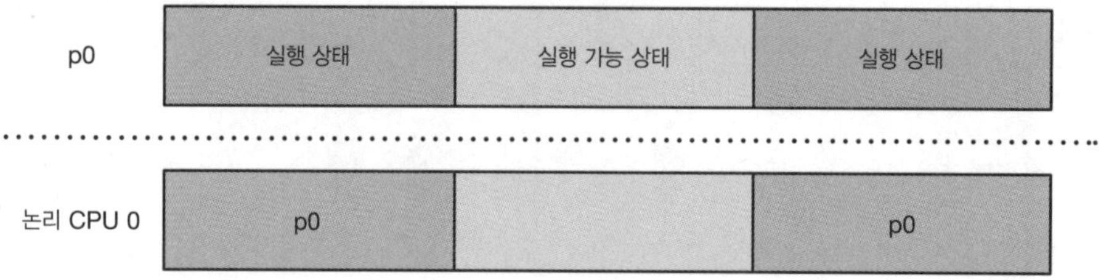

p0
실행 상태
실행 가능 상태
실행 상태
논리 CPU 0
p0
p0

idle 상태

[그림 4-15]에서 p0이 논리 CPU 0에서 동작하지 않은 시간이 있습니다. 이때 논리 CPU에는 무슨 일이 벌어질까요?

사실 이때 논리 CPU에는 idle^{아이들} 프로세스라고 하는 '아무것도 하지 않는' 특수한 프로세스가 동작하고 있습니다. idle 프로세스의 가장 단순한 구현은 새로운 프로세스가 생성되거나 혹은 슬립 상태에 있는 프로세스가 깨어날 때까지 아무 의미 없는 루프를 하는 것입니다. 그러나 이렇게 만들면 전력만 낭비하기 때문에 이렇게 구현하지는 않습니다. 그 대신 CPU의 특수한 명령을 이용하여 논리 CPU를 휴식 상태로 만들어 하나 이상의 프로세스가 실행 가능한 상태가 될 때까지 소비 전력을 낮춰 대기 상태로 만듭니다.

노트북이나 스마트폰으로 아무것도 하지 않는 상태일 때 배터리가 오래가는 이유가 바로 논리 CPU가 소비 전력이 낮은 idle 상태로 오래 있기 때문입니다.

sar을 사용하면 단위 시간당 논리 CPU가 얼마나 idle 상태가 되는지, 어느 정도 계산 리소스에 여유가 있는지를 확인할 수 있습니다.

```
$ sar -P ALL 1
(중략)
09:25:53   CPU   %user   %nice   %system   %iowait   %steal   %idle
09:25:54   all   0.50    0.00    0.12      0.00      0.00     99.38
09:25:54   0     0.00    0.00    0.00      0.00      0.00     100.00
09:25:54   1     0.00    0.00    0.00      0.00      0.00     100.00
09:25:54   2     0.00    0.00    0.00      0.00      0.00     100.00
09:25:54   3     0.00    0.00    0.00      0.00      0.00     100.00
09:25:54   4     1.00    0.00    0.00      0.00      0.00     99.00
09:25:54   5     1.01    0.00    0.00      0.00      0.00     98.99
09:25:54   6     0.00    0.00    1.00      0.00      0.00     99.00
09:25:54   7     0.99    0.00    0.00      0.00      0.00     99.01

09:25:54   CPU   %user   %nice   %system   %iowait   %steal   %idle
09:25:55   all   0.25    0.00    0.25      0.00      0.00     99.50
09:25:55   0     0.00    0.00    0.00      0.00      0.00     100.00
09:25:55   1     0.00    0.00    0.00      0.00      0.00     100.00
09:25:55   2     0.00    0.00    0.00      0.00      0.00     100.00
09:25:55   3     0.00    0.00    0.00      0.00      0.00     100.00
09:25:55   4     1.00    0.00    0.00      0.00      0.00     99.00
09:25:55   5     1.00    0.00    0.00      0.00      0.00     99.00
```

```
09:25:55   6   0.00    0.00    1.98    0.00    0.00    98.02
09:25:55   7   0.00    0.00    0.00    0.00    0.00    100.00
(중략)
```

가장 오른쪽의 **%idle** 필드가 1초간 어느 정도 idle 상태였는지를 표시하는 수치입니다. 거의 100%에 가까운 것을 보니 현재는 시스템 전체가 CPU 시간을 거의 사용하지 않았음을 알 수 있습니다.

논리 CPU 0에서 다음과 같은 무한루프를 도는 파이썬 프로그램(코드 4-2)을 실행했을 때 어떻게 변하는지 측정해보겠습니다.

코드 4-2 loop.py 프로그램(loop.py)

```
while True:
    pass
```

이제 실행해봅시다.

```
$ taskset -c 0 python3 loop.py &
[4] 15009
$ sar -P ALL 1
(중략)
09:54:40   CPU %user   %nice   %system %iowait %steal  %idle
09:54:41   all 12.97   0.00    0.12    0.00    0.00    86.91
09:54:41   0   100.00  0.00    0.00    0.00    0.00    0.00     ◄─── ① 논리 CPU 0
09:54:41   1   0.00    0.00    0.00    0.00    0.00    100.00
09:54:41   2   0.00    0.00    0.00    0.00    0.00    100.00
09:54:41   3   0.00    0.00    0.00    0.00    0.00    100.00
09:54:41   4   0.00    0.00    0.00    0.00    0.00    100.00
09:54:41   5   0.99    0.00    0.00    0.00    0.00    99.01
09:54:41   6   1.00    0.00    0.00    0.00    0.00    99.00
09:54:41   7   0.99    0.00    0.00    0.00    0.00    99.01

09:54:41   CPU %user   %nice   %system %iowait %steal  %idle
09:54:42   all 13.00   0.00    0.00    0.00    0.00    87.00
09:54:42   0   100.00  0.00    0.00    0.00    0.00    0.00     ◄─── ① 논리 CPU 0
09:54:42   1   0.00    0.00    0.00    0.00    0.00    100.00
09:54:42   2   0.00    0.00    0.00    0.00    0.00    100.00
09:54:42   3   0.00    0.00    0.00    0.00    0.00    100.00
```

```
09:54:42    4    2.00    0.00    0.00    0.00    0.00    98.00
09:54:42    5    2.00    0.00    0.00    0.00    0.00    98.00
09:54:42    6    0.00    0.00    1.00    0.00    0.00    99.00
09:54:42    7    1.00    0.00    0.00    0.00    0.00    99.00
(중략)
```

①의 논리 CPU 0만 %idle이 0인 게 보이나요? 논리 CPU 0에는 loop.py 프로그램이 계속해서 동작하고 있기 때문입니다.

다 측정했으니 프로그램을 종료하겠습니다.

```
$ kill 15009
$
```

여러 가지 상태 변환

실제 시스템에서는 다양한 프로세스가 각각의 처리에 따라, 다양한 상태를 거치게 됩니다. 이에 따라 논리 CPU에 어느 프로세스가 움직이고 있는가도 변합니다.

다음과 같은 처리를 하는 프로세스(여기서는 프로세스 0이라고 합시다)가 실행되는 경우를 생각해봅시다.

   1 사용자로부터 입력을 받습니다.
   2 입력받은 내용으로 파일을 읽습니다.

논리 CPU에 프로세스 0만 있을 때 프로세스 0의 상태 변환 혹은 그 순간에 논리 CPU에서 벌어지는 처리는 [그림 4-16], [그림 4-17]과 같습니다.

그림 4-16 프로세스의 상태와 논리 CPU로 움직이고 있는 처리(프로세스 0만 있을 경우)

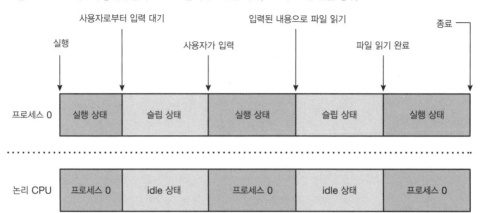

논리 CPU에 이러한 프로세스가 여러 개 있는 경우는 다음과 같습니다.

그림 4-17 프로세스의 상태와 논리 CPU로 움직이고 있는 처리(프로세스가 여러 개 있는 경우)

프로세스 0	실행 상태	슬립 상태	실행 상태	실행 가능 상태	실행 상태	슬립 상태	실행 상태

프로세스 1	실행 가능 상태	실행 상태	슬립 상태	실행 가능 상태	실행 상태	실행 가능 상태	실행 상태

논리 CPU	프로세스 0	프로세스 1	idle 상태	프로세스 0	프로세스 1	프로세스 0	프로세스 1	idle 상태	프로세스 0

복잡해보이죠? 두 가지만 중요하게 보면 됩니다.

> **1** 논리 CPU로 한 번에 실행할 수 있는 프로세스는 1개뿐입니다.
>
> **2** 슬립 상태에서는 CPU 시간을 사용하지 않습니다.

소프트웨어를 개발하거나 사용할 때 이러한 그림을 머릿속에 떠올릴 수 있으면 컴퓨터 시스템에 대해 좀 더 깊이 이해할 수 있을 겁니다.

스루풋과 레이턴시

이번 절에서는 각종 처리의 성능지표인 '스루풋throughput과 레이턴시latency'의 개념에 대해 공부합시다. 각각의 정의는 다음과 같습니다.

- **스루풋** : 단위 시간당 처리된 일의 양으로 높을수록 좋습니다.
- **레이턴시** : 각각의 처리가 시작부터 종료까지의 경과된 시간으로 짧을수록 좋습니다.

이러한 성능지표는 논리 CPU뿐만 아니라 저장 장치 등의 다른 성능에서도 중요합니다. 그러나 여기서는 이해하기 쉽도록 논리 CPU를 사용한 처리로만 범위를 좁히겠습니다. 또한 각각의 계산식은 다음과 같이 정의하겠습니다.

- **스루풋** = 완료한 프로세스의 수 / 경과 시간
- **레이턴시** = 처리 종료 시간 − 처리 시작 시간

우선 스루풋만 보겠습니다. 기본적으로 스루풋은 논리 CPU의 연산 리소스를 사용하면 할수록 높아집니다. 즉, CPU의 idle 상태가 적어질수록 높아집니다.

예를 들어 논리 CPU를 사용했다가 슬립했다가를 반복하는 프로세스가 1개 있는 경우를 생각해봅시다. 이러한 경우 프로세스와 논리 CPU의 상태는 [그림 4−18]과 같이 변환합니다.

그림 4-18 프로세스의 상태와 논리 CPU에서 수행된 처리(종종 슬립하는 프로세스가 1개 있는 경우)

[그림 4-18]에서 100밀리초 동안 논리 CPU의 시간 40%가 idle 상태입니다(즉, `sar -P ALL`로 확인했을 때 `%idle`이 40입니다). 이러한 경우 스루풋은 다음과 같이 계산할 수 있습니다.

- 스루풋 = 1프로세스 / 100밀리초

  = 1프로세스 / 0.1초

  = 10프로세스 / 1초

이런 프로세스 2개를 시간 차이를 두고 실행하게 되면 [그림 4-19]와 같습니다(물론 예를 들기 위해 강제로 이렇게 동작하는 겁니다).

그림 4-19 프로세스의 상태와 논리 CPU에서 수행된 처리(종종 슬립하는 프로세스가 2개 있는 경우)

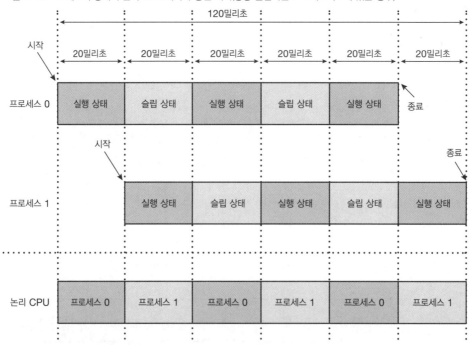

이때 논리 CPU는 idle 상태가 되지 않으며 스루풋은 다음과 같이 계산할 수 있습니다.

- 스루풋 = 2프로세스 / 120밀리초

  = 2프로세스 / 0.12초

  = 16.7프로세스 / 1초

정리하면 다음과 같습니다.

프로세스 수	%idle	스루풋
1	40	10
2	0	16.7

이 결과로부터 idle 상태 시간이 적어지면 적어질수록 스루풋이 높아지는 것을 알 수 있습니다.

계속해서 레이턴시도 넣어서 생각해보겠습니다. 앞서 실험한 [실험 4-A~C][66~73쪽]에서 구한 데이터를 사용하겠습니다. 앞서 사용한 그래프를 다시 한번 보면서 스루풋과 레이턴시에 대해 생각해봅시다.

프로세스가 1개인 경우에는 100밀리초 동안 1개의 프로세스(프로세스 0) 처리가 완료됩니다.

그림 4-20 프로세스 0의 진행도(그림 4-4 재사용)

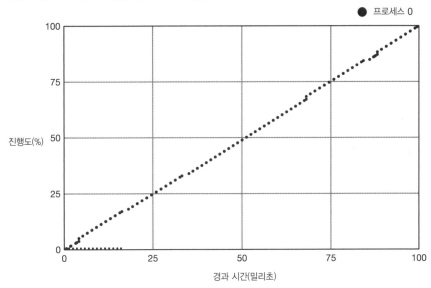

스루풋과 레이턴시는 다음과 같이 계산할 수 있습니다.

- 스루풋 = 1프로세스 / 100밀리초
  = 1프로세스 / 0.1초
  = 10프로세스 / 1초
- 평균 레이턴시 = 프로세스 0의 레이턴시
  = 100밀리초

프로세스가 2개 있는 경우에는 200밀리초 동안 2개의 프로세스(프로세스 0과 프로세스 1)가 완료되었습니다. 양쪽 모두 거의 동시에 200밀리초 뒤에 완료되었습니다.

그림 4-21 프로세스 0과 프로세스 1의 진행도(그림 4-6 재사용)

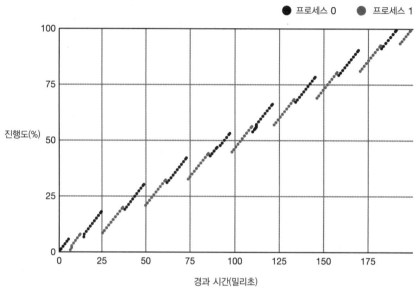

스루풋과 레이턴시는 다음과 같이 계산할 수 있습니다.

- 스루풋 = 2프로세스 / 0.2초

    = 10프로세스 / 1초

- 평균 레이턴시 = 프로세스 0과 프로세스 1의 레이턴시

    = 200밀리초

프로세스가 4개 있는 경우에는 400밀리초 동안 4개의 프로세스가 완료되었습니다. 어느 프로세스라도 거의 동시에 400밀리초 뒤에 완료되었습니다.

그림 4-22 프로세스 0~프로세스 3의 진행도(그림 4-8 재사용)

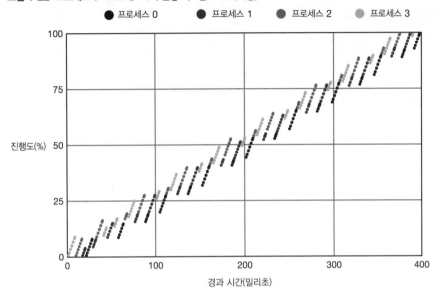

스루풋과 레이턴시는 다음과 같이 계산할 수 있습니다.

- 스루풋 = 4프로세스 / 0.4초

    = 10프로세스 / 1초
- 평균 레이턴시 = 프로세스 0~프로세스 3의 레이턴시

    = 400밀리초

이상의 내용을 정리하면 다음과 같습니다.

프로세스 수	스루풋(프로세스 / 초)	평균 레이턴시(밀리초)
1	10	100
2	10	200
4	10	400

여기에서 다음과 같은 점을 알 수 있습니다.

- 논리 CPU의 능력을 전부 활용, 즉 모든 논리 CPU가 idle 상태가 되지 않는 경우에는 프로세스 개수를 늘려도 스루풋은 변하지 않습니다.*

---

* 좀 더 정확하게는 %idle이 0인데도 프로세스를 계속 늘리면 컨텍스트 스위치의 오버헤드 등의 증가로 인해 스루풋이 감소합니다.

- 프로세스 수를 늘릴수록 레이턴시는 악화됩니다.
- 각 프로세스의 평균 레이턴시는 비슷합니다.

마지막 내용을 조금 더 보충해서 설명하겠습니다. 여러 개의 프로세스가 실행 가능한 상태에서 스케줄러가 라운드로빈 방식이 아닌 1개의 프로세스가 종료된 후 다음 프로세스를 스케줄링하는 방식으로 가정했을 때 [그림 4-23]과 같이 동작합니다.

그림 4-23 스케줄러가 라운드로빈 방식이 아닌 경우

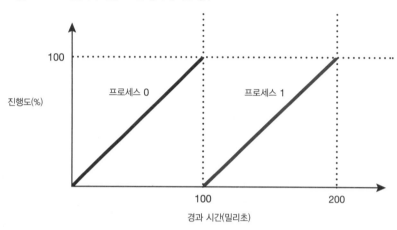

이 경우 스루풋은 변하지 않습니다. 하지만 프로세스 0과 프로세스 1이 거의 동시에 움직이기 시작했던 것과 관계없이 라운드로빈 방식의 경우 레이턴시는 100밀리초였지만 이번에는 200밀리초가 되어버리는 불평등이 발생했습니다. 이러한 불평등을 피하기 위해서 스케줄러는 각 논리 CPU의 CPU 시간을 매우 잘게 타임 슬라이스로 쪼개서 각 프로세스에 할당합니다.

실제 시스템

지금까지 배운 것을 정리해보면 논리 CPU가 항상 움직이는, 즉 idle 상태가 없는 경우, 거기에 실행 대기 상태의 프로세스가 없는 경우에 스루풋과 레이턴시 모두 최대가 됨을 알 수 있습니다. 그러나 이상적인 상황일 뿐 현실에서는 그렇게 돌아가지는 않습니다. 실제 시스템에 돌아가는 논리 CPU는 다음과 같은 상태를 정신 없이 오고 갑니다.

- **idle 상태** : 논리 CPU가 쉬고 있기 때문에 스루풋이 떨어지는 경향이 있습니다.
- **프로세스가 동작 중** : 실행 대기의 프로세스가 없기 때문에 이상적인 상태입니다. 그러나 이러한 상태는 다음
  의 프로세스가 실행 가능한 상태가 되면, 2개의 프로세스의 레이턴시가 양쪽 다 길어집니다.
- **프로세스가 대기 중** : 실행 대기 프로세스가 있습니다. 스루풋은 높지만 레이턴시가 길어지는 경향이 있습
  니다.

이것을 보면 알 수 있듯이 스루풋과 레이턴시는 서로 상관관계(정확히는 trade-off 관계)에 있는 경우가 많습니다.

실제로 시스템을 설계할 때에는 성능 목표로 필요한 스루풋과 레이턴시를 정의한 뒤에, 예를 들어 다음과 같은 데이터를 기준으로 목표치를 달성할 수 있는 시스템을 튜닝해야 합니다.

- sar의 %idle
- 'sar -q'의 'runq-sz' 필드. 이 수치는 실행 중 혹은 실행 대기 프로세스의 수를 표시(전체 논리 CPU의 합계)

idle 상태를 설명할 때 사용한 loop.py 프로그램을 사용해서 예를 만들어보겠습니다.

```
$ sar -q 1 1
(중략)
11:28:28 runq-sz plist-sz ldavg-1 ldavg-5 ldavg-15 blocked
11:28:29 0        831      6.17    5.17    2.46     0
                        •─── 실행 중, 실행 대기 상태의 프로세스 없음. 즉, 시스템은 idle 상태
Average: 0       831      6.17    5.17    2.46     0
$ taskset -c 0 python3 ./loop.py &
                   •─── 논리 CPU 0에서 무한루프를 도는 프로그램을 동작시킴
[1] 9649
$ sar -q 1 1
(중략)
11:28:42 runq-sz plist-sz ldavg-1 ldavg-5 ldavg-15 blocked
11:28:43 1        831      4.88    4.93    2.43     0 •─── 실행 중, 실행 대기 상태의
                                                          프로세스는 1개. 즉, 논리
Average: 1       831      4.88    4.93    2.43     0      CPU 0 에서 무한루프를 도는
$ taskset -c 0 python3 ./loop.py & •─── 위에서 말한 프로그램을  프로그램 1개가 계속 동작 중
[2] 9655                                1개 더 동작시킴
$ sar -q 1 1
(중략)
```

```
11:28:47 runq-sz plist-sz ldavg-1 ldavg-5 ldavg-15 blocked
11:28:48 2         835     4.57    4.87    2.42     0  •

Average: 2         835     4.57    4.87    2.42     0
```

실행 중, 실행 대기 상태의 프로세스는 2개. 즉, 논리 CPU 0에서 무한루프를 도는 프로그램 2개가 번갈아 실행 중과 실행 대기 상태로 변환되고 있음

끝났으면 프로세스를 종료시킵니다.

```
$ kill 9649 9655
$
```

논리 CPU가 여러 개일 때 스케줄링

논리 CPU가 여러 개일 때 스케줄링은 어떻게 될까요. 이때는 스케줄러 안의 논리 CPU를 여러 개 다루기 위해 로드밸런서load balancer 혹은 글로벌 스케줄러global scheduler라는 기능이 동작합니다. 로드밸런서를 간단히 설명하면 여러 개의 논리 CPU에 프로세스를 공평하게 분배해주는 역할을 합니다. 프로세스를 할당받은 각 논리 CPU 안에서 1개의 논리 CPU가 있을 때와 마찬가지로 각 프로세스에 공평하게 CPU 시간을 분배합니다.

CPU 0, CPU 1이라고 하는 2개의 논리 CPU가 함께 idle 상태가 된 시점부터 4개의 프로세스(프로세스 0~3)를 차례대로 실행했을 때의 순서를 그림으로 보겠습니다(그림 4-24).

그림 4-24 2개의 논리 CPU에 프로세스 0~프로세스 3이 생성되어 실행될 때의 모습

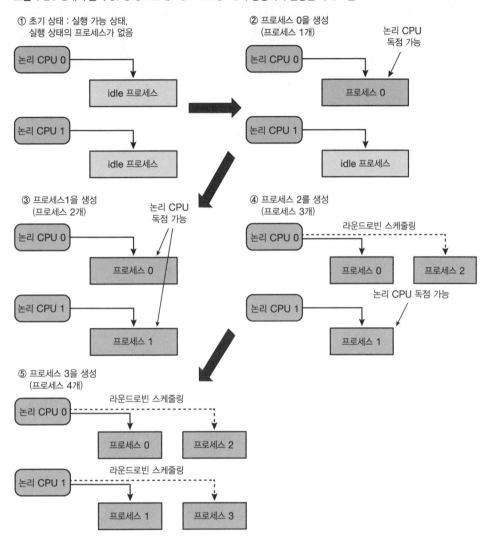

이제 직접 확인해보도록 합시다.

실험 방법

앞에서 사용한 프로그램을 다음처럼 여러 개의 논리 CPU에 동작시키겠습니다. 먼저 시스템에 탑재된 논리 CPU의 개수를 알아봅시다. /proc/cpuinfo 파일에는 논리 CPU별로 상세 정보가 들어 있는데 이 파일에서 'processor'로 시작하는 줄을 세어봅시다.

```
$ grep -c processor /proc/cpuinfo
8
```

필자의 시스템에는 8개의 논리 CPU가 있습니다. 그렇다면 sched 프로그램을 2개의 논리 CPU인 CPU 0과 CPU 4에서 동작시켜 보겠습니다.

```
$ taskset -c 0,4 ./sched <프로세스 수> 100 1
# <프로세스 수>에는 1, 2, 4를 넣어주세요
```

어째서 CPU 0과 CPU 1이 아닌 CPU 0과 CPU 4에서 실행하는지를 간단히 설명하면, 이 2개의 논리 CPU는 6장에서 설명할 캐시 메모리를 공유하고 있지 않는 등의 여러 가지 이유로 인해 독립성이 타 CPU들에 비해 높아 sched 프로그램의 성능 측정에 적합하기 때문입니다. 서로 독립성이 없는 CPU들로 sched 프로그램의 성능을 측정하면 여러 가지 이유에 의해 성능 측정에 방해를 받을 수 있습니다. 여러분이 이 프로그램을 실행할 때 논리 CPU 0과 번호가 '논리 CPU 개수 / 2' 로 되어 있는 것을 고르면, 즉 8개의 논리 CPU를 가진 필자의 환경의 경우 4개의 물리 코어를 가지고 있을 것이며 이런 경우에는 4번 CPU를 고르면 대체로 문제가 없을 것입니다.

또한 sched 프로그램은 여러 개의 논리 CPU가 인식되는 시스템에서만 테스트할 수 있습니다. 논리 CPU가 1개뿐인 환경에서는 따라 하기 어렵습니다. 책의 실험을 참고해주세요.

하이퍼스레드가 켜진 환경에 시스템이 인식하는 논리 CPU가 2개인 경우에는 주의가 필요합니다. 이 경우 테스트 프로그램을 실행하는 것은 가능하지만 기대치와 다른 결괏값을 보일 수 있습니다. 하이퍼스레드에 대해서는 6장에서 설명하겠습니다.

sched 프로그램의 측정 가능한 조건은 다음과 같습니다.

실험명	n	total	resol
실험 4-D	1	100	1
실험 4-E	2	100	1
실험 4-F	4	100	1

두 번째 실험

프로세스 1개 : 실험 4-D

프로세스가 1개인 경우에는 [그림 4-25]와 같이 동작합니다.

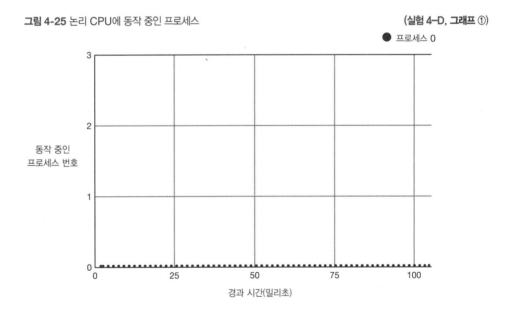

그림 4-25 논리 CPU에 동작 중인 프로세스　　　　　　　　　**(실험 4-D, 그래프 ①)**

● 프로세스 0

이 그래프는 논리 CPU가 1개일 때 측정한 경우와 다르지 않습니다. 프로세스 0이 어느 쪽이든 논리 CPU에서 계속 동작하고 있습니다. 다른 쪽의 논리 CPU는 idle 상태입니다.

프로세스의 진행도는 [그림 4-26]처럼 됩니다. 이 그래프도 논리 CPU가 1개일 때와 같습니다.

그림 4-26 프로세스 0의 진행도 (**실험 4-D, 그래프 ②**)

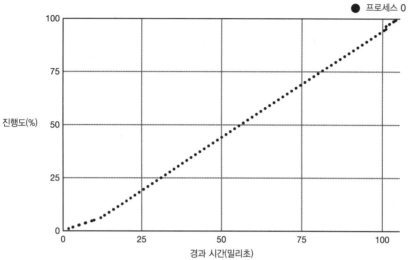

프로세스 2개 : 실험 4-E

프로세스가 2개인 경우에는 [그림 4-27]처럼 동작합니다.

그림 4-27 논리 CPU에 동작 중인 프로세스 (**실험 4-E, 그래프 ①**)

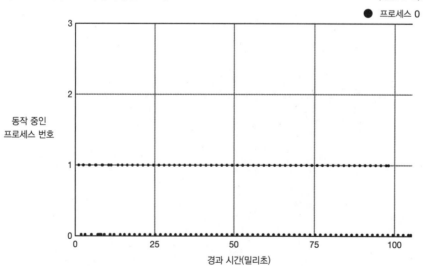

각각의 논리 CPU에 프로세스 0과 프로세스 1이 동시에 동작하고 있습니다. idle 상태의 논리 CPU가 없으므로 연산 리소스를 최대한 사용하고 있는 상태입니다. 각 프로세스의 진행도는 [그림 4-28]과 같습니다.

그림 4-28 프로세스 0과 프로세스 1의 진행도   **(실험 4-E, 그래프 ②)**

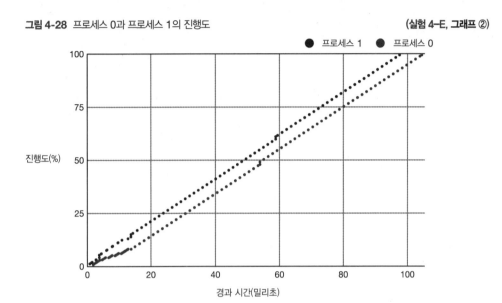

각각의 프로세스가 논리 CPU를 독점해서 동작하고 있으므로 논리 CPU가 1개인 경우에 비해 각각 절반의 시간에 처리가 끝나고 있습니다.

프로세스 4개 : 실험 4-F

프로세스가 4개인 경우는 [그림 4-29]처럼 동작합니다.

**그림 4-29** 논리 CPU에 동작 중인 프로세스

(실험 4-F, 그래프 ①)

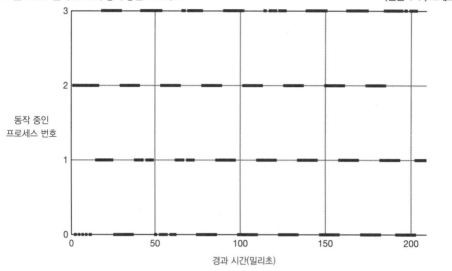

2개의 논리 CPU에 각각 2개의 프로세스가 서로 번갈아 가며 동작하고 있는 것을 알 수 있습니다. 이 경우 각 프로세스의 진행도는 [그림 4-30]과 같습니다.

그림 4-30 프로세스 0~프로세스 3의 진행도   **(실험 4-F, 그래프 ②)**

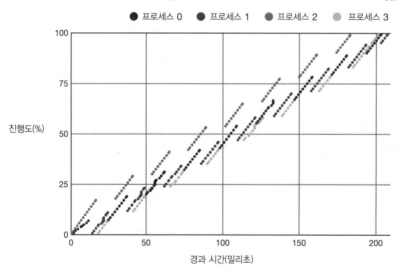

각 프로세스는 거의 동시에 진행되고 있습니다. 최종적으로는 각 프로세스가 논리 CPU를 독점 가능했던 경우에 비해 소요 시간이 두 배가 된다는 것을 알 수 있습니다.

스루풋과 레이턴시

[실험 4-D~F]를 바탕으로 앞에서 공부한 스루풋과 레이턴시를 계산해보도록 합시다.

실험 4-D

시작부터 100밀리초 후에 프로세스 1개가 종료되었으므로 다음과 같습니다.

- 스루풋 = 1프로세스 / 100밀리초
  = 1프로세스 / 0.1초
  = 10프로세스 / 1초
- 레이턴시 = 100밀리초

실험 4-E

시작부터 100밀리초 후에 프로세스 2개가 거의 동시에 종료되었으므로 다음과 같습니다.

- 스루풋 = 2프로세스 / 100밀리초
  = 2프로세스 / 0.1초
  = 20프로세스 / 1초
- 레이턴시 = 100밀리초

실험 4-F

시작부터 200밀리초 후에 프로세스 4개가 거의 동시에 종료되었으므로 다음과 같습니다.

- 스루풋 = 4프로세스 / 200밀리초
  = 4프로세스 / 0.2초
  = 20프로세스 / 1초
- 레이턴시 = 200밀리초

이를 정리하면 다음과 같습니다.

프로세스 수	스루풋(프로세스 / 초)	레이턴시(밀리초)
1	10	100
2	20	100
4	20	200

고찰

지금까지의 실험 결과를 확인해보면 이번 장 처음에 이야기했던 다음의 내용이 사실임을 알 수 있습니다.

- 1개의 CPU에 동시에 처리되는 프로세스는 1개입니다.
- 여러 개의 프로세스가 실행 가능한 경우 각각의 프로세스를 적절한 길이의 시간(타임 슬라이스)마다 CPU에서 순차적으로 처리합니다.

그 외에도 다음과 같은 내용도 알게 되었습니다.

- 멀티코어 CPU 환경에서는 여러 개의 프로세스를 동시에 동작시키지 않으면 스루풋이 오르지 않습니다. '코어가 n개 있으므로 성능이 n배'라고 말할 수 있는 건 어디까지나 최선의 케이스인 경우입니다.
- 단 1개의 논리 CPU의 경우와 마찬가지로 프로세스 수를 논리 CPU 수보다 많게 하더라도 스루풋은 오르지 않습니다.

경과 시간과 사용 시간

'time' 명령어를 통해서 프로세스를 동작시키면 프로세스의 시작부터 종료까지의 시간 사이에 경과 시간과 사용 시간이라는 두 가지 수치를 얻을 수 있습니다.

- 경과 시간 : 프로세스가 시작해서 종료할 때까지의 경과 시간입니다. 스톱워치로 프로세스의 시작부터 종료까지 시간을 측정한 것을 상상해보면 됩니다.
- 사용 시간 : 프로세스가 실제로 논리 CPU를 사용한 시간입니다.

이것을 그림으로 그려보면 다음과 같습니다(그림 4-31).

그림 4-31 경과 시간과 사용 시간

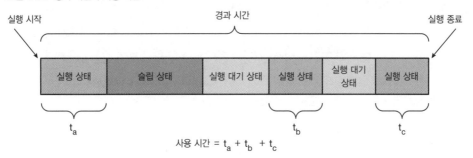

실제로 time을 사용해서 sched 프로그램의 경과 시간과 사용 시간을 측정해보겠습니다. 측정할 때 중요한 점은 프로세스 종료 시의 경과 시간과 사용 시간이므로 sched 프로그램의 파라미터는 다음과 같이 하겠습니다.

- total(처리의 소요 시간) : 10초
- resol(진행도 표시) : 10초

논리 CPU 수 = 1, 프로세스 수 = 1

```
$ time taskset -c 0 ./sched 1 10000 10000
0 9811 100

real 0m11.567s
user 0m11.560s
sys 0m0.000s
$
```

'real'의 값이 경과 시간입니다. 그 아래에 있는 'user'와 'sys'의 수치를 더하면 사용 시간입니다.

user의 값은 프로세스가 실행 중인 사용자 모드에서 CPU를 사용한 시간입니다. 반대로 sys의 값은 프로세스의 실행 중에 사용자 모드의 처리로부터 호출된 커널이 시스템 콜을 실행한 시간입니다.

이 예제에서는 1개의 프로세스가 논리 CPU를 독점할 수 있도록 경과 시간과 사용 시간이 거의 같음을 알 수 있습니다. 또한 대부분의 시간은 사용자 모드에서 루프 처리를 하고 있기 때문에 sys의 값은 거의 0이 됩니다.

프로세스의 종료까지 사용한 시간이 약 11.6초가 걸린 것에 비해 100%의 진행도를 얻기 위해 약 9.8초를 필요로 하고 있습니다. 이 두 시간의 차이는 실제 처리 전에 1밀리초의 CPU 시간을 사용하는 계산량을 측정하기 위해 하는 전처리(sched.c의 loops_per_msec() 함수)에 걸린 시간입니다. 이것을 그림으로 그리면 다음과 같습니다(그림 4-32).

그림 4-32 경과 시간과 사용 시간의 차이(논리 CPU 수 = 1, 프로세스 수 = 1)

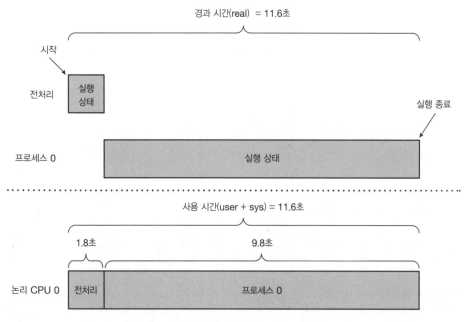

논리 CPU 수 = 1, 프로세스 수 = 2

```
$ time taskset -c 0 ./sched 2 10000 10000
1 19716 100
0 19732 100

real 0m21.487s
user 0m21.480s
sys 0m0.000s
$
```

이것도 경과 시간과 사용 시간이 거의 똑같습니다. 전처리 시간을 빼면 경과 시간, 사용 시간 둘 다 거의 두 배가 되었습니다. 이것은 단위 시간당 각각의 프로세스가 논리 CPU를 절반 밖에 사용할 수 없었기 때문입니다(그림 4-33).

그림 4-33 경과 시간과 사용 시간의 차이(논리 CPU 수 = 1, 프로세스 수 = 2)

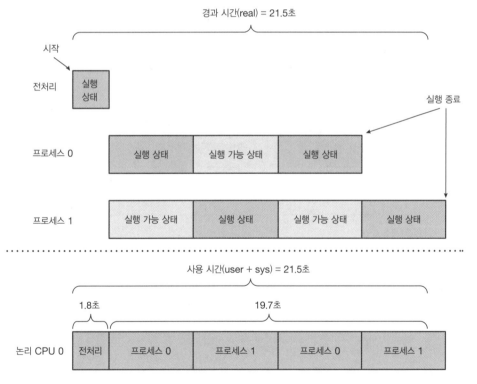

논리 CPU 수 = 2, 프로세스 수 = 1

논리 CPU가 2개인 경우는 어떻게 될까요?

```
$ time taskset -c 0,1 ./sched 1 10000 10000
0 9813 100

real 0m11.569s
user 0m11.564s
sys 0m0.000s
```

논리 CPU가 1개인 경우와 거의 비슷한 데이터가 되었습니다. 논리 CPU가 2개 있어도 한쪽 CPU는 계속 idle 상태이므로 위와 같은 결과가 나옵니다(그림 4-34).

그림 4-34 경과 시간과 사용 시간의 차이(논리 CPU 수 = 2, 프로세스 수 = 1)

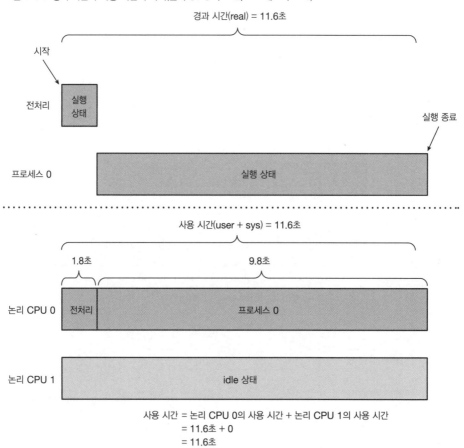

논리 CPU 수 = 2, 프로세스 수 = 4

```
$ time taskset -c 0,1 ./sched 4 10000 10000
1 10326 100
0 10350 100

real 0m12.103s
user 0m22.424s
sys 0m0.000s
```

경과 시간은 논리 CPU 수 = 1, 프로세스 수 = 2의 경우와 거의 같습니다만, 사용 시간은 두 배가 되었습니다(그림 4-35). 왜 이렇게 되었을까요? 2개의 프로세스는 각각 2개의 논리 CPU에 따로따로 실행이 가능하기 때문입니다.

스케줄러에 대한 지식이 없으면 소요 시간보다 사용 시간이 더 긴 것을 바로 이해하기 어려울 겁니다. 그러나 [그림 4-35]에서 보듯이 멀티코어의 시스템에서는 여러 CPU를 동시에 사용하고 있으므로 총합의 사용 시간은 당연히 더 길어질 수 있음을 이해하실 수 있을 것이라 믿습니다.

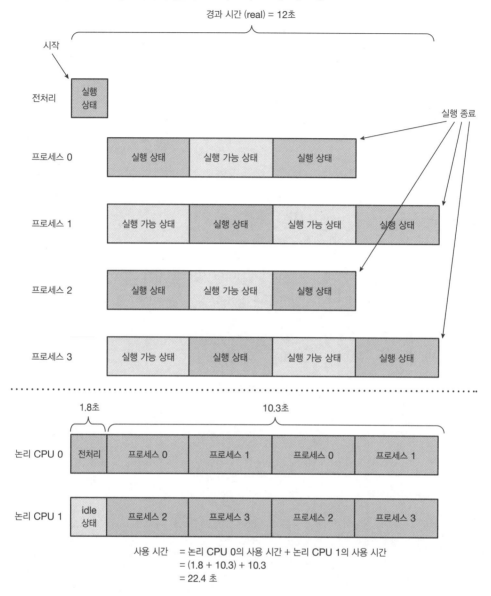

그림 4-35 경과 시간과 사용 시간의 차이(논리 CPU 수 = 2, 프로세스 수 = 4)

경과 시간 (real) = 12초

시작

전처리 　실행 상태

실행 종료

프로세스 0 　실행 상태 ｜ 실행 가능 상태 ｜ 실행 상태

프로세스 1 　실행 가능 상태 ｜ 실행 상태 ｜ 실행 가능 상태 ｜ 실행 상태

프로세스 2 　실행 상태 ｜ 실행 가능 상태 ｜ 실행 상태

프로세스 3 　실행 가능 상태 ｜ 실행 상태 ｜ 실행 가능 상태 ｜ 실행 상태

1.8초　　　　　　　　10.3초

논리 CPU 0 　전처리 ｜ 프로세스 0 ｜ 프로세스 1 ｜ 프로세스 0 ｜ 프로세스 1

논리 CPU 1 　idle 상태 ｜ 프로세스 2 ｜ 프로세스 3 ｜ 프로세스 2 ｜ 프로세스 3

사용 시간 = 논리 CPU 0의 사용 시간 + 논리 CPU 1의 사용 시간
= (1.8 + 10.3) + 10.3
= 22.4 초

슬립을 사용하는 프로세스

프로그램 시작부터 일정한 시간 동안 슬립sleep하고 종료하는 프로세스라면 어떻게 될까요? 시작부터 10초간 슬립하고 즉시 종료하는 'sleep 10'을 실행해봅시다.

```
$ time sleep 10

real 0m10.001s
user 0m0.000s
sys 0m0.000s
$
```

이 경우는 프로그램 종료까지 10초가 지났습니다만, 논리 CPU는 거의 사용되고 있지 않기 때문에 사용 시간이 거의 0이 됩니다(그림 4-36).

그림 4-36 경과 시간과 사용 시간(슬립하고 종료하는 프로세스의 경우)

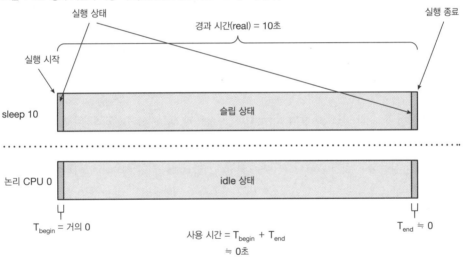

실제 프로세스

실제 시스템의 프로세스는 슬립 상태를 포함해 여러 가지 상태를 복잡하게 오고가기 때문에 지금까지 설명한 예제처럼 결과가 깔끔하지 않습니다만, 예제를 통해 값을 읽는 방법은 배웠으리라 봅니다. 마지막으로 time 말고 다른 방법으로 프로세스의 경과 시간과 사용 시간을 얻는 방법을 설명하겠습니다.

'ps -eo' 명령어의 'etime' 필드와 'time' 필드는 프로세스의 시작부터 현재까지의 경과 시간과 사용 시간을 표시합니다. 여기서는 프로세스별로 프로세스 ID, 명령어 이름, 경과 시간, 사용 시간을 표시하도록 하겠습니다.

```
$ ps -eo pid,comm,etime,time
PID COMMAND          ELAPSED      TIME
(중략)
3739 chromium-browse 3-00:35:00 00:10:04     ●──── 프로세스 시작부터 3일 35분 경과.
                                                    그동안 논리 CPU를 10분 4초 사용
(중략)
8562 emacs 2-23:18:06 00:00:33     ●──── 프로세스 시작부터 2일 23시간 18분 6초 경과.
                                          그동안 논리 CPU를 33초 사용
(중략)
$
```

위의 결과에서 프로세스 ID '3739'의 **chromium-browse**와 프로세스 ID '8562'의 **emacs**는 각각 웹 브라우저와 텍스트 에디터입니다. 이러한 프로세스는 시작해서 며칠 동안 있는 것으로 거의 논리 CPU를 사용하고 있지 않습니다. 왜 그럴까요? 웹브라우저나 텍스트 에디터는 사용자와 인터랙티브 방식으로 동작하는 프로세스이므로 사용자의 입력을 기다리는 동안에는 슬립 상태를 유지하기 때문입니다.

계속해서 CPU 시간을 사용하는 처리(전형적으로는 과학기술계산)의 경우는 다른 동작 중인 프로세스가 없다면 사용 시간의 경과 시간과 사용할 CPU 개수를 곱한 값에 거의 근접하게 됩니다. 무한루프를 도는 loop.py 프로그램으로 실험해보겠습니다. 일단, 논리 CPU 수 = 1, 프로세스 수 = 1의 경우를 보겠습니다.

```
$ taskset -c 0 python3 ./loop.py &
[1] 20999
$ ps -eo pid,comm,etime,time ¦ grep python3 ●    ─── 프로그램 실행 시작부터
                                                     10초 정도 기다렸다가 실행
```

```
PID COMMAND    ELAPSED  TIME
(중략)
20999 python3 00:11 00:00:10  ●──── 경과 시간과 사용 시간이 거의 같음
$
```

처리가 끝났으면 프로그램을 종료시킵니다.

```
$ kill 20999
$
```

계속해서 논리 CPU 수 = 1, 프로세스 수 = 2의 경우를 볼까요?

```
$ taskset -c 0 python3 ./loop.py &
[1] 21304
$ taskset -c 0 python3 ./loop.py &  ●──── 위의 명령어 직후에 실행
[2] 21306
$ ps -eo pid,comm,etime,time ¦ grep python3
21304 python3 00:19 00:00:10  ●──── 사용 시간이 경과 시간의 약 절반. 이유는 논리 CPU 0을
                                    프로세스 ID 21306의 프로세스와 나누고 있기 때문
21306 python3 00:19 00:00:09  ●──── 사용 시간이 경과 시간의 절반. 이유는 위와 동일
$ kill 21304 21306  ●──── 끝났다면 프로세스를 종료시킴
$
```

이번에는 논리 CPU 수 = 2, 프로세스 수 = 2의 경우도 보도록 합시다.

```
$ taskset -c 0,4 python3 ./loop.py &
[1] 21424
$ taskset -c 0,4 python3 ./loop.py &  ●──── 위에 적은 명령어와 거의 동시에 실행
[2] 21425
$ ps -eo pid,comm,etime,time ¦ grep python3
21424 python3        00:05 00:00:05  ●──── 사용 시간과 경과 시간이 같음.
                                          이유는 논리 CPU를 독점할 수 있으므로
21425 python3        00:05 00:00:04  ●──── 위와 동일
$ kill 21424 21425
$
```

어떻습니까? 여러분이 평소에 쓰는 프로그램에 대해서도 이러한 데이터를 측정해보면 여러 가지 재미있는 특징이 나타날 겁니다. 자주 사용하는 프로그램으로 한번 실험해보세요.

우선순위 변경

마지막으로 스케줄러에 관련된 시스템 콜이나 프로그램에 대해 소개하겠습니다.

지금까지 시스템에 존재하는 실행 가능한 프로세스는 각각 공평하게 CPU 시간을 얻을 수 있다고 설명했습니다만 특정 프로세스에 우선순위를 부여하는 것도 가능합니다. 이때는 'nice()' 시스템 콜을 사용합니다.

nice()는 프로세스의 실행 우선순위를 '-19'부터 '20'까지 설정합니다. 기본값은 '0'입니다. -19가 가장 우선순위가 높고 20이 가장 낮습니다. 우선순위가 높은 프로세스는 평균보다 CPU 시간을 더 많이 배정받습니다. 이와는 반대로 우선순위가 낮은 프로세스는 평균보다 적게 CPU 시간을 받습니다. 우선순위를 내리는 것은 리눅스 사용자 계정 누구라도 가능하지만 우선순위를 높이는 것은 root 권한을 가지고 있는 슈퍼유저뿐입니다. 지금까지 사용했던 sched 프로그램을 수정해서 다음과 같은 프로그램을 만들어봅시다.

- 동작하는 프로세스 수를 2개로 고정합니다.
- 첫 번째 파라미터에 total, 두 번째 파라미터에 resol을 지정합니다.
- 2개의 프로세스 중 하나는 기본으로 우선순위 0으로 동작시킵니다. 다른 하나는 우선순위 5로 동작시킵니다.
- 나머지는 원래의 sched 프로그램과 같습니다.

이것을 구현한 것이 [코드 4-3]의 sched_nice 프로그램입니다.

코드 4-3 sched_nice 프로그램(sched_nice.c)

```
#include <sys/types.h>
#include <sys/wait.h>
#include <time.h>
#include <unistd.h>
#include <stdio.h>
#include <stdlib.h>
#include <string.h>
#include <err.h>

#define NLOOP_FOR_ESTIMATION 1000000000UL
#define NSECS_PER_MSEC 1000000UL
#define NSECS_PER_SEC 1000000000UL

static inline long diff_nsec(struct timespec before, struct timespec after)
```

```
{
    return ((after.tv_sec * NSECS_PER_SEC + after.tv_nsec)
    - (before.tv_sec * NSECS_PER_SEC + before.tv_nsec));
}

static unsigned long loops_per_msec()
{
    unsigned long i;
    struct timespec before, after;
    clock_gettime(CLOCK_MONOTONIC, &before);
    for (i = 0; i < NLOOP_FOR_ESTIMATION; i++)
        ;
    clock_gettime(CLOCK_MONOTONIC, &after);
    int ret;
    return NLOOP_FOR_ESTIMATION * NSECS_PER_MSEC / diff_nsec(before, after);
}

static inline void load(unsigned long nloop)
{
    unsigned long i;
    for (i = 0; i < nloop; i++)
        ;
}

static void child_fn(int id, struct timespec *buf, int nrecord, unsigned long
nloop_per_resol, struct timespec start)
{
    int i;
    for (i = 0; i < nrecord; i++) {
        struct timespec ts;
        load(nloop_per_resol);
        clock_gettime(CLOCK_MONOTONIC, &ts);
        buf[i] = ts;
    }
    for (i = 0; i < nrecord; i++) {
        printf("%d\t%ld\t%d\n", id, diff_nsec(start, buf[i]) / NSECS_PER_MSEC,
        (i + 1) * 100 / nrecord);
    }
    exit(EXIT_SUCCESS);
}

static void parent_fn(int nproc)
{
    int i;
```

```
        for (i = 0; i < nproc; i++)
            wait(NULL);
}

static pid_t *pids;

int main(int argc, char *argv[])
{
    int ret = EXIT_FAILURE;

    if (argc < 3) {
        fprintf(stderr, "usage: %s <total[ms]> <resolution[ms]>\n", argv [0]);
        exit(EXIT_FAILURE);
    }

    int nproc = 2;
    int total = atoi(argv[1]);
    int resol = atoi(argv[2]);

    if (total < 1) {
        fprintf(stderr, "<total>(%d) should be >= 1\n", total);
        exit(EXIT_FAILURE);
    }

    if (resol < 1) {
        fprintf(stderr, "<resol>(%d) should be >= 1 \n", resol);
        exit(EXIT_FAILURE);
    }

    if (total % resol) {
        fprintf(stderr, "<total>(%d) should be multiple of <resolution>(%
        d)\n", total, resol);
        exit(EXIT_FAILURE);
    }
    int nrecord = total / resol;

    struct timespec *logbuf = malloc(nrecord * sizeof(struct timespec));
        if (!logbuf)
            err(EXIT_FAILURE, "malloc(logbuf) failed");
    unsigned long nloop_per_resol = loops_per_msec() * resol;
    pids = malloc(nproc * sizeof(pid_t));
    if (pids == NULL) {
        warn("malloc(pids) failed");
        goto free_logbuf;
```

```
    }

    struct timespec start;
    clock_gettime(CLOCK_MONOTONIC, &start);

    int i, ncreated;
    for (i = 0, ncreated = 0; i < nproc; i++, ncreated++) {
        pids[i] = fork();
        if (pids[i] < 0) {
            goto wait_children;
        }
        else if (pids[i] == 0) {
            // children
            if (i == 1)
                nice(5);
            child_fn(i, logbuf, nrecord, nloop_per_resol, start);
            /* shouldn't reach here */
        }
    }
    ret = EXIT_SUCCESS;

    // parent

wait_children:
    if (ret == EXIT_FAILURE)
        for (i = 0; i < ncreated; i++)
            if (kill(pids[i], SIGINT) < 0)
                warn("kill(%d) failed", pids[i]);

    for (i = 0; i < ncreated; i++)
        if (wait(NULL) < 0)
            warn("wait() failed.");
free_pids:
    free(pids);

free_logbuf:
    free(logbuf);

    exit(ret);
}
```

컴파일해서 실행해봅시다. 우선순위의 효과를 실감할 수 있도록 프로그램을 논리 CPU 0에서
만 실행하겠습니다.

```
$ cc -o sched_nice sched_nice.c
$ taskset -c 0 ./sched_nice 100 1
0            1            1
0            2            2
0            3            3
0            4            4
0            5            5
(중략)
1            195          96
1            196          97
1            197          98
1            198          99
1            199          100
$
```

어느 쪽의 프로세스가 논리 cpu 0으로 동작하고 있는지를 그래프로 그리면 [그림 4-37]과 같습니다.

그림 4-37 논리 CPU 0으로 동작 중인 프로세스

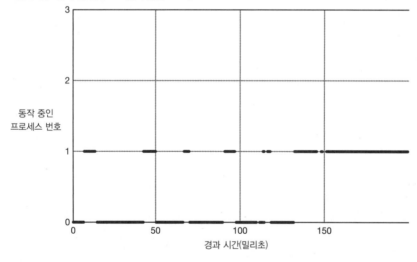

우선순위가 높은(nice 값이 작은) 프로세스 0이 우선순위가 낮은(nice 값이 큰) 프로세스 1과 비교해서 더 많은 CPU 시간을 받는 것을 알 수 있습니다. 2개의 프로세스 진행도를 그래프로 그리면 [그림 4-38]과 같습니다.

그림 4-38 프로세스 0과 프로세스 1의 진행도

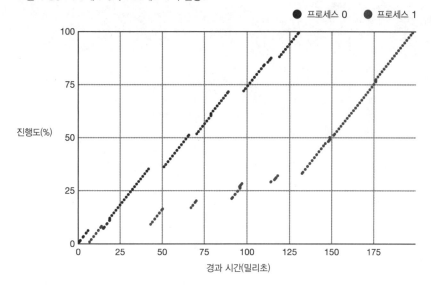

프로세스 0이 우선적으로 CPU 시간을 얻기 때문에 먼저 종료됩니다. 프로세스 1은 그다음에 종료되는 것을 알 수 있습니다. 2개의 처리량의 통계는 변하지 않으므로 2개의 처리가 모두 종료되는 것이 200밀리초 뒤인 점은 우선순위를 설정하지 않았을 때와 마찬가지입니다.

우선순위의 설정은 프로그램에서 함수를 호출하는 방법만이 아니라 nice로도 가능합니다.

nice의 '-n' 옵션으로 우선순위를 지정하여 특정 프로그램을 우선순위를 바꾼 상태로 실행할 수 있습니다. 소스를 수정하지 않고 실행 우선순위를 바꿀 수 있기 때문에 편리한 방법입니다.

다음은 'echo hello' 명령어를 우선순위 5로 실행하는 예제입니다.

```
$ nice -n 5 echo hello
hello
$
```

sar의 출력에 나오는 **%nice** 필드는 우선순위를 디폴트 값인 0부터 변경한 프로그램을 실행한 시간의 할당량을 나타냅니다(**%user**는 우선순위 0의 경우). loop.py 프로그램에서 우선순위를 낮춘 상태로 실행해서 그 결과를 sar로 확인해봅시다.

```
$ nice -n 5 python3 ./loop.py &
[1] 17831
$ sar -P ALL 1 1
(중략)
18:28:27  CPU  %user  %nice   %system  %iowait  %steal  %idle
18:28:28  all  0.25   12.52   0.00     0.00     0.00    87.23
18:28:28  0    0.00   100.00  0.00     0.00     0.00    0.00
18:28:28  1    1.00   0.00    0.00     0.00     0.00    99.00
18:28:28  2    0.00   0.00    0.00     0.00     0.00    100.00
18:28:28  3    0.00   0.00    0.00     0.00     0.00    100.00
18:28:28  4    0.00   0.00    0.00     0.00     0.00    100.00
18:28:28  5    0.99   0.00    0.00     0.00     0.00    99.01
18:28:28  6    0.00   0.00    0.00     0.00     0.00    100.00
18:28:28  7    0.00   0.00    0.00     0.00     0.00    100.00
(중략)
$
```

nice를 사용하지 않을 경우에는 %user가 100이었던 것에 비해서 nice를 사용한 경우에는 %nice가 100으로 되어 있습니다.

측정이 끝났다면 프로그램을 종료시킵시다.

```
$ kill 17831
$
```

이번 장에서 사용한 taskset도 OS가 제공하는 스케줄러 관련 프로그램입니다. 이 프로그램은 실행 중에 프로세스의 실행을 특정 논리 CPU에 제한하는 'sched_setaffinity()' 시스템 콜을 호출합니다.

## CHAPTER 5

메모리 관리

리눅스는 커널의 메모리 관리 시스템으로 시스템에 탑재된 메모리를 관리합니다(그림 5-1). 메모리는 각 프로세스가 사용하는 것은 물론이고 커널 자체도 메모리를 사용합니다.

그림 5-1 전체 메모리를 OS가 관리하고 있는 모습

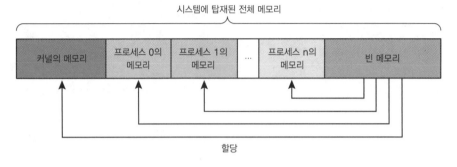

메모리의 통계 정보

'시스템의 총 메모리의 양'과 '사용 중인 메모리의 양'은 'free' 명령어로 확인할 수 있습니다.

```
$ free     ①              ②                     ③            ④
        total       used       free       shared    buff/cache   available
Mem:   32942000    337640    30641272     18392      1963088     32000464
Swap:  0           0         0
$
```

출력된 내용 중 'Mem:' 줄에 있는 필드 가운데 중요한 필드에 대해 설명하겠습니다. 수치 단위는 모두 킬로바이트입니다.

① **total** : 시스템에 탑재된 전체 메모리 용량입니다. 위의 예에서는 32기가바이트입니다.

② **free** : 표기상 이용하지 않는 메모리입니다(available 필드 참조).

③ **buff/cache** : 버퍼 캐시 또는 페이지 캐시(6장에서 설명)가 이용하는 메모리입니다. 시스템의 빈 메모리(free 필드의 값)가 부족하면 커널이 해제합니다.

④ **available** : 실직적으로 사용 가능한 메모리입니다. free 필드값의 메모리가 부족하면 해제되는 커널 내의 메모리 영역 사이즈를 더한 값으로, 해제될 수 있는 메모리에는 버퍼 캐시나 페이지 캐시의 대부분 혹은 다른 커널 내의 메모리 일부가 포함됩니다.

'Swap:'으로 시작되는 줄은 나중에 설명하겠습니다.

free의 각 필드를 그림으로 설명하면 [그림 5-2]와 같습니다.

그림 5-2 free 명령어로 확인할 수 있는 것

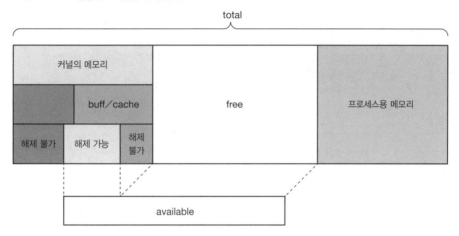

또한 'sar -r' 명령어를 사용하면 두 번째 파라미터에 지정한 간격(초단위, 예제에선 1초 간격)으로 메모리에 관련된 통계 정보를 얻을 수 있습니다.

```
$ sar -r 1
(중략)
08:19:40 kbmemfree  kbmemused  %memused  kbbuffers  kbcached  kbcommit  %commit
kbactive  kbinact  kbdirty
08:19:41 28892368   4049632    12.29     5980       3117188   2127556   6.46
2413616   937524   112
08:19:42 28892368   4049632    12.29     5980       3117188   2127556   6.46
2413616   937524   112
08:19:43 28892368   4049632    12.29     5980       3117188   2127556   6.46
2413616   937524   112
08:19:44 28892368   4049632 1  2.29      5980       3117188   2127556   6.46
2413616   937524   112
(중략)
```

free와 sar -r이 각각 대응하고 있는 필드를 표로 나타내면 다음과 같습니다.

free 명령어	total	free	buff/cache	available
sar -r 명령어	없음	kbmemfree	kbbuffers + kbcached	없음

메모리 부족

메모리 사용량이 증가하면 [그림 5-3]과 같이 비어 있는 메모리가 점점 줄어듭니다.

그림 5-3 사용량이 증가하면 비어 있는 메모리는 감소

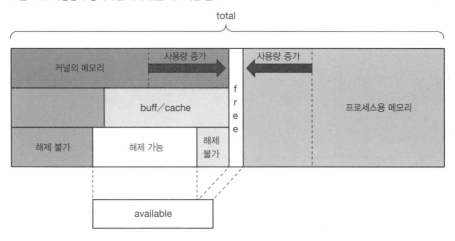

이러한 상태가 되면 메모리 관리 시스템은 커널 내부의 해제 가능한 메모리 영역을 해제*합니다(그림 5-4).

그림 5-4 커널 내부의 메모리 영역 해제

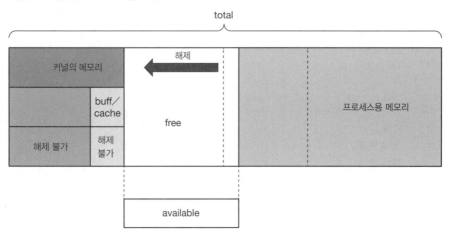

---

* 간단히 설명하느라 해제 가능한 메모리를 한 번에 전부 해제하는 것처럼 적었지만, 실제로는 좀 더 복잡한 과정을 거쳐 해제합니다.

이후에도 메모리 사용량이 계속 증가하면 시스템은 메모리가 부족해 동작할 수 없는 '메모리 부족Out Of Memory, OOM' 상태가 됩니다(그림 5-5).

그림 5-5 메모리 부족 상태

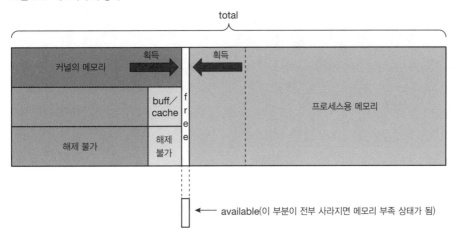

이러한 경우, 메모리 관리 시스템에는 적절한 프로세스를 선택해 강제 종료(kill)하여 메모리 영역을 해제시키는 'OOM Killer'라는 무서운 기능이 있습니다.

이 기능을 그림으로 나타내면 [그림 5-6]과 같습니다.

개인용 컴퓨터라면 이러한 동작이 일어나도 큰 문제가 되지 않겠지만, 업무용 서버라면 어떤 프로세스가 강제 종료될지 모른다는 것은 매우 심각한 문제입니다. 물론 특정 프로세스에 OOM Killer가 실행되지 않게 조치할 수도 있습니다. 하지만 업무용 서버에서 강제 종료했을 때 문제가 없는 프로세스를 판별하는 일은 거의 불가능한 일입니다. 따라서 서버에서는 sysctl의 'vm.panic_on_oom' 파라미터의 기본값**을 변경해서 메모리가 부족하면 프로세스가 아니라 시스템을 강제 종료하는 일도 있습니다.

** 기본값은 '0'인데 메모리 부족 시 OOM Killer를 실행합니다. 이를 '1'로 변경하면 메모리 부족 시 서버가 강제 종료됩니다.

그림 5-6 OOK Killer가 선택한 프로세스를 Kill 함

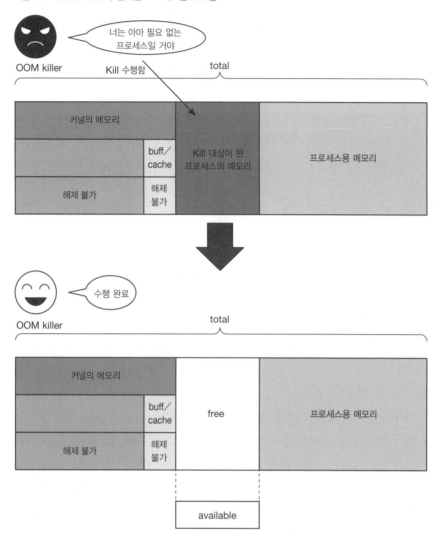

단순한 메모리 할당

이제부터 메모리 관리 시스템이 어떻게 프로세스에 메모리를 할당하는지 설명하겠습니다. 그런데 실제 메모리 할당 방식은 나중에 설명할 가상 메모리에 대한 이해가 반드시 필요합니다.

따라서 여기서는 가상 메모리가 없는 단순한 경우와 가상 메모리가 없어서 생기는 문제점에 대해 설명하겠습니다.

커널이 프로세스에 메모리를 할당하는 일은 크게 두 가지 타이밍에 벌어집니다.

1 프로세스를 생성할 때
2 프로세스를 생성한 뒤 추가로 동적 메모리를 할당할 때

이 중 1은 3장[46쪽]에서 이미 설명했으므로 생략하겠습니다. 여기서는 2의 프로세스를 생성한 뒤에 동적 메모리를 할당하는 부분을 설명하겠습니다.

프로세스가 생성된 뒤 추가로 메모리가 더 필요하면 프로세스는 커널에 메모리 확보용 시스템콜을 호출해서 메모리 할당을 요청합니다. 커널은 메모리 할당 요청을 받으면 필요한 사이즈를 빈 메모리 영역으로부터 잘라내 그 영역의 시작 주소값을 반환합니다. [그림 5-7]은 프로세스가 새롭게 100바이트의 영역을 요구한 경우를 나타낸 것입니다.

그림 5-7 프로세스가 새로 100바이트의 메모리를 요구한 경우

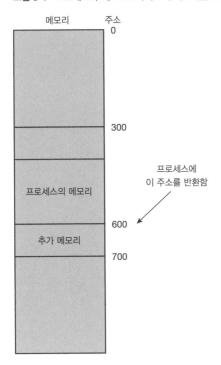

이러한 메모리 할당 방법에는 다음과 같은 문제점이 있습니다.

- 메모리 단편화(memory fragmentation)
- 다른 용도의 메모리에 접근 가능
- 여러 프로세스를 다루기 곤란

각각의 내용을 자세히 설명하겠습니다.

메모리 단편화

프로세스가 생성된 뒤 메모리의 획득, 해제를 반복하면 메모리 단편화memory fragmentation 문제가
발생합니다. 예를 들어 [그림 5-8]을 보면 메모리는 다 합쳐서 300바이트나 비어 있지만 각각
떨어진 위치에 100바이트씩 3개의 영역으로 나누어져 있는 바람에 100바이트보다 큰 영역을
확보하려고 하면 실패합니다.

그림 5-8 메모리 단편화

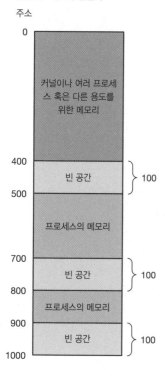

3개의 영역을 하나처럼 다룬다면 괜찮겠지만 다음과 같은 이유로 불가능합니다.

- 프로그램은 메모리를 획득할 때마다 얻은 메모리가 몇 개의 영역에 나누어져 있는지 확인해야 하므로 매우 불편합니다.
- 100바이트보다 큰 하나의 데이터, 예를 들어 300바이트의 배열을 만드는 용도로는 사용할 수 없습니다.

다른 용도의 메모리에 접근 가능

지금까지 설명한 단순한 방식에서 프로세스가 커널이나 다른 프로세스가 사용하고 있는 주소를 직접 지정하면 그 영역에 직접 접근할 수 있습니다(그림 5-9).

그림 5-9 다른 곳에서 사용 중인 영역에 접근 가능

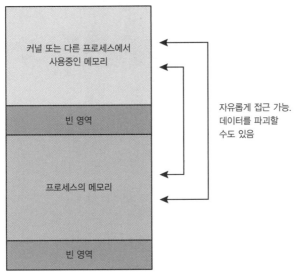

이 방식은 데이터가 오염되거나 파괴될 위험성이 있습니다. 어떤 식으로든 커널의 데이터가 망가지면 시스템은 정상적으로 동작하지 못합니다.

여러 프로세스를 다루기 곤란

여러 개의 프로세스를 동시에 움직이는 경우를 생각해봅시다. [그림 5-7]의 상태에서 동일한 프로그램을 1개 더 가동해 메모리에 매핑하려 하면 문제가 생깁니다. 왜냐하면 이 프로그램은 코드가 300번지에, 데이터가 400번지에 배치되지 않으면 정상적으로 동작하지 않기 때문입니다.

[그림 5-10]처럼 억지로 주소(이 경우에는 800번지에서 1100번지까지)를 바꾼 다음 매핑해서 동작시켜도 명령과 데이터에서 지정한 메모리 주소가 원래 가지고 있던 값과 다르기 때문에 정상적으로 동작하지 않습니다. 또한 다른 프로세스나 커널의 영역을 파괴할 위험성도 지니고 있습니다.

그림 5-10 동일한 프로그램을 하나 더 동작시킨 경우

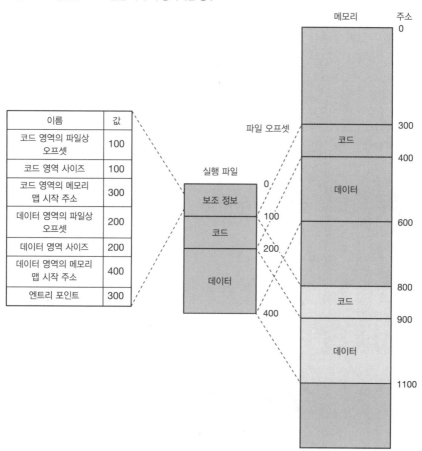

두 종류 이상의 다른 프로그램을 실행할 때도 마찬가지입니다. 이러한 단순한 메모리 할당 방식으로는 각 프로그램이 각자 동작할 주소가 겹치지 않도록 프로그래밍할 때마다 주의해서 만들어야 합니다.

지금까지 단순한 메모리 할당 방식에서 발생할 수 있는 여러 가지 문제점을 살펴봤습니다. 이어서 이러한 문제점을 해결할 수 있는 가상 메모리 방식을 설명하겠습니다.

가상 메모리

오늘날 CPU는 앞서 설명한 여러 가지 문제점을 해결하고자 '가상 메모리' 기능을 탑재하고 있으며 리눅스도 이 기능을 이용하고 있습니다.

가상 메모리는 간단하게 설명하면 시스템에 탑재된 메모리를 프로세스가 직접 접근하지 않고 가상 주소라는 주소를 사용하여 간접적으로 접근하도록 하는 방식입니다. 프로세스에 보이는 메모리 주소를 '가상 주소', 시스템에 탑재된 메모리의 실제 주소를 '물리 주소'라고 부릅니다. 또한 주소에 따라서 접근 가능한 범위를 '가상 주소 공간'이라고 부릅니다. 이것을 그림으로 설명하면 [그림 5-11]과 같습니다.

그림 5-11 가상 메모리

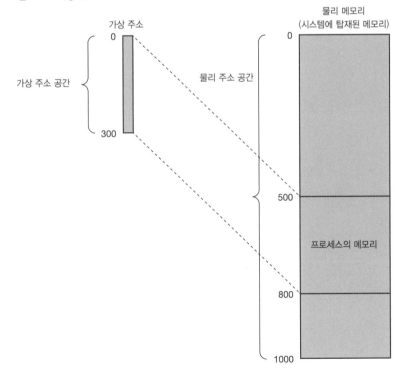

갑자기 용어가 늘어나 어려운가요? 하지만 이후의 내용을 이해하려면 이 그림을 꼭 이해해야 합니다. 내용을 읽어가는 중에 혼란스러우면 [그림 5-11]을 다시 살펴보면 도움이 될 겁니다.

먼저 [그림 5-11]의 상태에서 예를 들어 프로세스가 주소 100번지에 접근하면 [그림 5-12]처럼 실제 메모리상에서는 주소 600번지에 있는 데이터에 접근합니다.

그림 5-12 가상 주소 100번지에 접근

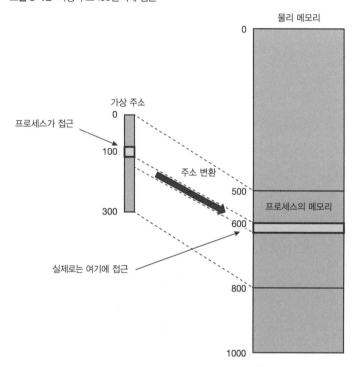

3장에서 readelf나 'cat /proc/pid/maps'을 출력했을 때 나온 주소는 전부 가상 주소였습니다.[52~54쪽] 또한 프로세스로부터 메모리에 직접 접근하는 방법, 즉 물리 주소에 직접적으로 접근하는 방법은 없습니다.

페이지 테이블

가상 주소에서 물리 주소로 변환하는 과정은 커널 내부에 보관되어 있는 '페이지 테이블'이라는 표를 사용합니다. 가상 메모리는 전체 메모리를 페이지라는 단위로 나눠서 관리하고 있어서 변환은 페이지 단위로 이루어집니다.

페이지 테이블에서 한 페이지에 대한 데이터를 '페이지 테이블 엔트리'라고 부르며, 이 페이지 테이블 엔트리에는 가상 주소와 물리 주소의 대응 정보가 들어 있습니다. 페이지 사이즈는 CPU의 아키텍처에 따라 다릅니다. 흔히 사용하는 x86_64 아키텍처의 페이지 사이즈는 4킬로바이트입니다. 이 책에서는 간단히 설명하고자 페이지 사이즈를 100바이트로 가정합니다.

[그림 5-13]은 가상 주소 0~300번지가 물리 주소 500~800번지에 대응된 그림입니다.

그림 5-13 페이지 테이블

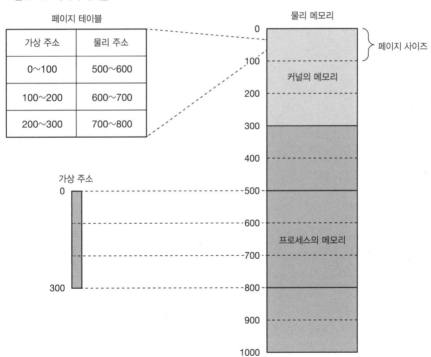

가상 주소 0~300번지에 프로세스가 접근하면 CPU는 커널의 물리 주소 변환을 통해 자동으로 페이지 테이블의 내용을 참조하여 매핑된 물리 주소로 접근하도록 변환합니다.

300번지 이후의 가상 주소에 접근하면 어떻게 될까요? 가상 주소 공간의 크기는 고정이고 페이지 테이블 엔트리에는 각각의 페이지의 가상 주소에 대응하는 물리 메모리가 존재하는지를 나타내는 데이터가 들어 있습니다. 예를 들어 가상 주소 공간의 크기가 500바이트라면 [그림 5-14]처럼 됩니다.

그림 5-14 0~300번지에만 물리 메모리가 할당된 페이지 테이블

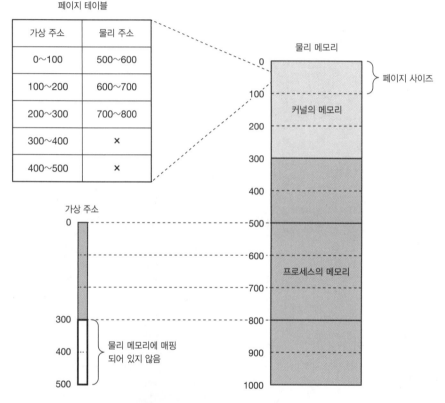

따라서 가상 주소의 300~500번지에 프로세스가 접근하면 CPU에는 '페이지 폴트page fault'라는 인터럽트가 발생합니다. 페이지 폴트에 의해 현재 실행 중인 명령이 중단되고 커널 내의 '페이지 폴트 핸들러page fault handler'라는 인터럽트 핸들러가 동작합니다. [그림 5-14]에서 가상 주소 300번지에 접근하면 [그림 5-15]와 같은 페이지 폴트가 발생합니다.

그림 5-15 페이지 폴트 발생

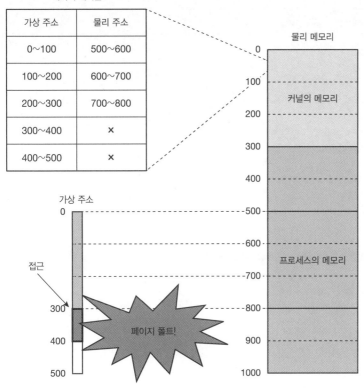

페이지 테이블

가상 주소	물리 주소
0~100	500~600
100~200	600~700
200~300	700~800
300~400	×
400~500	×

커널은 프로세스로부터 메모리 접근이 잘못되었다는 내용을 페이지 폴트 핸들러에 알려줍니다. 그 뒤에 'SIGSEGV' 시그널을 프로세스에 통지합니다. 이 시그널을 받은 프로세스는 강제로 종료됩니다.

실험

잘못된 주소에 접근하는 프로그램을 만들어봅시다. 프로그램의 사양은 다음과 같습니다.

- 'before invalid access' 문자열을 출력합니다.
- 반드시 접근이 실패하는 'NULL' 주소에 적절한 값(여기서는 '0')을 넣어봅니다.
- 'after invalid access' 문자열을 출력합니다.

앞의 내용을 [코드 5-1]로 구현해보았습니다.

코드 5-1 segv 프로그램(segv.c)

```c
#include <stdio.h>
#include <stdlib.h>

int main(void)
{
    int *p = NULL;
    puts("before invalid access");
    *p = 0;
    puts("after invalid access");
    exit(EXIT_SUCCESS);
}
```

이 프로그램을 실행하면 다음과 같은 결과를 얻을 수 있습니다.

```
$ cc -o segv segv.c
before invalid access
Segmentation fault (core dumped)
$
```

'before invalid access'라는 문자열이 출력된 다음 'after invalid access'라는 문자열이 출력되기 전에 'Segmentation fault...'라는 문자열이 출력되고 종료되었습니다. 'before invalid access' 문자열을 출력한 뒤에 잘못된 주소에 접근하여 SIGSEGV 시그널이 발생했습니다. 우리가 이 시그널에 대응하도록 처리해두지 않았기 때문에 이후의 코드는 실행되지 못하고 프로그램이 이상종료를 하게 된 것입니다. 프로그래밍을 해보신 분이라면 이러한 메시지 혹은 매우 비슷한 메시지를 보신 적이 있을 것입니다.

C 언어와 같은 메모리 주소를 직접 다루는 언어로 프로그램을 작성한 경우에는 보통 직접 작성한 부분이나 라이브러리에 문제가 있으면 이러한 일이 벌어집니다. 하지만 파이썬과 같이 메모리 주소를 직접 다루지 않는 언어로 작성된 프로그램은 직접 작성한 부분이 아닌, 라이브러리나 언어의 처리 부분에 문제가 있으면 이러한 일이 벌어질 수 있습니다.

프로세스에 메모리를 할당할 때

커널이 프로세스를 생성할 때나 추가로 메모리를 요청받을 때, 가상 메모리를 통하여 어떻게 프로세스에 메모리를 할당하고 있는지를 살펴보겠습니다.

프로세스를 생성할 때

3장에서[46쪽] 설명한 것처럼 먼저 프로그램의 실행 파일을 읽어 여러 가지 보조 정보를 읽어냅니다. 실행 파일은 다음의 표와 같이 구성되어 있습니다.

이름	값
코드 영역의 파일상 오프셋	100
코드 영역 사이즈	100
코드 영역의 메모리 맵 시작 주소	0
데이터 영역의 파일상 오프셋	200
데이터 영역 사이즈	200
데이터 영역의 메모리 맵 시작주소	100
엔트리 포인트	0

프로그램을 실행하는데 필요한 메모리 사이즈는 '코드 영역 사이즈 + 데이터 영역 사이즈'이므로 [그림 5-16]처럼 이 영역을 물리 메모리에 할당해서 필요한 데이터를 복사합니다.

- 필요한 메모리 사이즈 = 코드 영역 사이즈 + 데이터 영역 사이즈
  = 100 + 200
  = 300

그림 5-16 프로세스에 메모리 할당(가상 메모리의 경우)

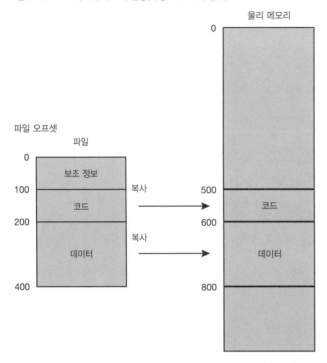

리눅스에서의 실제 물리 메모리 할당은 좀 더 복잡한 '디맨드 페이징'이라는 방식을 사용합니다. 이 부분은 이번 장의 뒷부분에서 설명하겠습니다.

계속해서 프로세스를 위한 페이지 테이블을 만들고 가상 주소 공간을 물리 주소 공간에 매핑합니다(그림 5-17).

마지막으로 엔트리 포인트의 주소에서 실행을 시작하면 됩니다(그림 5-18).

그림 5-17 가상 주소와 물리 주소를 매핑

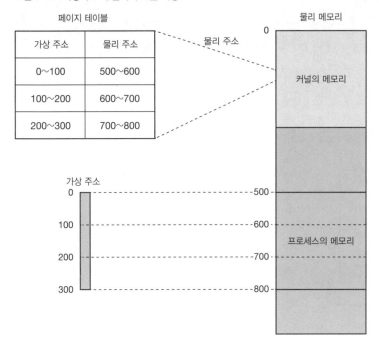

그림 5-18 프로세스의 실행(가상 메모리의 경우)

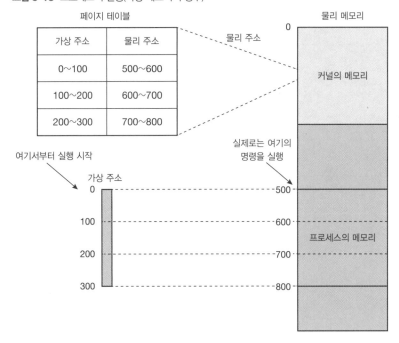

추가적인 메모리 할당

프로세스가 새 메모리를 요구하면 커널은 새로운 메모리를 할당하여 대응하는 페이지 테이블을 작성한 후 할당된 메모리(물리 주소)에 대응하는 가상 주소를 프로세스에 반환합니다. [그림 5-19]는 [그림 5-17]의 상태에서 프로세스가 새로 100바이트의 메모리를 요구한 상황을 나타내고 있습니다.

그림 5-19 메모리를 추가로 할당(가상 메모리의 경우)

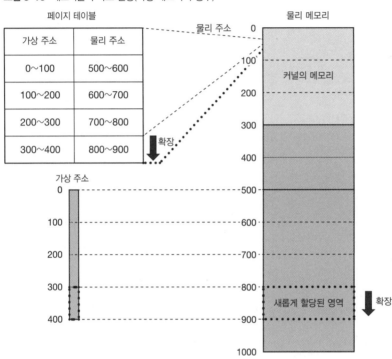

실험

다음의 프로그램을 작성하여 메모리 할당이 어떻게 동작하는지를 확인해봅시다.

- 프로세스의 메모리 맵 정보(/proc/pid/maps를 출력)를 표시합니다.
- 메모리를 새로 100메가바이트 확보합니다.
- 다시 메모리 맵 정보를 표시합니다.

이것을 구현한 것이 다음의 소스코드입니다(코드 5-2).

코드 5-2 mmap 프로그램(mmap.c)

```c
#include <unistd.h>
#include <sys/mman.h>
#include <stdio.h>
#include <stdlib.h>
#include <err.h>

#define BUFFER_SIZE 1000
#define ALLOC_SIZE (100*1024*1024)

static char command[BUFFER_SIZE];

int main(void)
{
    pid_t pid;

    pid = getpid();
    snprintf(command, BUFFER_SIZE, "cat /proc/%d/maps", pid);

    puts("*** memory map before memory allocation ***");
    fflush(stdout);
    system(command);

    void *new_memory;
    new_memory = mmap(NULL, ALLOC_SIZE, PROT_READ | PROT_WRITE, MAP_PRIVATE |
    MAP_ANONYMOUS, -1, 0);
    if (new_memory == (void *) -1)
        err(EXIT_FAILURE, "mmap() failed");

    puts("");
    printf("*** succeeded to allocate memory: address = %p; size = 0x%x ***\n",
```

```
    new_memory, ALLOC_SIZE);
    puts("");
    puts("*** memory map after memory allocation ***");
    fflush(stdout);
    system(command);

    if (munmap(new_memory, ALLOC_SIZE) == -1)
        err(EXIT_FAILURE, "munmap() failed");
    exit(EXIT_SUCCESS);
}
```

이 프로그램에서 사용한 'mmap()' 함수에서는 리눅스 커널에 새로운 메모리를 요구하는 시스템 콜을 호출합니다. 또한 'system()' 함수는 첫 번째 파라미터에 지정된 명령어를 리눅스 시스템에 실행합니다. 이 두 함수를 이용하여 메모리를 확보하기 전후의 메모리 맵을 출력해보겠습니다.

프로그램을 실행해봅시다.

```
$ cc -o mmap mmap.c
$ ./mmap
*** memory map before memory allocation ***
(중략)
*** succeeded to allocate memory: address = 0x7f06ce1cc000; size = 0x6400000 ***  •———— ①
(중략)
*** memory map after memory allocation ***
(중략)
7f06ce1cc000-7f06d45cc000 rw-p 00000000 00:00 0  •———— ②
(중략)
```

①에서 주소 '0x7f06ce1cc000'에 대한 메모리 맵이 성공했다는 메시지가 나옵니다. 게다가 mmap() 함수 실행 전에는 존재하지 않았던 '7f06ce1cc000-7f06d45cc000'이라는 메모리 영역을 나타내는 ②의 행이 추가되었습니다. 이 부분이 새로 확보된 메모리 영역입니다. 신규 영역의 첫 번째 값이 시작 주소이고, 두 번째 값이 마지막 주소입니다(각각 16진수로 표기).

마지막으로 영역의 사이즈도 확인해봅시다.

```
$ python -c "print(0x7f06d45cc000 - 0x7f06ce1cc000)"
104857600
$
```

정확하게 104,857,600바이트, 즉 100메가바이트가 할당되어 있습니다. 실행 환경이 달라서 이 프로그램을 실행하면 새로 확보한 메모리 영역(②)의 시작 주소와 마지막 주소값이 다를 겁니다. 이 값은 실행할 때마다 바뀌므로 값 자체에 신경 쓸 필요는 없습니다. 어떤 값이 나오든 마지막 주소에서 시작 주소를 빼면 100메가바이트가 됩니다.

고수준 레벨에서의 메모리 할당

실제로 메모리는 어떻게 할당할까요? C 언어의 표준 라이브러리에 있는 'malloc()' 함수가 메모리 확보 함수입니다. 리눅스에서는 내부적으로 malloc() 함수에서 mmap() 함수를 호출하여 구현하고 있습니다(그림 5-20).

그림 5-20 C 언어 표준 라이브러리의 mmap() 함수

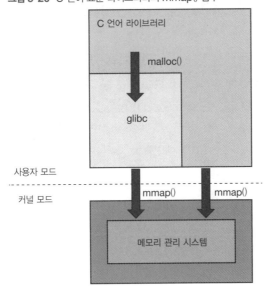

mmap() 함수는 페이지 단위로 메모리를 확보하지만 malloc() 함수는 바이트 단위로 메모리를 확보합니다. [그림 5-21]처럼 바이트 단위로 메모리를 확보하기 위해서 glibc에서는 사전에 mmap() 시스템 콜을 이용하여 커다란 메모리 영역을 확보하여 메모리 풀을 만듭니다. 그리고 프로그램에서 malloc()이 호출되면 메모리 풀로부터 필요한 양을 바이트 단위로 잘라내서 반환하는 처리를 합니다. 풀로 만들어 둔 메모리에 더 이상 빈 공간이 없으면 다시 한번 mmap()을 호출하여 새로운 메모리 영역을 확보합니다.

그림 5-21 glibc의 메모리 풀

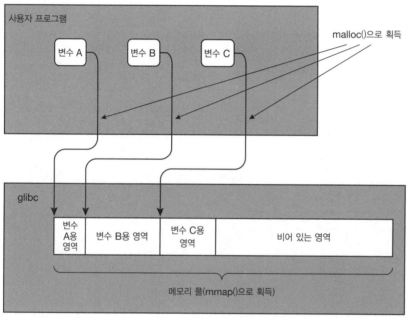

이것은 OS가 사용자 모드로 동작할 때 OS에서 프로그램에 제공하는 기능(glibc의 malloc() 함수)입니다.

덧붙여서, 사용하고 있는 메모리의 양을 체크해서 알려주는 기능의 프로그램들이 있습니다만, 그 프로그램이 알려주는 사용량과 리눅스에서 프로세스가 사용하고 있는 메모리의 양을 살펴보면 서로 다른 경우가 매우 많습니다(일반적으로 리눅스에서 프로세스가 사용하고 있는 메모리의 양이 더 많습니다).

이것은 리눅스에서 측정한 메모리의 양은 프로세스가 생성될 때와 mmap() 함수를 호출했을 때에 할당한 메모리 전부를 더한 값을 나타내며, 프로그램이 체크한 메모리 사용량은 malloc() 함수 등으로 획득한 바이트 수의 총합을 나타내기 때문에 서로 다르게 표시됩니다. 이러한 프로그램이 체크한 메모리 사용량이 정확히 무엇을 나타내는지는 프로그램에 따라 다르므로 확인해봐야 합니다.

또한 C 언어와 같은 고급 프로그래밍 언어의 소스코드나 파이썬 같이 직접 메모리 관리를 하지 않는 스크립트 언어의 오브젝트 생성에도 최종적으로는 내부에서 C 언어의 malloc() 함수를 사용하고 있습니다(그림 5-22).

그림 5-22 파이썬 프로그램의 메모리 획득

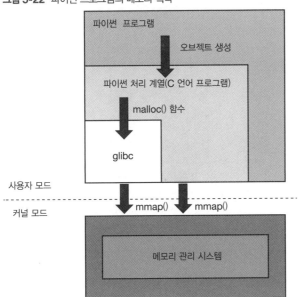

좀 더 흥미가 있다면 적절한 파이썬 스크립트를 strace로 추적해보면서 실행해보시기 바랍니다.

해결법

지금까지 가상 메모리에 대해 설명했습니다. 그럼 지금까지 설명한 내용을 바탕으로 이번 장 앞부분에서 언급한 여러 가지 문제점을 어떻게 해결할 수 있는지 알아보겠습니다.

메모리 단편화의 문제

프로세스의 페이지 테이블을 잘 설정하면 [그림 5-23]처럼 물리 메모리의 단편화되어 있는 영역을 프로세스의 가상 주소 공간에서는 하나의 큰 영역처럼 보이게 할 수 있습니다. 이런 식으로 메모리의 단편화 문제를 해결합니다.

그림 5-23 가상 메모리를 이용한 메모리 단편화의 문제 해결

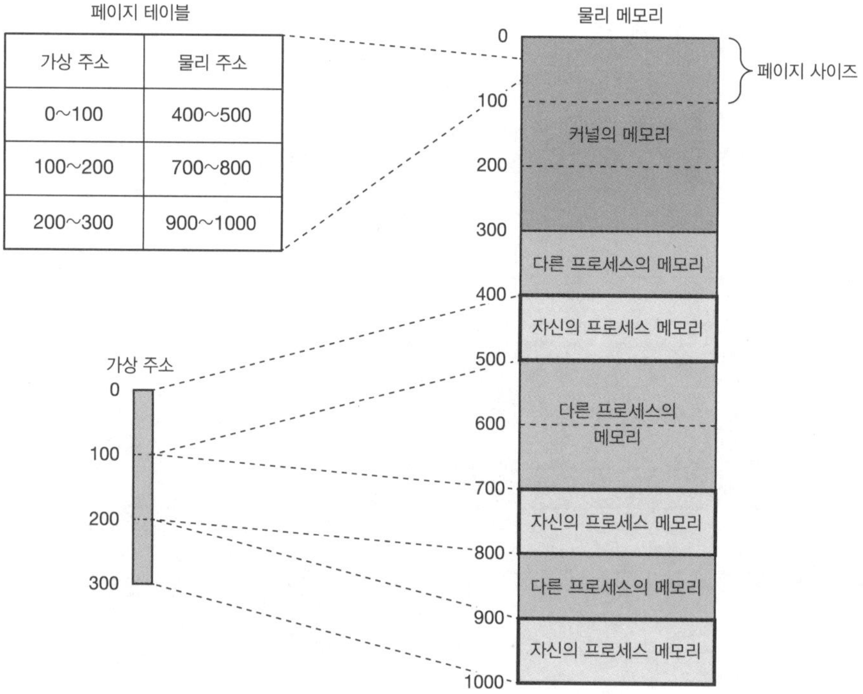

다른 용도의 메모리에 접근 가능한 문제

가상 주소 공간은 프로세스별로 만들어집니다. 또한 페이지 테이블도 프로세스별로 만들어집니다. [그림 5-24]는 2개의 프로세스 A와 B가 독립적으로 가상 주소 공간을 갖는 모습을 나타냅니다.

그림 5-24 프로세스별로 독립된 가상 주소 공간

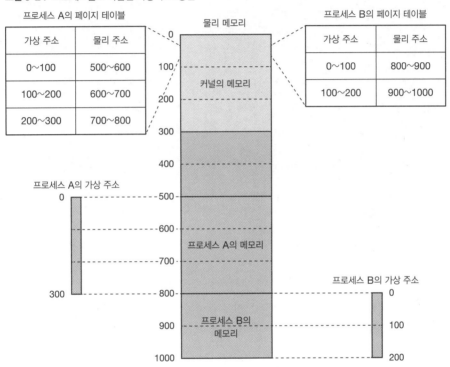

또 이러한 방식으로는 [그림 5-25]에서 설명하는 것과 같이 다른 프로세스의 메모리에 접근할 수 없습니다.

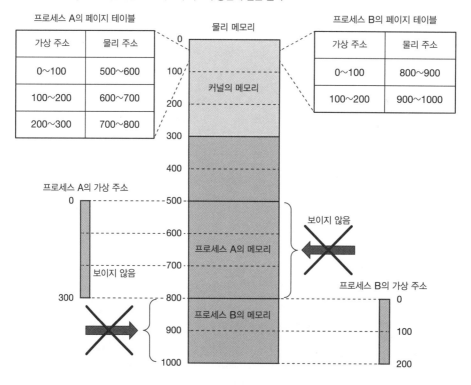

그림 5-25 가상 메모리는 다른 프로세스의 메모리 공간에 접근 불가

프로세스 A의 페이지 테이블

가상 주소	물리 주소
0~100	500~600
100~200	600~700
200~300	700~800

프로세스 B의 페이지 테이블

가상 주소	물리 주소
0~100	800~900
100~200	900~1000

실제로는 구현상의 이유로 커널의 메모리에 대해 모든 프로세스가 가상 주소 공간에 매핑되어 있습니다. 그러나 커널 자체가 사용하는 메모리에 대응하는 페이지 테이블 엔트리는 CPU가 커널 모드로 실행할 때만 접근이 가능한 '커널 모드 전용'이라는 정보가 추가되어 있습니다. 따라서 이 부분도 사용자 모드로 동작하는 프로세스는 접근할 수 없습니다(그림 5-26).

그림 5-26 커널의 메모리에는 커널만 접근 가능

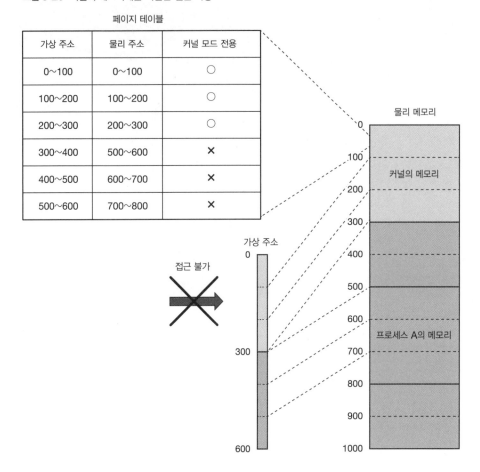

커널의 메모리가 프로세스의 가상 주소 공간에 매핑되어 있는 이유는 이 책이 다루는 범위를 넘어서므로 이 이상 자세한 설명은 생략하겠습니다. 또한 이해를 돕고자 가상 주소 공간을 표시하는 그림에서도 커널 영역의 맵을 표시하지 않겠습니다.

여러 프로세스를 다루기 곤란한 문제

지금까지의 설명처럼 가상 주소 공간은 프로세스마다 존재합니다. 따라서 각 프로그램은 다른 프로그램과 주소가 겹치는 것을 걱정할 필요 없이 각자 전용 주소 공간에서 동작하는 프로그램을 만들면 됩니다.

자기 자신이 사용할 메모리가 물리 메모리의 어디에 놓이는가는 전혀 신경 쓰지 않아도 됩니다 (그림 5-27).

그림 5-27 각 프로세스는 어떤 물리 주소에 매핑되는지 신경 쓰지 않아도 됨

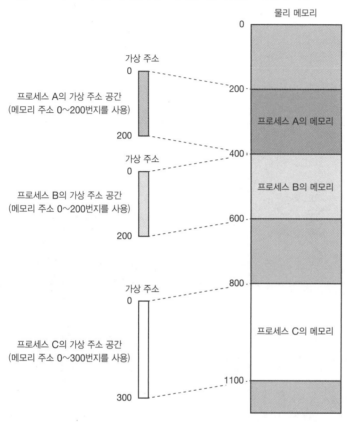

가상 메모리의 응용

지금까지 가상 메모리의 기본적인 동작 방식을 설명했습니다. 이것을 잘 이해했다면 지금부터 는 가상 메모리를 응용한 다음과 같은 중요한 동작 방식을 소개하겠습니다.

- 파일 맵(file map)
- 디맨드 페이징(demand paging)

- Copy on Write 방식의 고속 프로세스 생성
- 스왑(swap)
- 계층형 페이지 테이블
- Huge page

파일 맵

일반적으로 프로세스가 파일에 접근할 때는 파일을 연 뒤에 'read()', 'write()', 'lseek()' 등의 시스템 콜을 사용합니다. 뿐만 아니라 리눅스에는 파일의 영역을 가상 주소 공간에 메모리 매핑하는 기능이 있습니다.

mmap() 함수를 특정한 방법으로 호출하면 [그림 5-28]처럼 파일의 내용을 메모리에 읽어 들여 그 영역을 가상 주소 공간에 매핑할 수 있습니다.

그림 5-28 파일 맵

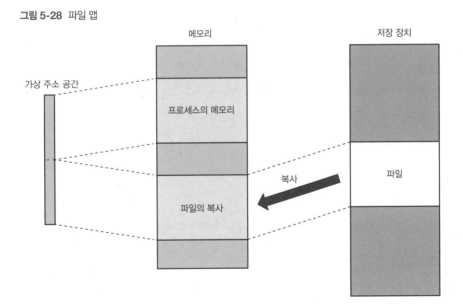

매핑된 파일은 메모리 접근과 같은 방식으로 접근이 가능합니다. 접근한 영역은 [그림 5-29]와 같이 나중에 적절한 타이밍에 저장 장치 내의 파일에 써집니다. 이 타이밍에 대해서는 6장에서 설명하겠습니다.

그림 5-29 접근한 영역은 파일에 기록됨

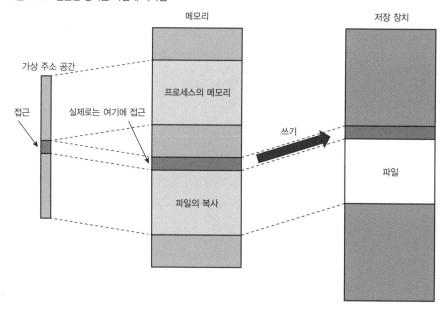

파일 맵 실험

이제 파일 맵^{file map} 기능을 사용하는 프로그램을 만들어 진짜 파일을 매핑하는 것이 가능한지 아닌지 그리고 내용에 접근할 수 있는지를 확인해보겠습니다. 확인할 항목은 다음과 같습니다.

- 파일이 가상 주소 공간에 매핑되어 있습니까?
- 매핑된 영역을 읽으면 파일이 실제로 읽어집니까?
- 매핑된 영역에 쓰기를 하면 실제로 파일에 써집니까?

다음과 같이 'hello'라는 문자열이 들어가도록 testfile이라는 파일명으로 파일을 작성해봅시다.

```
$ echo hello >testfile
$
```

다음으로 같은 사양의 프로그램을 만듭니다.

1 프로세스의 메모리 맵의 정보(/proc/pid/maps의 출력)를 표시합니다.
2 testfile을 열어둡니다.

3 파일을 mmap()으로 메모리 공간에 매핑합니다.

4 프로세스의 메모리 맵 정보를 다시 한번 표시합니다.

5 매핑된 영역의 데이터를 읽어 들여 표시합니다.

6 매핑된 영역의 데이터를 덮어씁니다.

이 내용을 다음 [코드 5-3]에 구현했습니다.

코드 5-3 filemap 프로그램(filemap.c)

```c
#include <sys/types.h>
#include <sys/stat.h>
#include <fcntl.h>
#include <unistd.h>
#include <sys/mman.h>
#include <stdio.h>
#include <stdlib.h>
#include <string.h>
#include <err.h>

#define BUFFER_SIZE 1000
#define ALLOC_SIZE  (100*1024*1024)

static char command[BUFFER_SIZE];
static char file_contents[BUFFER_SIZE];
static char overwrite_data[] = "HELLO";

int main(void)
{
    pid_t pid;

    pid = getpid();
    snprintf(command, BUFFER_SIZE, "cat /proc/%d/maps", pid);

    puts("*** memory map before mapping file ***");
    fflush(stdout);
    system(command);

    int fd;
    fd = open("testfile", O_RDWR);
    if (fd == -1)
        err(EXIT_FAILURE, "open() failed");
```

```
    char * file_contents;
    file_contents = mmap(NULL, ALLOC_SIZE, PROT_READ | PROT_WRITE, MAP_SHARED,
    fd, 0);
    if (file_contents == (void *) -1) {
        warn("mmap() failed");
        goto close_file;
    }

    puts("");
    printf("*** succeeded to map file: address = %p; size = %x ***\n",
    file_contents, ALLOC_SIZE);

    puts("*** memory map after mapping file ***");
    fflush(stdout);
    system(command);

    puts("");
    printf("*** file contents before overwrite mapped region: %s", file_
    contents);

    // overwrite mapped region
    memcpy(file_contents, overwrite_data, strlen(overwrite_data));

    puts("");
    printf("*** overwritten mapped region with: %s\n", file_contents);

    if (munmap(file_contents, ALLOC_SIZE) == -1)
        warn("munmap() failed");

close_file:
    if (close(fd) == -1)
        warn("close() failed");
    exit(EXIT_SUCCESS);
}
```

이제 실행해볼까요?

```
$ cc -o filemap filemap.c
$ ./filemap
*** memory map before mapping file ***
(중략)
*** succeeded to map file: address = 0x7fc8cd24d000; size = 0x6400000 ***  ●————— ①
*** memory map after mapping file ***
```

```
(중략)
7fc8cd24d000-7fc8d364d000 rw-s 00000000 00:16 142745640
    /home/sat/work/book/
st-book-kernel-in-practice/05-memory-management/src/testfile   •———— ②
(중략)
*** file contents before overwrite mapped region: hello       •———— ③
*** overwritten mapped region with: HELLO                      •———— ④
$
```

먼저 ①을 살펴보면 mmap() 함수가 정상 실행되어 '0x7fc8cd24d000'에 testfile의 데이터 주소가 매핑되어 있는 것을 알 수 있습니다. mmap() 함수를 수행한 뒤 메모리 맵 정보에는 mmap() 함수를 실행하기 전에는 없었던 testfile이 매핑됨을 나타내는 ②가 추가되었음을 알 수 있습니다. 그 뒤에 testfile을 덮어쓰기 전의 내용을 ③에, 덮어쓴 데이터를 ④에 표시하고 있습니다. 정말로 파일을 덮어썼나 확인해봅시다.

```
$ cat testfile
HELLO
```

결과를 보니 정확히 파일 내용을 덮어썼습니다. testfile에 write() 시스템 콜이나 'fprintf()' 함수를 실행하지 않고 메모리의 매핑된 영역(file_contents 변수)에 덮어쓰기용 데이터 (overwrite_data)를 'memcpy()' 함수로 복사하는 것만으로도 파일의 내용이 바뀐 것을 확인할 수 있습니다.

디맨드 페이징

앞에서 프로세스가 생성될 때[46쪽] 혹은 그 뒤에 mmap() 시스템 콜로 프로세스에 메모리를 할당했을 때[120쪽] 다음과 같은 순서로 진행된다고 설명했습니다.

1 커널이 필요한 영역을 메모리에 확보합니다.
2 커널이 페이지 테이블을 설정하여 가상 주소 공간을 물리 주소 공간에 매핑합니다.

그러나 이 방법은 메모리를 낭비하는 단점이 있습니다. 왜냐하면 확보한 메모리 중에는 다음처럼 메모리를 확보한 때부터 혹은 프로세스가 종료할 때까지 사용하지 않는 영역이 있기 때문입니다.

- 커다란 프로그램 중 실행에 사용하지 않는 기능을 위한 코드 영역과 데이터 영역
- glibc가 확보한 메모리 맵 중 유저가 `malloc()` 함수로 확보하지 않은 부분

이러한 문제를 해결하기 위해 리눅스는 디맨드 페이징demand paging(또는 요구 페이징) 방식을 사용하여 메모리를 프로세스에 할당합니다.

디맨드 페이징을 사용하면 프로세스의 가상 주소 공간 내의 각 페이지에 대응하는 주소는 페이지에 처음 접근할 때 할당됩니다. 각 페이지에는 지금까지 설명한 '프로세스에는 할당되지 않음' 혹은 '프로세스에는 할당되었으며 물리 메모리에도 할당되었음'이라는 상태에 덧붙여 '프로세스에는 할당되었지만 물리 메모리에는 할당되지 않음'이라는 새로운 상태를 추가합니다. 말로 설명해서는 이해하기가 어려울 테니 그림을 사용해서 디맨드 페이징의 처리 흐름을 살펴보겠습니다.

일단 프로세스를 생성할 때에는 프로세스의 가상 주소 공간 안에 코드 영역이나 데이터 영역에 대응하는 페이지에 '프로세스가 이 영역을 얻었음'이라는 정보를 기록합니다. 그러나 물리 메모리는 이 시점에는 할당되지 않습니다(그림 5-30).* [그림 5-30]의 '△'는 '할당되었지만 물리 메모리에는 할당되지 않음'이라는 상태를 나타냅니다.

이다음에 프로그램이 엔트리 포인트로부터 실행을 시작할 때에는 [그림 5-31]과 같이 엔트리 포인트에 대응하는 페이지용 물리 메모리가 할당됩니다.

이때의 처리 흐름은 다음과 같습니다.

1 프로그램이 엔트리 포인트에 접근합니다.
2 CPU가 페이지 테이블을 참조해서 엔트리 포인트가 속한 페이지에 대응하는 가상 주소가 물리 주소에 아직 매핑되지 않음을 검출합니다.
3 CPU에 페이지 폴트가 발생합니다.
4 커널의 페이지 폴트 핸들러가 1에 의해 접근된 페이지에 물리 메모리를 할당하여 페이지 폴트를 지웁니다.
5 사용자 모드로 돌아와서 프로세스가 실행을 계속합니다.

또한 프로세스는 자신이 실행하는 동안 페이지 폴트가 발생한 사실 자체를 모르고 넘어갑니다.

----

* 실제로 이 정보는 페이지 테이블 이외의 다른 장소에 보관하고 있지만 설명을 간략하게 하기 위해 여기서는 페이지 테이블에 있는 것처럼 설명했습니다.

그림 5-30 프로세스 생성 직후(물리 메모리에는 할당되지 않음)

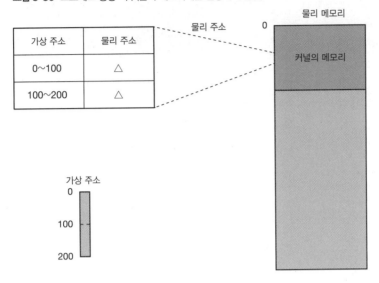

그림 5-31 실행을 시작할 때 엔트리 포인트를 포함한 페이지에 대응하는 메모리를 할당

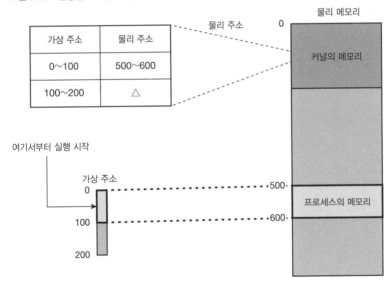

페이지용 물리 메모리가 할당된 다음 마찬가지로 아직 할당되지 않은 다른 영역에 접근하게 되면 위와 같은 처리가 다시 실행되어 내부에 페이지 폴트가 발생하고, 실제의 메모리가 할당된뒤 페이지 폴트를 [그림 5-32]와 같이 지웁니다.

그림 5-32 물리 메모리 할당

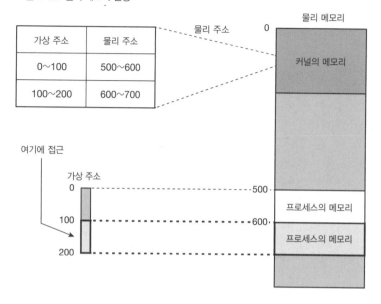

프로세스가 mmap() 함수를 이용하여 동적으로 메모리를 획득한 경우에는 [그림 5-33]처럼 됩니다.

그림 5-33 mmap() 함수를 이용해 동적으로 메모리를 획득(물리 메모리는 할당되지 않음)

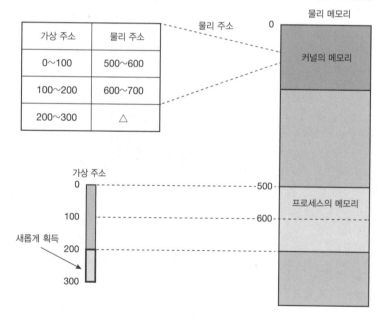

이 뒤에 획득한 영역에 접근하면 [그림 5-34]처럼 대응하는 메모리를 할당합니다.

그림 5-34 획득한 메모리에 접근한 순간 물리 메모리 할당

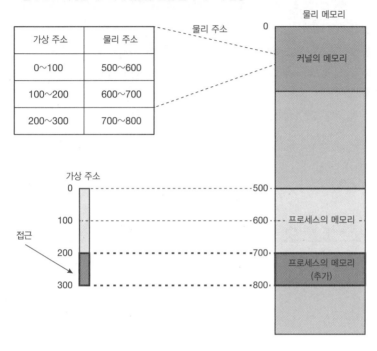

프로세스가 mmap() 함수 등을 이용하여 메모리를 확보하는 것을 '가상 메모리를 확보했음'이라고 표현합니다. 그리고 확보한 가상 메모리에 접근하여 물리 메모리를 확보하고 매핑하는 것을 '물리 메모리를 확보했음'이라고 표현합니다.

mmap() 함수의 성공 여부와 상관없이 디맨드 페이징에 의해 메모리를 획득하고 획득한 메모리에 쓰기를 하는 시점에 물리 메모리가 충분히 비어 있지 않으면 물리 메모리 부족이 발생하게 됩니다.

디맨드 페이징 실험

이제 디맨드 페이징이 발생하는 모습을 살펴보겠습니다. 확인 항목은 다음과 같습니다.

- 메모리를 획득하면 가상 메모리 사용량은 증가하지만 물리 메모리 사용량은 증가하지 않습니다.
- 획득한 메모리에 접근했을 때 물리 메모리 사용량이 증가하며 도중에 페이지 폴트가 발생합니다.

이 사항을 확인하기 위해 다음과 같은 사양의 프로그램을 만들어보겠습니다.

- 처리의 흐름은 다음과 같습니다.
  1 메모리 획득 전임을 알리는 메시지를 출력하고 엔터키 입력을 기다립니다.
  2 100메가바이트의 메모리를 획득합니다.
  3 메모리 획득 후임을 알리는 메시지를 출력하고 엔터키 입력을 기다립니다.
  4 획득한 메모리를 처음부터 끝까지 1페이지씩 접근하여 10메가바이트씩 작업이 끝날 때마다 진행 상황을 알리는 메시지를 출력합니다.
  5 2에서 획득한 전체 메모리에 접근이 끝났으면 엔터키 입력을 기다립니다.

- 각 메시지의 앞부분에 현재 시각을 표시합니다.

[코드 5-4]에 이 내용을 구현했습니다.

코드 5-4 demand-paging 프로그램(demand-paging.c)

```c
#include <unistd.h>
#include <time.h>
#include <stdio.h>
#include <stdlib.h>
#include <string.h>
#include <err.h>

#define BUFFER_SIZE (100 * 1024 * 1024)
#define NCYCLE                  10
#define PAGE_SIZE    4096

int main(void)
{
    char *p;
    time_t t;
    char *s;

    t = time(NULL);
    s = ctime(&t);
    printf("%.*s: before allocation, please press Enter key\n", (int)(strlen(s) -
    1), s);
    getchar();

    p = malloc(BUFFER_SIZE);
    if (p == NULL)
```

```
            err(EXIT_FAILURE, "malloc() failed");

    t = time(NULL);
    s = ctime(&t);
    printf("%.*s: allocated %dMB, please press Enter key\n", (int)(strlen(s) - 1),
    s, BUFFER_SIZE / (1024 * 1024));
    getchar();

    int i;
    for (i = 0; i < BUFFER_SIZE; i += PAGE_SIZE) {
        p[i] = 0;
        int cycle = i / (BUFFER_SIZE / NCYCLE);
        if (cycle != 0 && i % (BUFFER_SIZE / NCYCLE) == 0) {
            t = time(NULL);
            s = ctime(&t);
            printf("%.*s: touched %dMB\n", (int) (strlen(s) - 1), s, i / (1024*1024));
            sleep(1);
        }
    }

    t = time(NULL);
    s = ctime(&t);
    printf("%.*s: touched %dMB, please press Enter key\n", (int) (strlen(s) - 1),
    s, BUFFER_SIZE / (1024 * 1024));
    getchar();

    exit(EXIT_SUCCESS);
}
```

컴파일하여 실행해보겠습니다.

```
$ cc -o demand-paging demand-paging.c
$ ./demand-paging
Mon Dec 25 22:06:15 2017: before allocation, please press Enter key

Mon Dec 25 22:06:18 2017: allocated 100MB, please press Enter key

Mon Dec 25 22:06:21 2017: touched 10MB
Mon Dec 25 22:06:22 2017: touched 20MB
Mon Dec 25 22:06:23 2017: touched 30MB
Mon Dec 25 22:06:24 2017: touched 40MB
Mon Dec 25 22:06:25 2017: touched 50MB
```

```
Mon Dec 25 22:06:26 2017: touched 60MB
Mon Dec 25 22:06:27 2017: touched 70MB
Mon Dec 25 22:06:28 2017: touched 80MB
Mon Dec 25 22:06:29 2017: touched 90MB
Mon Dec 25 22:06:30 2017: touched 100MB, please press Enter key

$
```

무사히 종료되었지만 이 정보만으로는 잘 모르겠습니다. 이 demand-paging 프로그램을 실행하는 것이 의미를 가지려면 시스템의 정보를 얻는 각종 프로그램을 다른 터미널에서 실행할 필요가 있습니다.

우선 한 터미널에서는 시스템이 사용하는 메모리를 sar -r을 이용하여 1초마다 측정하고 다른 터미널에서는 demand-paging 프로그램을 실행합니다. 이렇게 하면 프로그램을 실행하고 있는 쪽의 터미널에는 앞에서 실행한 결과와 같은 출력물이 나옵니다.

```
$ ./demand-paging
Mon Dec 25 22:07:43 2017: before allocation, please press Enter key

Mon Dec 25 22:07:45 2017: allocated 100MB, please press Enter key

Mon Dec 25 22:07:47 2017: touched 10MB
Mon Dec 25 22:07:48 2017: touched 20MB
Mon Dec 25 22:07:49 2017: touched 30MB
Mon Dec 25 22:07:50 2017: touched 40MB
Mon Dec 25 22:07:51 2017: touched 50MB
Mon Dec 25 22:07:52 2017: touched 60MB
Mon Dec 25 22:07:53 2017: touched 70MB
Mon Dec 25 22:07:54 2017: touched 80MB
Mon Dec 25 22:07:55 2017: touched 90MB
Mon Dec 25 22:07:56 2017: touched 100MB, please press Enter key

$
```

반면에 sar -r을 실행하고 있는 쪽의 터미널에는 다음과 같은 결과가 출력되었습니다.

```
$ sar -r 1
...
22:07:41 kbmemfree  kbmemused  %memused  kbbuffers  kbcached  kbcommit  %commit
```

```
kbactive   kbinact   kbdirty
22:07:42 21699640  11242368   34.13   4676   8818284   8072548   24.51
8865224  1550120   160
22:07:43 21699888  11242120   34.13   4676   8818280   8072548   24.51
8865052  1550120   160        ●━━━━━ 메모리 획득 전
22:07:44 21699888  11242120   34.13   4676   8818284   8072548   24.51
8865116  1550124   160        ●━━━━━ 메모리 획득 후
22:07:45 21698896  11243112   34.13   4676   8818284   8172732   24.81
8866228  1550120   160
22:07:46 21699516  11242492   34.13   4676   8818284   8172732   24.81
8865360  1550120   160
22:07:47 21688576  11253432   34.16   4676   8818280   8172732   24.81
8877448  1550116   160
22:07:48 21677772  11264236   34.19   4676   8818280   8172732   24.81
8887760  1550116   160
22:07:49 21667400  11274608   34.23  4676   8818284   8172732   24.81
8897840  1550120   160
22:07:50 21657160  11284848   34.26   4676   8818284   8172732   24.81
8908320  1550120   160
22:07:51 21646796  11295212   34.29   4676   8818316   8172732   24.81
8918672  1550120   180
22:07:52 21636432  11305576   34.32   4676   8818320   8172732   24.81
8928956  1550140   188
22:07:53 21626200  11315808   34.35   4676   8818316   8172020   24.81
8939468  1550132   188
22:07:55 21604368  11337640   34.42   4676   8818324   8172020   24.81
8960768  1550140   188
22:07:56 21596176  11345832   34.44   4676   8818324   8172020   24.81
8968980  1550140   188        ●━━━━━ 여기까지 초당 10메가바이트 메모리 획득
22:07:57 21596192  11345816   34.44   4676   8818324   8172020   24.81
8968504  1550140   192
22:07:58 21698032  11243976   34.13   4676   8818328   8060456   24.47
8866964  1550140   192        ●━━━━━ 프로세스 종료
(중략)
```

2개의 출력을 각 메시지가 출력된 시간을 기준으로 비교해보면 다음과 같은 내용을 알 수 있습니다.

- 메모리 영역을 획득해도 그 영역에 실제로 접근할 때까지는 시스템의 물리 메모리 사용량(kbmemused 필드의 값)은 거의* 변화가 없습니다.

---

* '거의'라고 표현한 이유는 시스템상에 동작하는 다른 프로세스, 혹은 커널의 동작에 따라 메모리 사용량은 늘거나 줄어들 수 있기 때문입니다.

- 메모리에 접근이 시작되면서부터 초당 10메가바이트 정도 메모리 사용량이 증가합니다.

- 메모리 접근이 종료된 뒤에는 메모리 사용량이 변화하지 않습니다.

- 프로세스가 종료되면 메모리 사용량은 프로세스를 시작하기 전으로 돌아갑니다.

계속해서 프로그램을 실행하면서 다른 터미널에서 'sar -B' 명령어를 사용하여 페이지 폴트가 발생되는 모습을 1초 간격으로 확인해보겠습니다.

```
$ sar -B 1
(중략)
22:13:05 pgpgin/s  pgpgout/s  fault/s  majflt/s  pgfree/s  pgscank/s  pgscand/s
pgsteal/s  %vmeff
22:13:06 0.00      0.00       2.00     0.00 33.00         0.00       0.00
0.00       0.00
22:13:07 0.00      0.00       1.00     0.00 73.00         0.00       0.00
0.00       0.00
22:13:08 0.00      0.00       0.00     0.00 18.00         0.00       0.00
0.00       0.00
22:13:09 0.00      0.00       338.00   0.00      35.00    0.00       0.00
0.00       0.00                                    ●———— 메모리 접근 시작
22:13:10 0.00      0.00       5.00     0.00      18.00    0.00       0.00
0.00       0.00
22:13:11 0.00      0.00       30.69    0.00      268.32   0.00       0.00
0.00       0.00
22:13:12 0.00      0.00       31.00    0.00      60.00    0.00       0.00
0.00       0.00
22:13:13 0.00      4.00       35.00    0.00      49.00    0.00       0.00
0.00       0.00
22:13:14 0.00      0.00       5.00     0.00      17.00    0.00       0.00
0.00       0.00
22:13:16 0.00      0.00       31.00    0.00      62.00    0.00       0.00
0.00       0.00
22:13:17 0.00      0.00       31.00    0.00      44.00    0.00       0.00
0.00       0.00
22:13:18 0.00      0.00       31.00    0.00      61.00    0.00       0.00
0.00       0.00
22:13:18 0.00      0.00       293.00   0.00      119.00   0.00       0.00
0.00       0.00                                    ●———— 메모리 접근 종료
22:13:20 0.00      0.00       0.00     0.00      34.00    0.00       0.00
0.00       0.00
(중략)
```

프로그램이 획득한 메모리 영역에 접근할 때에만 1초당 페이지 폴트 수를 나타내는 'fault/s' 필드값이 증가하고 있음을 알 수 있습니다.

또한 여기서 예를 표시하진 않았습니다만, 이 뒤에 다시 같은 메모리 영역에 접근하더라도 두 번째 이후로는 페이지 폴트가 발생하지 않습니다. 왜냐하면 한 번 페이지에 접근한 뒤에는 페이지에 대응하는 물리 메모리가 이미 할당되었기 때문입니다. 더 자세히 알고 싶으신 분은 소스코드를 변경해서 실험해보기 바랍니다.

이번에는 시스템 전체가 아닌 프로세스별로 통계 정보를 확인해보겠습니다.

여기서는 가상 메모리의 양, 확보된 물리 메모리의 양 그리고 프로세스 생성 시부터의 페이지 폴트의 횟수를 확인하겠습니다. 이러한 수치들은 각각 ps -eo의 'vsz', 'rss', 'maj_flt', 'min_flt'의 값으로 확인할 수 있습니다.

페이지 폴트 수는 maj_flt(Major Fault), min_flt(Minor Fault)로 나뉘어 있습니다만, 이 두 가지의 차이점은 나중에 설명하겠습니다. 지금은 단순하게 두 가지 값의 합이 페이지 폴트 수라고 생각하고 진행하겠습니다.

이번에는 [코드 5-5]처럼 스크립트를 이용하여 이 명령어 값을 1초마다 보겠습니다.

코드 5-5 vsz-rss 스크립트(vsz-rss.sh)

```
#!/bin/bash

while true ; do
    DATE=$(date | tr -d '\n')
    INFO=$(ps -eo pid,comm,vsz,rss,maj_flt,min_flt | grep demand-paging | grep
    -v grep)
if [ -z "$INFO" ] ; then
    echo "$DATE: target process seems to be finished"
        break
    fi
    echo "${DATE}: ${INFO}"
    sleep 1
done
```

vsz-rss 스크립트의 실행 결과는 다음과 같습니다. 각 줄의 'demand-paging' 필드의 오른쪽에 있는 4개의 필드가 각각 가상 메모리의 양, 확보된 물리 메모리의 양, Major Fault의 횟수,

Minor Fault의 횟수를 나타냅니다.

```
$ bash vsz-rss.sh
Mon Dec 25 22:18:27 JST 2017: 11455 demand-paging 4356 648 0 82
Mon Dec 25 22:18:28 JST 2017: 11455 demand-paging 4356 648 0 82
Mon Dec 25 22:18:29 JST 2017: 11455 demand-paging 4356 648 0 82
Mon Dec 25 22:18:30 JST 2017: 11455 demand-paging 106760 648 0 83
                                         •——— 메모리 획득
Mon Dec 25 22:18:31 JST 2017: 11455 demand-paging 106760 648 0 83
Mon Dec 25 22:18:32 JST 2017: 11455 demand-paging 106760 648 0 83
Mon Dec 25 22:18:33 JST 2017: 11455 demand-paging 106760 12596 0 352
                                         •——— 메모리 접근 시작
Mon Dec 25 22:18:34 JST 2017: 11455 demand-paging 106760 22836 0 357
Mon Dec 25 22:18:36 JST 2017: 11455 demand-paging 106760 33076 0 362
Mon Dec 25 22:18:37 JST 2017: 11455 demand-paging 106760 43316 0 367
Mon Dec 25 22:18:38 JST 2017: 11455 demand-paging 106760 53556 0 372
Mon Dec 25 22:18:39 JST 2017: 11455 demand-paging 106760 63796 0 377
Mon Dec 25 22:18:40 JST 2017: 11455 demand-paging 106760 74036 0 382
Mon Dec 25 22:18:41 JST 2017: 11455 demand-paging 106760 84276 0 387
Mon Dec 25 22:18:42 JST 2017: 11455 demand-paging 106760 94516 0 392
Mon Dec 25 22:18:43 JST 2017: 11455 demand-paging 106760 103628 0 644
                                         •——— 메모리 접근 종료
Mon Dec 25 22:18:44 JST 2017: 11455 demand-paging 106760 103628 0 644
Mon Dec 25 22:18:45 JST 2017: target process seems to be finished
```

이 2개의 출력을 각 메시지가 출력된 시간으로 비교해보면 다음과 같은 결론을 얻을 수 있습니다.

- 메모리 영역을 획득하고 나서 접근할 때까지는 가상 메모리의 사용량이 약 100메가바이트 증가하지만 물리 메모리 사용량은 증가하지 않습니다.
- 메모리 접근을 하면 물리 메모리 사용량은 매초 10메가바이트 정도씩 증가하지만 가상 메모리 사용량은 증가하지 않습니다.
- 메모리 접근이 종료된 뒤 물리 메모리 사용량은 메모리를 획득하기 전과 비교해 100메가바이트가 늘어 있습니다.

이러한 측정 결과를 보며 디맨드 페이징이 무엇인가를 대략 이해하셨으리라 생각합니다.

가상 메모리 부족과 물리 메모리 부족

프로세스는 실행 중에 메모리 획득에 실패하면 종종 이상종료를 합니다. 이때의 원인으로 가상 메모리 부족과 물리 메모리 부족을 들 수 있습니다.

가상 메모리 부족이란 프로세스가 가상 주소 공간의 범위가 꽉 차도록 가상 메모리를 전부 사용한 뒤에도 가상 메모리를 더 요청했을 때 발생합니다. 예를 들어 가상 주소 공간의 사이즈가 500바이트라고 하면, [그림 5-35]와 같은 경우에 발생합니다. 여기서는 물리 메모리가 300바이트 비어 있지만 이와 상관없이 가상 주소 공간을 전부 사용하고 있기 때문에 가상 메모리 부족이 발생합니다.

그림 5-35 가상 메모리 부족

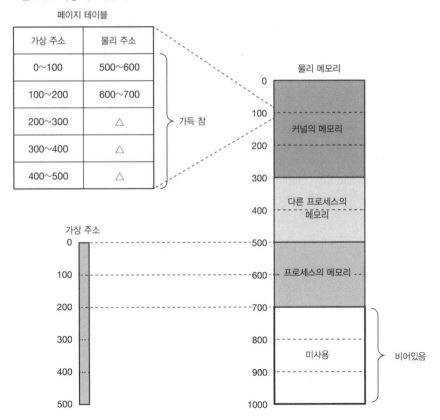

가상 메모리 부족은 물리 메모리가 얼마가 남아있든 관계없이 발생합니다. 이것은 가상 메모리의 방식을 이해하지 못하면 머릿속에 그려보기 매우 힘들지도 모르겠습니다.

가상 메모리 부족은 x86 아키텍처에서는 가상 주소 공간이 4기가바이트밖에 없기 때문에 데이터베이스 같은 큰 규모의 프로그램을 사용할 때 종종 발생합니다. 다행히 x86_64 아키텍처에는 가상 주소 공간이 128테라바이트나 있기 때문에 거의 발생하지 않습니다. 그렇지만 미래에 사용되는 프로그램이 사용하는 가상 메모리의 공간이 더 커진다면 언젠가는 가상 메모리 부족이 발생할 수도 있겠지요.

가상 메모리 부족과는 다르게 물리 메모리 부족은 [그림 5-36]과 같이 시스템에 탑재된 물리 메모리를 전부 사용하면 발생합니다. 물리 메모리 부족은 프로세스의 가상 메모리가 얼마나 남아있느냐에 관계없이 발생합니다. 이것은 가상 메모리 부족과 비교하면 이해하기 쉬울 겁니다.

그림 5-36 물리 메모리 부족

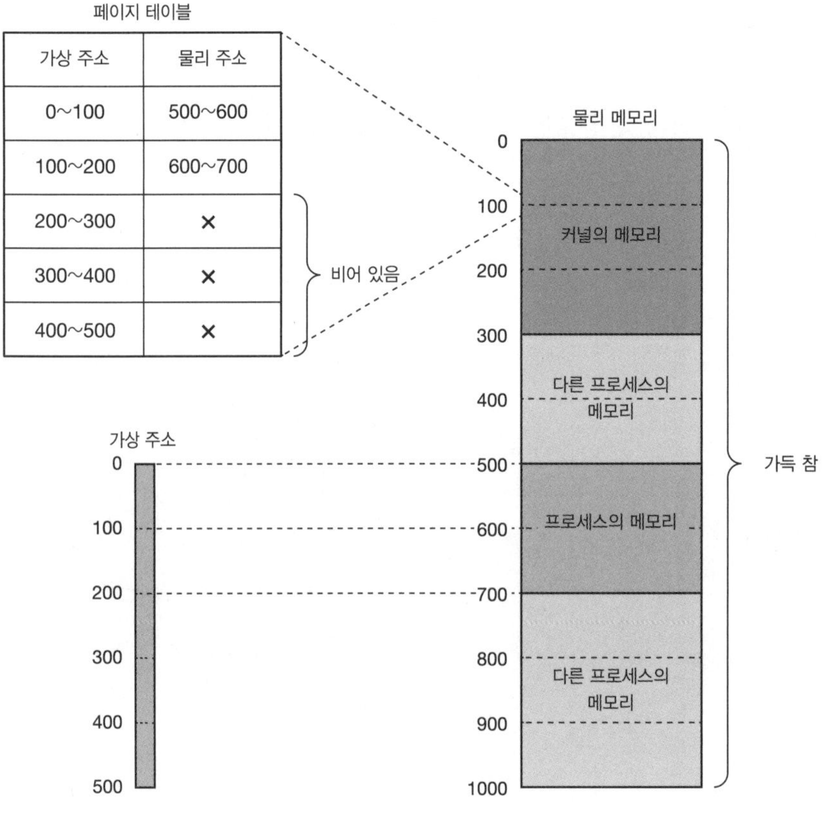

Copy on Write*

3장에서 설명한 프로세스 생성에 사용된 fork() 시스템 콜[46쪽]도 가상 메모리의 방식을 사용해서 고속화됩니다. fork() 시스템 콜을 수행할 때는 부모 프로세스의 메모리를 자식 프로세스에 전부 복사하지 않고 페이지 테이블만 복사합니다. 페이지 테이블 엔트리 안에는 쓰기 권한을 나타내는 필드가 있습니다만, 이 경우 부모도 자식도 전체 페이지에 쓰기 권한을 무효화(=쓰기가 불가능하도록)합니다(그림 5-37).

그림 5-37 Copy on Write의 동작(fork() 시스템 콜을 수행할 때)

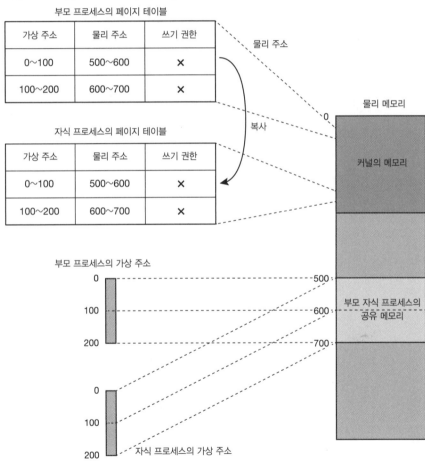

---

* Copy on Write는 굳이 번역하자면 '가상 메모리에 쓸 때 복사'처럼 적을 수 있지만, CoW 혹은 원어 그대로 Copy on Write라고 사용하기에 원어 그대로 옮깁니다.

이후에 페이지를 읽을 뿐이라면 어느 쪽의 프로세스도 공유된 물리 페이지에 접근할 수 있습니다. 그러나 부모 프로세스 혹은 자식 프로세스의 어느 쪽이든 페이지의 어딘가를 변경하려고 하면 다음과 같은 흐름으로 공유를 해제합니다.

1 페이지에 쓰기는 허용하지 않기 때문에 쓰려고 할 때 CPU에 페이지 폴트가 발생합니다.

2 CPU가 커널 모드로 변경되어 커널의 페이지 폴트 핸들러가 동작합니다.

3 페이지 폴트 핸들러는 접근한 페이지를 다른 장소에 복사하고, 쓰려고 한 프로세스에 할당한 후 내용을 다시 작성합니다.

4 부모 프로세스, 자식 프로세스 각각 공유가 해제된 페이지에 대응하는 페이지 테이블 엔트리를 업데이트합니다.

  – 쓰기를 한 프로세스 쪽에 엔트리는 새롭게 할당된 물리 페이지를 매핑하여 쓰기를 허가합니다.

  – 다른 쪽 프로세스의 엔트리에도 쓰기를 허가합니다.

앞의 [그림 5-37]에서 자식 프로세스가 주소 100번지에 쓰기를 하려고 할 때 어떠한 일이 벌어지는지 [그림 5-38]에 나타내보았습니다.

이후에 공유가 해제된 페이지에는 각각 자유롭게 읽고 쓸 수 있습니다. fork() 시스템 콜을 호출했을 때가 아니라 그 후의 쓰기가 발생할 때에 물리 메모리를 복사하기 때문에, 이 방식을 'Copy on Write'라고 부릅니다. 영어로는 줄여서 'CoW'라고도 부릅니다.

또한 Copy on Write의 방식상 fork() 시스템 콜이 성공했더라도 나중에 쓰기가 발생한 뒤, 페이지 폴트 핸들러가 동작할 시점에 물리 페이지에 빈 공간이 없을 경우 물리 메모리 부족이 발생합니다.

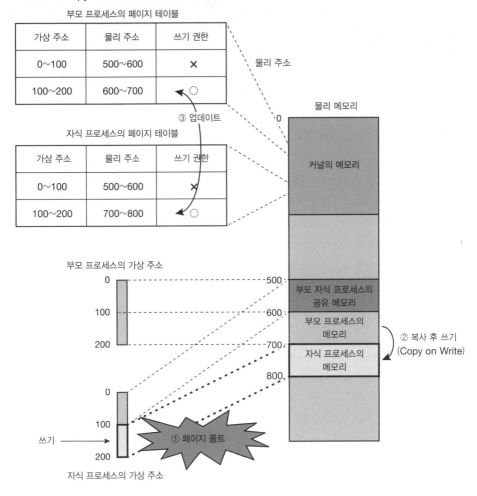

그림 5-38 Copy on Write의 동작(쓰기를 시도할 때)

Copy on Write 실험

실제로 Copy on Write가 발생했을 때의 동작 방식을 살펴보도록 합시다. 확인해야 할 항목은 다음과 같습니다.

- fork() 시스템 콜을 실행한 뒤 쓰기가 수행될 때까지는 메모리 영역을 부모 프로세스와 자식 프로세스가 공유하고 있습니다.
- 메모리 영역에 쓰기가 발생할 때 페이지 폴트가 발생합니다.

이를 확인하기 위해 다음과 같은 사양의 프로그램을 작성하겠습니다.

1 100메가바이트의 메모리를 확보하여 모든 페이지에 접근합니다.

2 시스템의 메모리 사용량을 확인합니다.

3 fork() 시스템 콜을 호출합니다.

4 부모 프로세스와 자식 프로세스가 각각 다음과 같은 동작을 합니다.

- 부모 프로세스

  i. 자식 프로세스의 종료를 기다립니다.

- 자식 프로세스

  i. 시스템 메모리의 사용량과 자기 자신의 가상 메모리 사용량, 물리 메모리 사용량, Major Fault의 횟수, Minor Fault의 횟수를 표시합니다.

  ii. **1**에서 획득한 영역 전부의 페이지에 쓰기 접근합니다.

  iii. 시스템 메모리 사용량과 자기 자신의 가상 메모리 사용량, 물리 메모리 사용량, Major Fault의 횟수, Minor Fault의 횟수를 표시합니다.

이것을 구현하면 [코드 5-6]과 같습니다.

코드 5-6 cow 프로그램(cow.c)

```c
#include <sys/types.h>
#include <sys/wait.h>
#include <unistd.h>
#include <sys/mman.h>
#include <stdio.h>
#include <stdlib.h>
#include <string.h>
#include <err.h>

#define BUFFER_SIZE (100 * 1024 * 1024)
#define PAGE_SIZE    4096
#define COMMAND_SIZE            4096

static char *p;
static char command[COMMAND_SIZE];

static void child_fn(char *p) {
    printf("*** child ps info before memory access ***:\n");
    fflush(stdout);
```

```
    snprintf(command, COMMAND_SIZE,
        "ps -o pid,comm,vsz,rss,min_flt,maj_flt | grep ^%d", getpid());
    system(command);

    printf("*** free memory info before memory access ***:\n");
    fflush(stdout);
    system("free");

    int i;
    for (i = 0; i < BUFFER_SIZE; i += PAGE_SIZE)
        p[i] = 0;

    printf("*** child ps info after memory access ***:\n");
    fflush(stdout);
    system(command);

    printf("*** free memory info after memory access ***:\n");
    fflush(stdout);
    system("free");

    exit(EXIT_SUCCESS);
}

static void parent_fn(void) {
    wait(NULL);

    exit(EXIT_SUCCESS);
}

int main(void)
{
    char *buf;
    p = malloc(BUFFER_SIZE);
    if (p == NULL)
        err(EXIT_FAILURE, "malloc() failed");

    int i;
    for (i = 0; i < BUFFER_SIZE; i += PAGE_SIZE)
        p[i] = 0;

    printf("*** free memory info before fork ***:\n");
    fflush(stdout);
    system("free");
```

```
    pid_t ret;
    ret = fork();
    if (ret == -1)
        err(EXIT_FAILURE, "fork() failed");

    if (ret == 0)
        child_fn(p);
    else
        parent_fn();

    err(EXIT_FAILURE, "shouldn't reach here");
}
```

컴파일하여 실행해보겠습니다.

```
$ cc -o cow cow.c
$ ./cow
*** free memory info before fork ***:
        total      used       free       shared    buff/cache  available
Mem:    32942008   1967716    21552784   298152    9421508     30031664
Swap:   0          0          0
*** child ps info before memory access ***:
12716 cow          106764 102484  27       0
*** free memory info before memory access ***:
        total      used       free       shared    buff/cache  available
Mem:    32942008   1968120    21552380   298152    9421508     30031260
Swap:   0          0          0
*** child ps info after memory access ***:
12716 cow          106764 103432 599 0
*** free memory info after memory access ***:
        total      used       free       shared    buff/cache  available
Mem:    32942008   2071324    21449176   298152    9421508     29928056
Swap:   0          0          0
$
```

이 결과로부터 다음과 같은 것을 알 수 있습니다.

- 부모 프로세스의 메모리 사용량은 100메가바이트를 넘지만 fork() 시스템 콜을 실행한 뒤 자식 프로세스가
  메모리에 쓰기 접근하기 전에는 메모리 사용량은 수백 킬로바이트 정도밖에 증가하지 않습니다.

- 자식 프로세스가 메모리에 쓰기 접근한 뒤에는 페이지 폴트 수가 증가하고 시스템의 메모리 사용량이 100메
  가바이트 증가합니다(= 페이지의 공유가 해제되었습니다).

여기서 한 가지 더, 각 프로세스의 물리 메모리 사용량에 대해 생각해봅시다.

부모 프로세스와 자식 프로세스의 메모리 중 공유된 부분은 각각 프로세스에 이중으로 계산됩니다. 그렇기 때문에 전체 프로세스의 물리 메모리 사용량을 다 더하면 전체 프로세스가 실제로 쓰고 있는 메모리의 양보다 값이 더 크므로 주의가 필요합니다.

실험으로 사용한 cow 프로그램의 경우를 보더라도 자식 프로세스가 쓰기 접근을 하기 전에 부모 프로세스와 자식 프로세스의 물리 사용량은 총합이 100메가바이트 정도이지만 양쪽 다 각각 100메가바이트씩 사용하고 있는 것처럼 보입니다.

스왑

앞서 물리 메모리가 부족하게 되면 메모리 부족^{OOM} 상태가 된다고 설명했습니다. 다행히 리눅스에는 메모리 부족에 대응하는 구제 장치가 있는데 바로 가상 메모리 방식을 응용한 '스왑^{swap}'입니다.

스왑은 저장 장치의 일부를 일시적으로 메모리 대신 사용하는 방식입니다. 구체적으로는 시스템의 물리 메모리가 부족한 상태가 되어 물리 메모리를 획득할 때에, 기존에 사용하던 물리 메모리의 일부분을 저장 장치에 저장하여 빈 공간을 만들어냅니다. 이때 메모리의 내용이 저장된 영역을 스왑 영역*이라고 부릅니다. 스왑 영역은 시스템 관리자가 시스템을 구축할 때 만들어 둡니다.

이렇게만 설명하면 이해하기 어려울테니 그림으로 살펴보도록 합시다.

---

* 좀 헷갈릴 수 있는데 윈도우에서의 스왑 영역은 '가상 메모리'를 의미합니다.

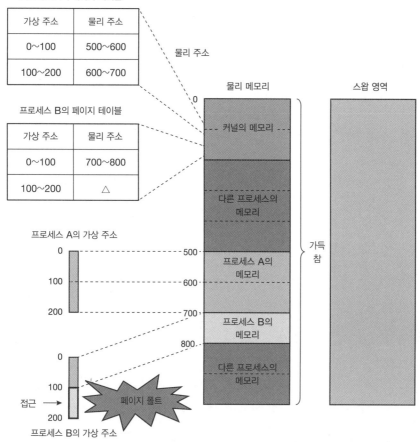

그림 5-39 물리 메모리 부족

프로세스 A의 페이지 테이블

가상 주소	물리 주소
0~100	500~600
100~200	600~700

프로세스 B의 페이지 테이블

가상 주소	물리 주소
0~100	700~800
100~200	△

시스템의 메모리가 부족한 상태에서 물리 메모리가 추가로 필요하다고 가정합시다. [그림 5-39]는 프로세스 B가 물리 메모리에 아직 매핑되지 않은 가상 주소 100번지에 처음으로 접근했을 때의 상황을 나타냅니다.

이때 물리 메모리에 빈 공간이 없으므로 커널은 사용 중인 물리 메모리의 일부를 스왑 영역에 임시 보관합니다. 이것을 '스왑 아웃swap out'이라고 부릅니다. [그림 5-40]에서는 프로세스 A가 가상 주소 100~200번지에 매핑된 물리 주소 600~700번지에 해당하는 페이지를 임시 보관하고 있습니다.

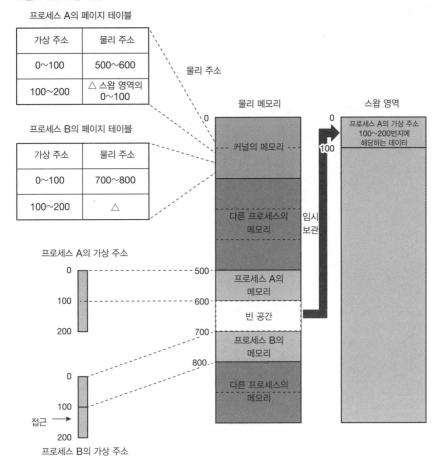

그림 5-40 스왑 아웃

그림으로는 임시 보관한 페이지의 스왑 영역상의 위치가 페이지 테이블 엔트리에 써 있는 것처럼 보이지만, 실제로는 커널 내의 페이지 테이블 엔트리와 별도로 저장해 놓은 스왑 영역 관리용 장소에 기록되어 있습니다. 그 기록의 상세한 내용은 이 책에서는 중요한 내용이 아니므로 [그림 5-40]은 앞으로도 이런 식으로 표시하겠습니다.

어느 영역이 스왑 아웃 될 것인가는 '앞으로 한동안 사용되지 않을 듯한' 것을 커널이 특정한 알고리즘을 통해 결정합니다. 그러나 이 알고리즘까지는 자세히 알 필요 없기 때문에 여기서는 설명을 생략하겠습니다.

계속해서 커널은 [그림 5-41]처럼 스왑 아웃으로 빈 메모리를 프로세스 B에 할당합니다.

그림 5-41 스왑 아웃으로 비운 메모리를 프로세스에게 할당

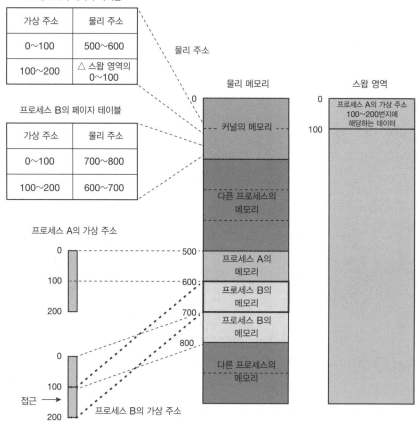

이후에 시간이 흘러 시스템의 메모리에 어느 정도 여유가 생겼다고 가정해봅시다. [그림 5-42]는 이 상황에서 프로세스 A가 앞에서 스왑 아웃 된 페이지에 접근했을 때 벌어지는 일을 나타냅니다.

그림 5-42 스왑 아웃 된 페이지에 접근

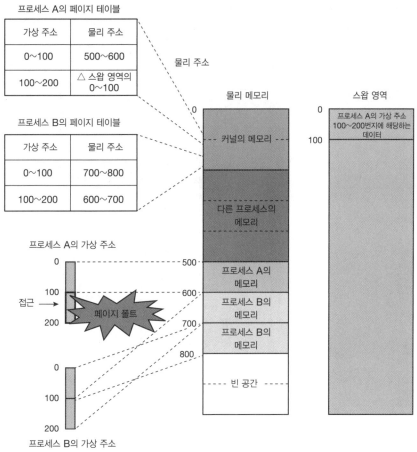

이 경우 커널은 스왑 영역에 임시 보관했던 데이터를 물리 메모리에 되돌립니다. 이것을 '스왑 인swap In'이라고 부릅니다(그림 5-43).

그림 5-43 스왑 인

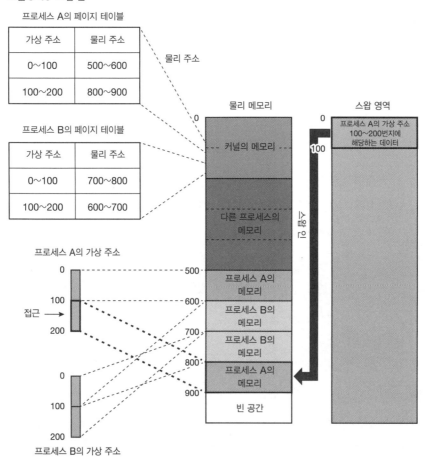

스왑 인, 스왑 아웃을 합쳐서 '스와핑swapping'이라고 부릅니다. 리눅스에는 스왑의 단위가 페이지 단위이므로 '페이징paging'이라고도 부릅니다. 이 경우는 스왑 인, 스왑 아웃도 '페이지 인page in', '페이지 아웃page out'이라고 부릅니다.

스왑의 동작 방식은 시스템이 사용할 수 있는 메모리의 양이 '실제로 탑재된 메모리 + 스왑 영역'처럼 보이게 합니다. 그러나 여기에는 커다란 맹점이 있습니다. 저장 장치에 접근하는 속도가 메모리에 접근하는 속도에 비해 너무나도 느리다는 점입니다.

시스템의 메모리 부족이 일시적 현상이 아니라 만성적으로 부족하다면 메모리에 접근할 때마다 스왑 인, 스왑 아웃이 반복되는 '스래싱thrashing' 상태가 됩니다.

개인용 컴퓨터를 사용할 때, 파일을 사용하지 않는데도 저장 장치의 상태를 나타내는 LED가 계속해서 반짝거리는 경우*를 본 적이 있나요? 그러한 경우는 대부분 스래싱이 발생하고 있기 때문입니다. 일단 스래싱이 발생하면 시스템은 한동안 사용자 입력에 반응할 수 없습니다. 결국 컴퓨터가 멈춰버리거나 메모리 부족이 발생합니다.

시스템에서 스와핑이 자주 발생할 때에는 시스템을 다시 설계하는 것이 좋습니다. 어찌 되었건 스와핑은 서버에서 발생하지 않는 게 좋습니다. 예를 들어 메모리 사용량을 낮추기 위해 워크로드work load를 낮춘다거나, 더 쉽게는 메모리를 증설하는 방법 등으로 설계를 수정해야 합니다.

스왑 실험

시스템의 스왑 영역은 'swapon --show' 명령어로 확인할 수 있습니다.

```
$ swapon --show
NAME        TYPE       SIZE  USED  PRIO
/dev/sdd7   partition  954M  0B    -1
$
```

이 경우에는 '/dev/sdd7' 파티션이 스왑 영역으로 사용되고 있습니다. 사이즈는 약 1기가바이트입니다. 스왑 영역의 사이즈는 free로도 확인이 가능합니다.

```
$ free
        total     used      free      shared   buff/cache  available
Mem:    32942008  1864144   21640824  298120   9437040     30135580
Swap:   976892    0         976892
$
```

출력된 내용의 세 번째 줄의 'Swap:'으로 시작하는 부분이 스왑 영역에 대한 정보입니다. total 필드 '976892'가 킬로바이트 단위의 스왑 영역 사이즈입니다. 필자의 시스템에서는 물리 메모

* 저장 장치로 HDD를 사용한 경우 반짝거릴 뿐만 아니라 드르륵 하는 기계음이 들릴 때도 있습니다.

리가 32기가바이트에 1기가바이트의 스왑 영역이 더해져 있으므로 시스템 전체에서 합계 33기가바이트의 메모리를 사용할 수 있습니다. used 필드값이 0이므로 명령어를 실행했을 시점에는 스왑 영역을 전혀 사용하고 있지 않습니다.

시스템에 부하가 걸릴 때는 'sar -W' 명령어로 스와핑이 발생하고 있나 확인해보는 것도 좋습니다.

```
$ sar -W 1
(중략)
23:30:00  pswpin/s  pswpout/s
23:30:01  0.00      0.00
23:30:02  0.00      0.00
23:30:03  0.00      0.00
(중략)
```

'pswpin/s' 필드가 스왑 인 된 페이지의 수(1초당)를 나타내며 'pswpout/s' 필드가 스왑 아웃된 페이지의 수(1초당)를 나타냅니다. 시스템의 성능이 갑자기 나빠졌을 경우 양쪽의 수치가 0이 아니라면 원인은 스와핑이라고 의심할 수 있겠지요.

거기에 더해서 'sar -S' 명령어를 사용하면 스왑이 발생하고 있다고 할 때, 그게 일시적으로 언젠가는 사라질 것인지 아니면 스래싱이 되어가고 있는지를 알 수 있습니다.

```
$ sar -S
(중략)
23:28:59  kbswpfree  kbswpused  %swpused  kbswpcad  %swpcad
23:29:00  976892     0          0.00      0         0.00
23:29:01  976892     0          0.00      0         0.00
23:29:02  976892     0          0.00      0         0.00
23:29:03  976892     0          0.00      0         0.00
(중략)
```

기본적으로 'kbswpused' 필드가 나타내는 스왑 영역의 사용량의 추이를 보면 좋을 것입니다. 이 값이 점점 증가하고 있다면 위험합니다.

또한 앞에서 잠깐 나왔던 Major Fault와 Minor Fault를 설명하겠습니다.

스와핑과 같이 저장 장치에 대한 접근이 발생하는 페이지 폴트를 'Major Fault'라고 하며, 반대로 저장 장치에 대한 접근이 발생하지 않는 페이지 폴트를 'Minor Fault'라고 합니다. 어느 쪽이든 발생할 때는 커널의 내부 처리가 실행되기 때문에 성능에 영향을 주지만 Major Fault가 훨씬 더 영향력이 큽니다.

계층형 페이지 테이블

앞에서 프로세스의 페이지 테이블에는 가상 주소 공간 페이지의 전부에 걸쳐서 대응되는 물리 메모리가 존재하는가를 나타내는 데이터를 가지고 있다고 설명했습니다. 그것을 1차원적인 구조로 가볍게 구현한다고 생각해봅시다.

x86_64 아키텍처는 가상 주소 공간의 크기가 128테라바이트이며* 1페이지의 크기는 4킬로바이트, 페이지 테이블 엔트리 사이즈는 8바이트입니다. 이 내용으로부터 프로세스 1개당 페이지 테이블에 256기가바이트(= 8바이트 * 128테라바이트 / 4킬로바이트)라는 거대한 메모리가 필요하다는 것을 알 수 있습니다. 예를 들어 필자의 시스템에 탑재된 메모리가 32기가바이트밖에 되지 않으므로 결과적으로 프로세스를 하나도 생성할 수 없습니다.

이러한 문제를 피하기 위해 x86_64 아키텍처의 페이지 테이블은 위에 적은 대로 1차원적인 구조로 구현되어 있지 않고 계층 구조로 되어 있습니다. 이를 통해 페이지 테이블에 필요한 메모리의 양을 절약하고 있습니다.

실제로 x86_64의 페이지 테이블의 구조는 매우 어렵기 때문에 좀 더 간단한 모델로 1차 원형 페이지 테이블과 계층형 페이지 테이블을 비교해보겠습니다. 여기서는 1페이지를 100바이트, 가상 주소 공간을 1600바이트라고 해보겠습니다.

이 경우, 예를 들어 프로세스가 물리 메모리를 400바이트만 사용하고 있을 경우, 1차 원형 페이지 테이블은 [그림 5-44]처럼 됩니다.

----

* 최근에는 훨씬 큰 가상 주소 공간을 다루는 CPU가 있고 리눅스도 이에 대응하고 있습니다. 하지만 이 책에서 다루기엔 너무 복잡해지므로 이에 대해서는 언급하지 않겠습니다.

그림 5-44 1차 원형 페이지 테이블

가상 주소	물리 주소
0~100	300~400
100~200	400~500
200~300	500~600
300~400	600~700
400~500	✕
500~600	✕
600~700	✕
700~800	✕
800~900	✕
900~1000	✕
1000~1100	✕
1100~1200	✕
1200~1300	✕
1300~1400	✕
1400~1500	✕
1500~1600	✕

이와는 다르게 계층형 페이지 테이블의 경우, 예를 들어 4페이지를 1개로 묶은 2단 구조로 만들면 [그림 5-45]처럼 됩니다.

그림 5-45 계층형 페이지 테이블

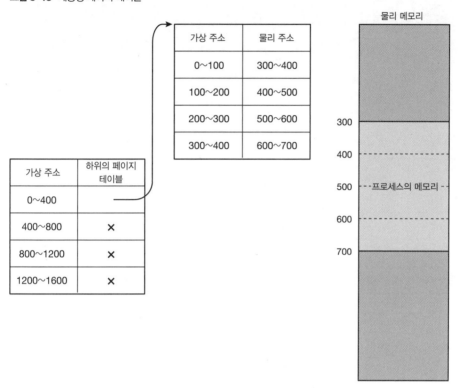

이 그림에서 페이지 테이블의 엔트리 수가 '16개'에서 '8개'로 줄어든 것을 알 수 있습니다. 사용하는 가상 메모리의 양이 더 많아지면 [그림 5-46]처럼 페이지 테이블의 사용량이 늘어나게 됩니다.

그림 5-46 사용하는 가상 메모리의 양이 많아지면 페이지 테이블의 사용량도 증가

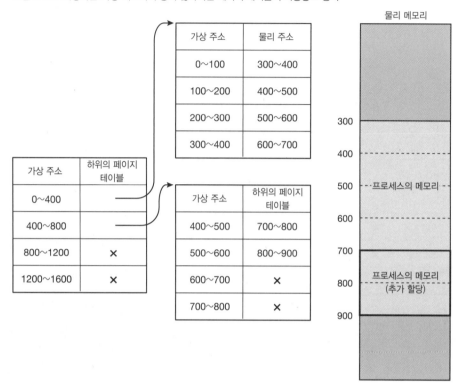

가상 메모리의 양이 어느 정도 커지면 계층형 페이지 테이블이 1차 원형 페이지 테이블보다 필요로 하는 메모리 사용량이 많아집니다. 그러나 그런 일이 생기는 경우는 매우 드물기 때문에, 전체 프로세스의 페이지 테이블에 필요한 메모리양의 합계는 계층형 페이지 테이블이 1차 원형 페이지 테이블보다 더 작게 됩니다.

또한 x86_64 아키텍처에서는 페이지 테이블의 구조가 훨씬 더 복잡한 4단 구조로 되어 있습니다. 그러나 이것은 이 책에서 다루는 내용의 범위를 넘어서므로 자세히 설명하지 않겠습니다. 지금까지와 마찬가지로 이 책에서는 페이지 테이블을 나타내는 그림에는 1차 원형으로 표시하겠습니다.

시스템이 사용하고 있는 물리 메모리 중에 페이지 테이블이 사용하고 있는 양은 'sar -r ALL' 명령어의 'kbpgtbl' 필드로 확인할 수 있습니다.

```
$ sar -r ALL 1
(중략)
23:40:05  kbmemfree  kbmemused  %memused  kbbuffers  kbcached  kbcommit  %commit
kbactive  kbinact    kbdirty    kbanonpg  kbslab     kbkstack  kbpgtbl   kbvmused
23:40:06  21614072   11327936   34.39     6084       8897948   8104164   23.89
8943372   1556624    248        1548816   560512     14352     53944     0
23:40:07  21613884   11328124   34.39     6084       8897944   8104164   23.89
8944004   1556620    248        1549572   560512     14320     54044     0
23:40:08  21613332   11328676   34.39     6084       8897944   8104164   23.89
8944464   1556620    248        1550056   560512     14336     54184     0
(중략)
```

시스템이 메모리 부족을 겪는 이유가 프로세스가 직접 사용하는 물리 메모리양의 증가 때문이 아니라 '프로세스를 너무 많이 만들었다'거나 '가상 메모리를 대량으로 사용하고 있는 프로세스 때문에 페이지 테이블 영역의 증가'였던 경우가 종종 있습니다. 이 가운데 프로세스를 너무 많이 만든 경우는 프로그램의 병렬화를 줄이든가 해서 시스템에 동시에 존재하는 프로세스의 개수를 줄이는 방법으로 처리가 가능합니다. 가상 메모리를 대량으로 사용하는 프로세스는 다음에 설명할 Huge Page로 처리가 가능합니다.

Huge Page

앞에서 설명한 것처럼, 프로세스의 가상 메모리 사용 사이즈가 증가하면 이에 따라 그 프로세스의 페이지 테이블에 사용하는 물리 메모리양도 증가합니다.

이 경우 메모리 사용량의 증가뿐만 아니라 fork() 시스템 콜도 늘어집니다. 왜냐하면 fork() 시스템 콜은 Copy on Write로 최소한의 메모리만 복사하고 있지만, 페이지 테이블은 부모의 프로세스와 같은 사이즈로 새로 만들기 때문입니다. 이러한 문제를 해결하기 위해 리눅스에는 'Huge Page' 기능이 있습니다.

Huge Page는 이름 그대로 커다란 사이즈의 페이지입니다. 이것을 사용함으로써 프로세스의 페이지 테이블에 필요한 메모리의 양을 줄일 수 있습니다.

구체적으로 1페이지 100바이트로 400바이트를 하나로 합친 2단 구조의 페이지 테이블을 예로 설명하겠습니다. [그림 5-47]은 이러한 조건으로 전체 페이지에 물리 메모리를 할당한 모습을 나타냅니다.

그림 5-47 전체 페이지에 물리 메모리가 할당되어 있는 경우

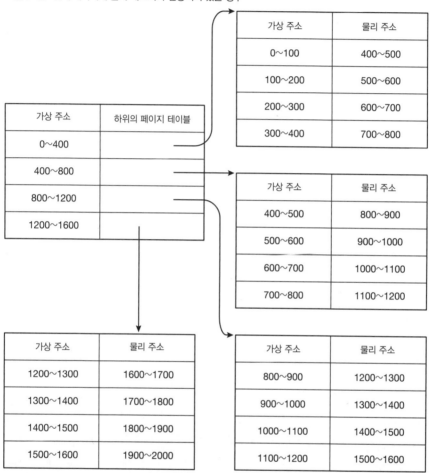

이것을 사이즈가 400바이트의 Huge Page로 바꾸게 되면 페이지 테이블의 계층을 1단으로 줄여서 [그림 5-48]처럼 됩니다.

그림 5-48 Huge page로 바꾼 페이지 테이블

가상 주소	물리 주소
0~400	400~800
400~800	800~1200
800~1200	1200~1600
1200~1600	1600~2000

페이지 테이블 엔트리의 개수는 20개에서 4개로 줄었습니다. 이렇게 하면 페이지 테이블을 위해 사용된 메모리의 양뿐만 아니라 fork() 시스템 콜의 부하도 줄어들 것이라 기대할 수 있습니다.

또한 x86_64 아키텍처에는 [그림 5-48]보다 Huge Page의 구조가 복잡하지만 여기서는 세세하게 알 필요는 없습니다. Huge Page를 사용하면 가상 메모리를 많이 사용하는 프로세스에 대해서 페이지 테이블에 필요한 메모리의 양이 줄어든다는 점만 기억해두시면 됩니다.

Huge Page의 사용 방법

C 언어에는 mmap() 함수의 'flags' 파라미터에 'MAP_HUGETLB' 플래그 등을 넣어서 Huge Page를 획득합니다. 그러나 실제로는 여러분이 만드는 프로그램이 직접 Huge Page를 획득하는 것보다는 기존 프로그램의 Huge Page 이용 설정을 쓰는 경우가 더 많습니다.

데이터베이스나 가상 머신 시스템 등에는 가상 메모리를 대량으로 사용하는 설정이 들어 있는 경우가 있기 때문에 필요에 따라 사용을 검토해보길 바랍니다. 이런 기능을 사용하면 페이지 테이블의 메모리 사용량을 줄이고 fork()를 더 빠르게 동작하게 할 수 있습니다.

Transparent Huge Page

리눅스에는 'Transparent Huge Page' 기능이 있습니다. 이것은 가상 주소 공간에 연속된 여러 개의 4킬로바이트 페이지가 특정 조건을 만족하면 이것을 묶어서 자동으로 Huge Page로 바꿔주는 기능입니다.

이것은 언뜻 보면 대단히 편리해 보이지만, 여러 개의 페이지를 하나로 합쳐서 Huge Page로 하는 처리, 혹은 앞서 말한 특정 조건이 더 이상 만족되지 않을 때 다시 4킬로바이트 페이지로 풀어야 할 경우의 처리를 하게 되므로 국소적으로 성능이 하락하는 경우가 있다는 점이 문제입니다. 따라서 시스템을 구축할 때 Transparent Huge Page를 무효화해서 사용하지 않는 경우도 있습니다.

Transparent Huge Page의 활성화 여부를 살펴보려면, '/sys/kernel/mm/transparent_hugepage/enabled' 파일을 읽어보면 확인 가능합니다. 우분투 16.04에서는 사용함 (always)으로 기본 설정되어 있습니다.

```
$ cat /sys/kernel/mm/transparent_hugepage/enabled
[always] madvise never
$
```

이것을 무효화하는 경우에는 이 파일에 'never'라고 써두면 됩니다.

```
$ sudo su
# echo never >/sys/kernel/mm/transparent_hugepage/enabled
#
```

다른 값인 'madvise'로 설정한 경우에는, 'madvise()' 시스템 콜을 사용하여 특정 메모리 영역에만 이 기능을 사용할 수도 있습니다.

## CHAPTER 6

메모리 계층

[그림 6-1]과 같은 그림을 본 적이 있나요? 이 그림은 컴퓨터 메모리 장치의 계층 구조를 도식화한 그림입니다.

그림 6-1 메모리 장치의 계층 구조

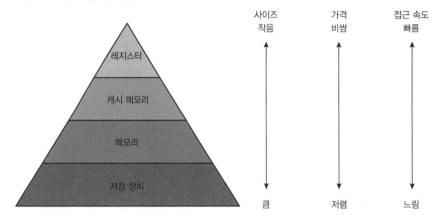

그림에서 보다시피 컴퓨터에는 다양한 메모리 장치가 있습니다. 위로 올라갈수록 메모리의 크기는 작아지고 단위 바이트당 가격은 비싸지지만 읽거나 쓰는 속도는 빨라집니다. 6장에서는 이러한 각종 메모리 장치와 관련하여 다음의 내용을 학습하겠습니다.

- 구체적으로 크기와 성능에 얼마나 차이가 있습니까?*
- 이런 차이를 고려하여 하드웨어나 리눅스는 어떤 구조로 되어 있습니까?

캐시 메모리

이미 설명한 내용이지만 컴퓨터의 동작 흐름은 기본적으로 다음과 같습니다(메모리로부터 명령어를 읽는 부분은 생략하겠습니다).

- **처리 ①** 명령어를 바탕으로 메모리에서 레지스터로 데이터를 읽습니다.
- **처리 ②** 레지스터에 있는 데이터를 바탕으로 계산합니다.
- **처리 ③** 계산 결과를 메모리에 씁니다.

----
* 가격은 항상 변하므로 정확한 계산이 어려운 만큼 이 책에서는 다루지 않겠습니다.

요즘 하드웨어는 레지스터에서 계산하는 평균 시간보다 메모리에 접근하는 데 걸리는 시간, 즉 레이턴시가 극도로 느립니다. 예를 들어 필자의 환경에서는 레지스터에서 1나노초 미만에 한 번 계산하지만, 메모리에 접근하는 데는 약 수십 나노초가 걸립니다.** 이런 점 때문에 컴퓨터 시스템에서 **처리 ②**가 아무리 빠르더라도 **처리 ①**과 **처리 ③**이 속도상 병목 지점이 되어버려 전체 처리 속도는 메모리에 읽고 쓰는 레이턴시와 별 차이가 없게 됩니다.***

캐시 메모리^{cache memory}는 이런 레지스터 안에서 계산하는 것과 메모리에 접근하는 것, 양쪽의 처리 시간의 차이를 메우는 데 필요합니다.

캐시 메모리로부터 레지스터에 접근할 때의 레이턴시는 메모리에 접근할 때와 비교해보면 수 배에서 수십배 빠른 점을 이용하여 **처리 ①**과 **처리 ③**의 속도를 고속화합니다. 캐시 메모리는 일 반적으로 CPU에 내장되어 있지만 CPU의 바깥에 있는 캐시 메모리도 있습니다.

그렇다면 구체적으로 캐시 메모리의 동작에 대해 살펴보도록 합시다. 일단 지금부터 설명할 캐 시 메모리의 처리는 커널을 통하지 않고 하드웨어 안에서 전부 처리됩니다.****

메모리에서 레지스터로 데이터를 읽어올 때는, 일단 캐시 메모리에 읽어온 뒤 같은 내용을 다 시 레지스터로 읽어 들입니다. 이때 읽어오는 크기는 CPU에서 정한 '캐시 라인 사이즈^{cache line size}'만큼입니다.

[그림 6-2]는 캐시 라인 사이즈가 10바이트, 캐시 메모리 사이즈가 50바이트, 레지스터가 10 바이트씩 2개(R0과 R1)를 지닌 환경에서 R0에 메모리 주소 300번지의 데이터를 읽어 들일 때를 나타낸 그림입니다.

** 양쪽의 속도는 하드웨어에 따라 크게 달라지기 때문에 차이의 절댓값보다는 상대적으로 차이가 크다는 점만 알면 됩니다.
*** 병목 지점이 되는 원인입니다.
**** 더 정확히 말하면 특정 타이밍에 캐시를 파기할 필요가 있다면 커널이 캐시 메모리를 제어하는 때도 많지만 이 책에서는 설명을 생략하겠 습니다.

그림 6-2 R0에 300번지의 데이터를 읽어 들이는 경우

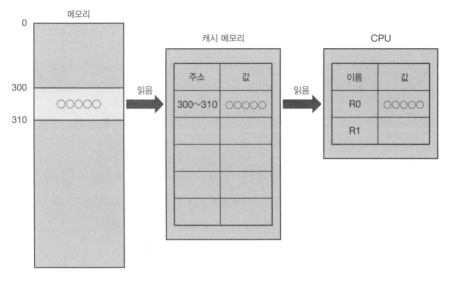

이후에 CPU가 주소 300번지의 데이터를 다시 읽으려면 여기서는 예를 들어 R1에 읽어 들이는 경우 [그림 6-3]처럼 메모리에 접근하지 않고 캐시 메모리에만 접근하면 됩니다.

그림 6-3 캐시 메모리에 있는 데이터에 접근(고속)

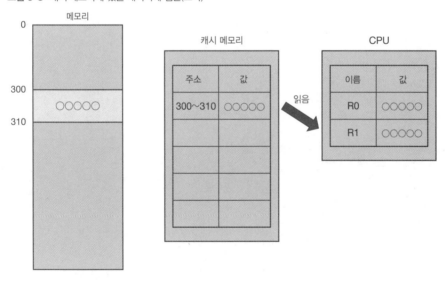

거기에 더해 [그림 6-4]처럼 R0의 값을 덮어쓴 경우를 생각해봅시다.

그림 6-4 R0에 값을 덮어쓴 경우

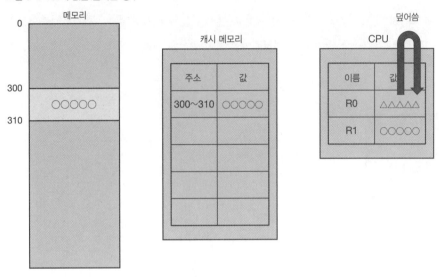

이다음에 레지스터로부터 주소 300번지의 데이터를 써넣는 경우에는 일단 변경된 데이터를 캐시 메모리에 적어둡니다(그림 6-5). 데이터를 쓰는 단위도 캐시 라인 사이즈입니다. 이때 캐시 라인은 메모리로부터 읽어 들인 데이터가 변경되었음을 나타내는 플래그를 표시합니다. 이러한 플래그가 표시된 캐시 라인을 더티dirty라고 부릅니다.

그림 6-5 변경된 데이터를 캐시 메모리에 써넣음

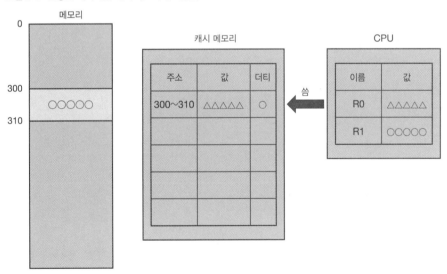

이 더티 플래그가 붙어 있는 데이터는 [그림 6-6]처럼 써넣은 시점보다 나중에 백그라운드 처리로 메모리에 다시 기록됩니다. 이에 따라 캐시 라인은 더티가 아니게 됩니다.* 즉, [그림 6-5]에서의 쓰기 처리는 고속의 캐시 메모리에 쓰는 것만으로 완료됩니다.

그림 6-6 백그라운드 처리로 메모리에 덮어써 짐

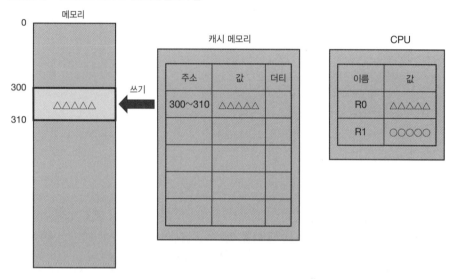

프로세스가 실행되고 어느 정도 시간이 지난 뒤 살펴보면 캐시 메모리 안에는 [그림 6-7]과 같이 다양한 데이터가 존재하게 됩니다.

---

* 이러한 방법을 라이트 백(write back) 방식이라고 부릅니다. 캐시 라인이 더티가 된 순간 메모리에 즉시 써 넣는 방식, 즉 라이트 쓰루 (write through) 방식도 있지만 여기서는 다루지 않겠습니다.

그림 6-7 캐시 메모리 안에 있는 다양한 데이터

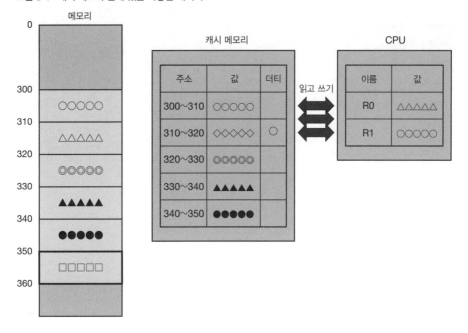

여기서 CPU가 캐시 메모리에 있는 데이터에만 접근할 때에는 모든 접근이 캐시 메모리의 속도로 처리되므로 캐시 메모리가 없는 경우보다 훨씬 빠르게 처리됩니다.

캐시 메모리가 가득 찬 경우

캐시 메모리가 가득 찬 경우, 캐시 메모리에 존재하지 않는 데이터를 추가로 읽으면 기존의 캐시 메모리 중 1개를 파기합니다. 예를 들어 [그림 6-7]의 상태에서 주소 350번지의 데이터를 읽어 들이면 [그림 6-8]과 같이 캐시 라인상의 데이터를 1개 파기한 뒤, [그림 6-9]처럼 해당하는 주소의 데이터를 비워진 캐시 라인에 복사합니다.

그림 6-8 캐시 라인상의 데이터를 1개 파기

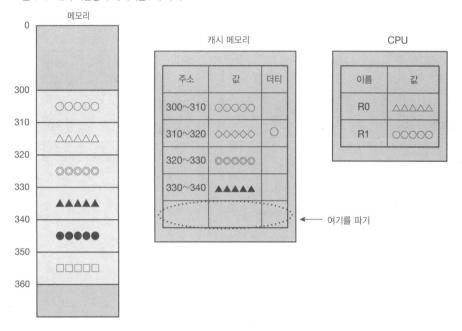

그림 6-9 새로운 데이터를 캐시 라인에 복사

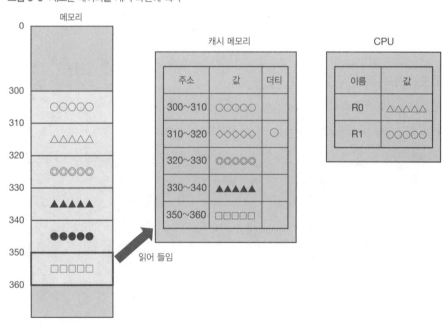

파기하는 캐시가 더티라면 대응되는 메모리에 덮어쓴 다음 버리는 동기화 작업이 일어납니다. 캐시 메모리가 가득 차고 모든 캐시 라인이 더티라면 메모리 접근을 할 때마다 캐시 라인 안의 데이터가 자주 바뀌게 되는 스래싱^{thrashing}이 발생하여 성능이 크게 감소할 수 있습니다.

계층형 캐시 메모리

최근 x86_64 아키텍처의 CPU는 캐시 메모리가 계층형 구조로 되어 있습니다. 각 계층은 사이즈, 레이턴시, 어느 논리 CPU 사이에 공유하는가 등이 다릅니다.

계층형 구조를 구성하는 각 캐시 메모리는 'L1', 'L2', 'L3' 등의 이름이 붙어 있습니다(L은 'Level'을 의미합니다). 어느 레벨의 캐시가 존재하는지는 CPU마다 다릅니다. 가장 레지스터에 가깝고 용량이 적으며 빠른 것이 L1 캐시입니다. 번호가 늘어날수록 레지스터로부터 멀어지며 용량이 커지고 속도가 느려집니다.

캐시 메모리의 정보는 '/sys/devices/system/cpu/cpu0/cache/index0/*'라는 디렉터리에 있는 파일의 내용을 살펴보면 알 수 있습니다.

- **type** : 캐시할 데이터의 종류입니다. Data라면 데이터만을, Code라면 코드만을, Unified라면 코드와 데이터를 캐시합니다.
- **shared_cpu_list** : 캐시를 공유할 논리 CPU의 목록입니다.
- **size** : 파일 사이즈입니다.
- **coherency_line_size** : 캐시 라인 사이즈입니다.

필자의 환경은 다음과 같습니다.

파일명	이름	종류	공유하는 논리 CPU	사이즈 (킬로바이트)	캐시 라인 사이즈 (바이트)
index0	L1d	데이터	모든 논리 CPU별로 존재	32	64
index1	L1i	코드	모든 논리 CPU별로 존재	64	64
index2	L2	데이터와 코드	모든 논리 CPU별로 존재	512	64
index3	L3	데이터와 코드	0-3, 4-7 공유	8192	64

---

* 'CPU 0'의 'L1' 캐시의 경우

캐시 실험

캐시 메모리의 영향으로 프로세스가 접근하는 데이터의 사이즈에 따라 데이터를 읽고 쓰는 시간이 어떻게 변화하는지 다음 사양의 프로그램을 만들어 살펴보겠습니다.

1 명령의 첫 번째 파라미터 입력값을 사이즈로(킬로바이트 단위)하여 메모리를 확보합니다.

2 확보한 메모리 영역 안에 정해진 횟수만큼 시퀀셜 접근(sequential access)을 합니다.

3 한 번 접근할 때마다 걸린 소요 시간을 표시합니다(**2**의 소요 시간(나노초 단위) / **2**의 접근 횟수).

이것을 구현한 것이 [코드 6-1]의 프로그램입니다.

코드 6-1 cache 프로그램(cache.c)

```c
#include <unistd.h>
#include <sys/mman.h>
#include <time.h>
#include <stdio.h>
#include <stdlib.h>
#include <err.h>

#define CACHE_LINE_SIZE 64
#define NLOOP           (4*1024UL*1024*1024)
#define NSECS_PER_SEC   1000000000UL

static inline long diff_nsec(struct timespec before, struct timespec after)
{
    return ((after.tv_sec * NSECS_PER_SEC + after.tv_nsec)
    - (before.tv_sec * NSECS_PER_SEC + before.tv_nsec));
}

int main(int argc, char *argv[])
{
        char *progname;
        progname = argv[0];

        if (argc != 2) {
            fprintf(stderr, "usage: %s <size[KB]>\n", progname);
            exit(EXIT_FAILURE);
    }

        register int size;
        size = atoi(argv[1]) * 1024;
```

```
    if (!size) {
        fprintf(stderr, "size should be >= 1: %d\n", size);
        exit(EXIT_FAILURE);
    }

    char *buffer;
    buffer = mmap(NULL, size, PROT_READ | PROT_WRITE, MAP_PRIVATE |
    MAP_ANONYMOUS, -1, 0);
    if (buffer == (void *) -1)
        err(EXIT_FAILURE, "mmap() failed");

struct timespec before, after;

    clock_gettime(CLOCK_MONOTONIC, &before);

    int i;
    for (i = 0; i < NLOOP / (size / CACHE_LINE_SIZE); i++) {
        long j;
        for (j = 0; j < size; j += CACHE_LINE_SIZE)
            buffer[j] = 0;
    }

clock_gettime(CLOCK_MONOTONIC, &after);
    printf("%f\n", (double)diff_nsec(before, after) / NLOOP);

    if (munmap(buffer, size) == -1)
        err(EXIT_FAILURE, "munmap() failed");
    exit(EXIT_SUCCESS);
}
```

우선 컴파일합시다. 지금까지의 예제와는 다르게 최적화 옵션 '-03'을 붙여서 컴파일합니다. 이 프로그램이 측정하려는 성능 차이는 매우 미세해서 최적화를 해야 캐시 메모리의 영향을 좀 더 쉽게 볼 수 있습니다.

```
$cc -03 -o cache cache.c
```

필자의 환경에서는 캐시의 사이즈가 64킬로바이트, 512킬로바이트, 8메가바이트 등이므로 4킬로바이트부터 32메가바이트까지 데이터 사이즈를 두 배씩 늘려가며 프로그램을 동작시켜 보겠습니다.

```
$ for i in 4 8 16 32 64 128 256 512 1024 2048 4096 8192 16384 32768 ; do ./cache
$ i ; done
0.476930
0.363404
0.302903
0.279884
0.504577
0.502791
0.503517
0.602227
0.726228
0.730371
0.728870
1.898528
5.412608
5.282390
$
```

실행 결과를 그래프로 그린 것이 [그림 6-10]입니다. 메모리 사이즈는 2^x(x축의 값)이므로 주의하세요.

그림 6-10 cache 프로그램의 실행 결과

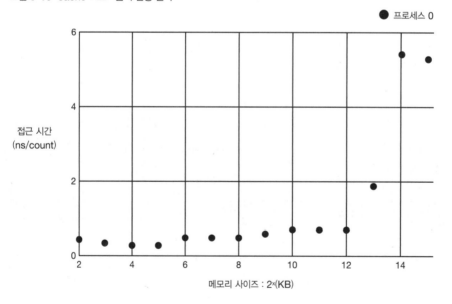

이것만으로는 중앙 근처의 데이터가 너무 세밀해서 알기 어렵기 때문에 y축의 값을 $\log$(접근 시간)로 하여 표현한 것이 [그림 6-11]입니다.

그림 6-11 y축에 log를 적용한 cache 프로그램의 실행 결과

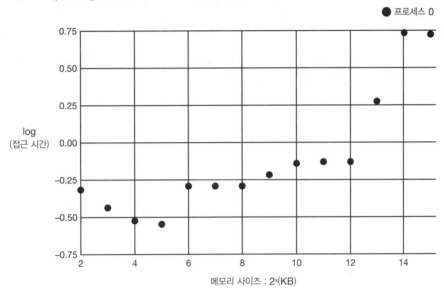

접근 시간은 대략 각 캐시의 사이즈를 경계로 해서 계단식으로 변화하고 있음을 알 수 있습니다. 여러분의 환경에서도 테스트해보세요.

캐시 메모리의 정보에 따라 소스코드의 'CACHE_LINE_SIZE' 변수의 값, 측정하는 데이터의 하한선, 상한선을 변경해보세요. 또한 느린 CPU를 사용하고 있어 이 프로그램이 너무 오래 실행될 때에는 소스코드의 'NLOOP'의 값을 적당히 줄여주세요.

세 가지 사항을 추가 설명하겠습니다.

- 메모리 사이즈가 4킬로바이트나 16킬로바이트의 경우 성능이 32킬로바이트 때보다 좋은 것은 측정 프로그램의 정밀도 문제입니다. 어셈블리 언어를 사용하면 프로그램의 정밀도를 좀 더 높일 수 있지만, 독자의 이해를 돕기 위해 C 언어로 작성하였습니다.
- 이 프로그램이 측정하고 있는 것은 정확히 한 번에 데이터 접근 레이턴시뿐만 아니라, 접근하는 메모리를 결정하는 변수 i를 증가시키는 명령어 등의 다른 명령어를 수행하는 시간도 포함한 것입니다. 따라서 실제로 레이턴시는 이 측정값보다도 살짝 짧을 수 있습니다.
- 이 측정에서 중요한 점은 절대적인 값이 아니라 접근하는 메모리 영역의 사이즈에 따라 성능이 급격히 변한다는 점입니다.

메모리 참조의 국소성

지금까지의 설명에 따르면, 프로세스의 데이터가 전부 캐시에 있는 동안에는 데이터에 접근하는 속도는 메모리에 접근하는 속도가 아니라 이보다 빠른 캐시에 접근하는 속도입니다. 그러나 실제 시스템에서도 이렇게 이상적으로 동작할까요? 대부분은 그렇습니다. 프로그램은 대부분 메모리 참조의 국소성locality of reference이라고 하는 다음과 같은 특성이 있습니다.

- **시간 국소성** : 특정 시점에서 접근하는 데이터는 가까운 미래에 다시 접근할 가능성이 큽니다. 전형적인 예로는 루프 처리 중인 코드 영역을 들 수 있습니다.
- **공간 국소성** : 특정 시점에 어떤 데이터에 접근하면 그 데이터와 가까운 주소에 있는 데이터를 접근할 확률이 높습니다. 전형적인 예로는 배열의 전체 검색 등을 들 수 있습니다.

이러한 이유로 프로세스는 짧은 시간을 놓고 생각해보면, 자신이 획득한 메모리의 총량보다 훨씬 좁은 범위의 메모리에 접근하는 성향이 있습니다. 이 좁은 범위를 캐시 메모리의 사이즈가 커버할 수 있으면 성능이 좋은 것입니다.

정리

프로그램의 워크로드를 캐시 메모리 사이즈에 들어가게 하는 것으로 성능을 크게 향상시킬 수 있습니다. 속도를 중요시하는 프로그램이라면 캐시 메모리의 효과를 최대한으로 끌어내기 위해 데이터의 배열이나 알고리즘 혹은 설정을 연구해서 단위 시간 당 메모리 접근 범위를 작게 하는 것이 중요합니다.

한편, 시스템 설정을 변경했을 때 프로그램의 성능이 크게 나빠진 경우에는 프로그램의 데이터가 캐시 메모리에 전부 들어가지 않았을 가능성이 있습니다.

Translation Lookaside Buffer

프로세스는 다음과 같은 순서에 따라 가상 주소의 데이터에 접근합니다.

1 물리 메모리상에 존재하는 페이지 테이블을 참고하여 가상 주소를 물리 주소로 변환합니다.
2 1에서 구한 물리 메모리에 접근합니다.

눈치채셨겠지만, 캐시 메모리를 사용하여 고속화하는 것은 2뿐입니다. 왜냐하면 1은 물리 메모리상에 있는 페이지 테이블에 접근해야 하므로 캐시가 동작할 수 없습니다.

이 문제를 해결하기 위해 CPU에는 가상 주소에서 물리 주소로의 변환표를 보관하는 한편, 캐시 메모리와 똑같이 고속으로 접근 가능한 'Translation Lookaside Buffer^{TLB}'라는 영역이 있습니다. 이것을 가지고 1을 고속화합니다. TLB에 대해서는 자세히 설명하지 않겠습니다만, 이 이름과 지금 설명한 정의 개요는 알아두시면 도움이 될 것입니다.

페이지 캐시

CPU로부터 메모리에 접근하는 속도에 비해 저장 장치에 접근하는 속도는 엄청나게 느립니다. 이 속도 차이를 줄이기 위해 커널에는 '페이지 캐시$^{page\ cache}$' 기능이 있습니다. 지금부터 페이지 캐시의 동작 방식과 주의점에 관해 설명하겠습니다.

페이지 캐시는 캐시 메모리와 매우 비슷합니다. 캐시 메모리가 메모리의 데이터를 캐싱하는 것과 비슷하게 페이지 캐시는 저장 장치 내의 파일 데이터를 메모리에 캐싱한 것입니다.

캐시 메모리는 캐시 라인 단위로 데이터를 다루지만 페이지 캐시는 페이지 단위로 데이터를 다룹니다. 페이지 캐시의 동작 흐름을 구체적으로 살펴봅시다.

프로세스가 파일의 데이터를 읽어 들이면 커널은 프로세스의 메모리에 파일의 데이터를 직접 복사하는 것이 아니라 [그림 6-12]와 같이 일단 커널의 메모리 내에 있는 페이지 캐시라는 영역에 복사한 뒤 이 데이터를 프로세스 메모리에 복사합니다. 덧붙여 여기에서는 간단히 설명하기 위해 프로세스의 가상 주소 공간을 생략하고 물리 메모리에 관해서만 쓰도록 하겠습니다.

그림 6-12 먼저 페이지 캐시에 복사

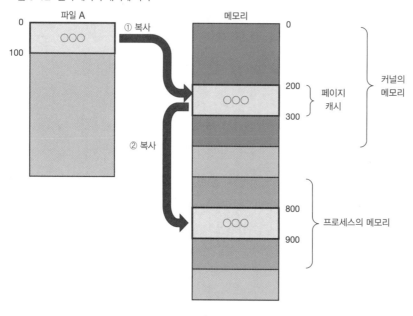

그림 6-13 페이지 캐시에 캐싱된 파일에 대한 정보를 보관

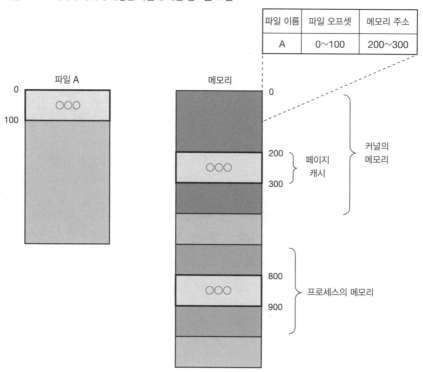

파일 이름	파일 오프셋	메모리 주소
A	0~100	200~300

커널은 자신의 메모리 안에 페이지 캐시에 캐싱한 파일과 그 범위 등의 정보를 보관하는 관리 영역을 가지고 있습니다(그림 6-13).

그리고 페이지 캐시에 존재하는 데이터를 다시 읽으면 커널은 페이지 캐시의 데이터를 돌려줍니다(그림 6-14).

그림 6-14 같은 데이터를 읽을 때는 페이지 캐시의 데이터를 반환

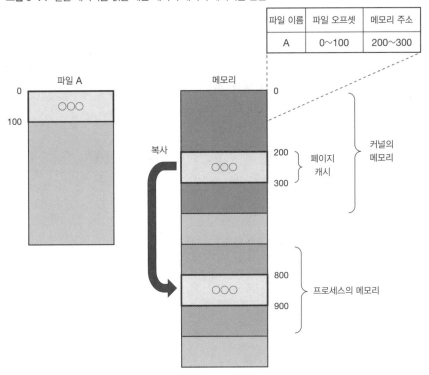

이 방법은 저장 장치에 접근하는 경우에 비해 훨씬 더 빠르게 처리됩니다. 또한 페이지 캐시는 전체 프로세스 공유의 자원이므로 읽어 들인 프로세스는 최초에 파일 데이터에 접근한 프로세스와 다른 프로세스여도 문제없습니다.

그럼 쓰기도 살펴봅시다.

[그림 6-15]와 같이 프로세스가 데이터를 파일에 쓰면 커널은 페이지 캐시에 데이터를 씁니다. 이때 관리 영역 내에 해당하는 데이터에 대응되는 엔트리에 '데이터의 내용은 저장 장치의 내용보다 새로운 것'이라는 플래그를 붙여둡니다. 이 플래그가 붙은 페이지를 더티 페이지dirty page라고 부릅니다.

그림 6-15 쓰기는 먼저 페이지 캐시에만 발생

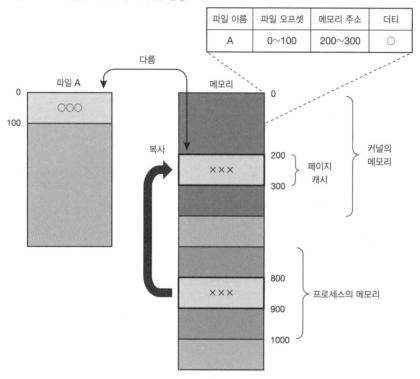

이것도 읽기와 마찬가지로 저장 장치에 접근하는 것에 비해 훨씬 더 빠르게 처리됩니다.

더티 페이지의 내용은 나중에 커널의 백그라운드로 처리하며 스토리지 내의 파일에 반영합니다. 이때 더티 페이지의 플래그를 지웁니다(그림 6-16).

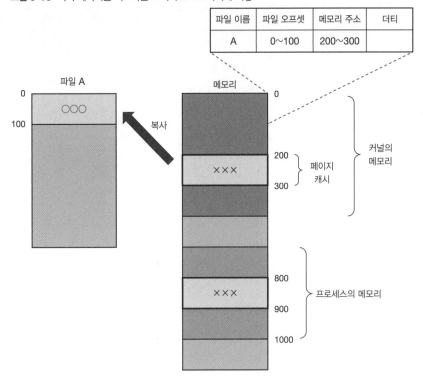

그림 6-16 더티 페이지는 백그라운드 처리로 스토리지에 저장

파일 이름	파일 오프셋	메모리 주소	더티
A	0~100	200~300	

각 프로세스가 접근하는 파일의 데이터가 전부 페이지 캐시에 있으면 시스템 파일의 접근 속도는 저장 장치의 접근 속도가 아닌 메모리 접근 속도에 근접하므로 시스템 전체가 빠르게 동작합니다.

또한 페이지 캐시 사이즈는 시스템의 메모리가 비어 있는 한, 시스템 내의 각 프로세스가 페이지 캐시에 없는 파일을 읽을 때마다 점점 증가합니다.

시스템 메모리가 부족해지면 커널은 페이지 캐시를 해제하여 빈 영역을 만듭니다. 이 경우 더티가 아닌 페이지를 파기합니다. 그래도 시스템 메모리가 부족하면 더티 페이지를 라이트 백한 뒤에 파기합니다. 더티 페이지는 저장 장치 접근이 발생하므로 시스템의 성능이 느려지는 문제점이 있습니다. 어찌 되었건 파일에 쓰기가 많아서 더티 페이지가 많아지는 시스템은 부하가 많아질 수 밖에 없습니다. 메모리 부족이 더티 페이지의 라이트 백을 자주 발생시켜 시스템이 느려지는 일은 굉장히 자주 있습니다.

동기화된 쓰기

페이지 캐시에 더티 페이지가 있는 상태로 시스템의 전원이 강제로 꺼진다면 무슨 일이 벌어질까요?

전원이 강제로 꺼지면 페이지 캐시의 데이터는 사라집니다. 절대로 이런 일이 벌어지면 안 되는 파일에는 open() 시스템 콜로 파일을 열 때 'O_SYNC' 플래그를 설정해줍니다. 이렇게 하면 나중에 파일에 write() 시스템 콜을 수행할 때마다 데이터는 페이지 캐시 외에 저장 장치에도 동기화되어 쓰기가 수행됩니다.

버퍼 캐시

페이지 캐시와 비슷한 구조로 '버퍼 캐시^{buffer cache}'라는 것이 있습니다. 이것은 파일시스템을 사용하지 않고 나중에 설명할 디바이스 파일을 이용하여 저장 장치에 직접 접근하는 등의 목적으로 사용합니다(7장에서 자세히 설명하겠습니다). 간단히 설명하면 페이지 캐시와 버퍼 캐시를 합쳐서 저장 장지 안의 데이터를 메모리에 넣어두는 방식입니다.

파일의 읽기 테스트

페이지 캐시의 효과를 알아보기 위해 같은 파일 읽기를 2회 실행한 뒤, 소요 시간을 비교해보도록 합시다.

우선 테스트에 사용될 파일을 만듭니다. 다음의 명령어로 testfile이라는 1기가바이트의 파일을 만듭니다.

```
$dd if=/dev/zero of=testfile oflag=direct bs=1M count=1K
1024+0 records in
1024+0 records out
1073741824 bytes (1.1 GB, 1.0 GiB) copied, 2.74668 s, 391 MB/s
$
```

여기서는 'oflag=direct'라는 파라미터를 지정해서 '다이렉트 I/O'라는 방법으로 파일에 쓰도록 하고 있습니다. 이렇게 다이렉트 I/O 방식을 사용하면 쓰기에 페이지 캐시를 사용하지 않습니다. 즉, 이 시점에는 testfile 파일의 페이지 캐시는 없습니다.

그럼 testfile 파일을 읽어보겠습니다. 측정 전후에 시스템의 페이지 캐시 사용량도 조사하도록 합시다.

```
$ free
          total     used      free      shared  buff/cache  available
Mem:      32941348  203820    32441740  9664    295788      32272416
Swap:     0         0         0
$ time cat testfile >/dev/null

real 0m2.002s
user 0m0.000s
sys 0m0.468s
$ free
          total     used      free      shared   buff/cache  available
Mem:      32941348  205336    31385744  9664     1350268     32244916
Swap:     0         0         0
$
```

약 2초가 걸렸습니다. 처음 읽기 때문에 저장 장치에 접근하고 있습니다. 경과 시간(real) 2초 중에, 프로세스 혹은 프로세스에 처리를 요청받은 커널이 CPU를 사용한 시간이 **0.468**초입니다. 그러므로, 전체의 약 3/4인 1.54초는 저장 장치로부터 읽기가 끝나기를 기다리는 데 걸린 시간이라는 것을 알 수 있습니다. 또한 측정 전후에 시스템 전체의 페이지 캐시가 1기가 바이트 정도 증가하고 있다는 것을 알 수 있습니다. 이 증가분이 testfile 파일의 페이지 캐시에 해당합니다.

계속해서 두 번째 읽기를 해봅시다. 읽은 뒤에 다시 한번 페이지 캐시의 양도 확인합니다.

```
$ time cat testfile >/dev/null

real 0m0.100s
user 0m0.000s
sys 0m0.104s
```

```
$ free
        total    used    free    shared buff/cache  available
Mem:  32941348  205036 31385760  9664    1350552     32245312
Swap:
```

두 번째는 첫 번째와 비교해서 약 20배 빠르게 종료되었습니다. 두 번째는 저장 장치 데이터에 접근하지 않고 페이지 캐시에 있는 데이터를 복사했기 때문입니다. 또한 이미 testfile 파일의 페이지 캐시가 존재하기 때문에 시스템이 사용 중인 페이지 캐시의 총 용량도 변하지 않았다는 점에도 주목하세요.

페이지 캐시의 총 용량은 free 이외에도 **sar -r**의 kbcached 필드로도 확인할 수 있습니다(킬로바이트 단위). 일정 시간마다 측정하기 위해서는 다음과 같은 명령어가 편리합니다.

```
$ sar -r 1
(중략)
08:19:40 kbmemfree kbmemused %memused kbbuffers kbcached kbcommit %commit
kbactive kbinact kbdirty
08:19:41 28892368 4049632 12.29 5980 3117188 2127556 6.46 2413616 937524 112
```

테스트가 끝난 파일은 삭제합시다.

```
$ rm testfile
$
```

통계 정보

이번에는 위의 테스트를 수행할 때, 시스템의 통계 정보가 어떻게 되는지 확인해보겠습니다. 다음의 세 가지 정보를 얻어오려 합니다.

- 저장 장치로부터 페이지 캐시에 데이터를 읽은 페이지 인 횟수
- 페이지 캐시로부터 저장 장치에 페이지를 쓴 페이지 아웃 횟수
- 저장 장치에 대한 I/O의 양

테스트는 간단하게 위에서 했던 내용을 합쳐서 다음의 스크립트를 사용합니다(코드 6-2).

코드 6-2 read-twice 스크립트(read-twice.sh)

```bash
#!/bin/bash

rm -f testfile

echo "$(date): start file creation"
dd if=/dev/zero of=testfile oflag=direct bs=1M count=1K
echo "$(date): end file creation"

echo "$(date): sleep 3 seconds"
sleep 3

echo "$(date): start 1st read"
cat testfile >/dev/null
echo "$(date): end 1st read"

echo "$(date): sleep 3 seconds"
sleep 3

echo "$(date): start 2nd read"
cat testfile >/dev/null

echo "$(date): end 2nd read"

rm -f testfile
```

일단 sar -B로 페이지 인, 페이지 아웃의 정보를 얻습니다. 여기서는 read-twice.sh 스크립트를 실행하는 중에 백그라운드로 sar -B를 실행했습니다. read-twice.sh 스크립트의 출력은 다음과 같습니다.

```
$ ./read-twice.sh
Thu Dec 28 13:04:04 JST 2017: start file creation
1024+0 records in
1024+0 records out
1073741824 bytes (1.1 GB, 1.0 GiB) copied, 2.98329 s, 360 MB/s
Thu Dec 28 13:04:07 JST 2017: end file creation
Thu Dec 28 13:04:07 JST 2017: sleep 3 seconds
Thu Dec 28 13:04:10 JST 2017: start 1st read
Thu Dec 28 13:04:12 JST 2017: end 1st read
Thu Dec 28 13:04:12 JST 2017: sleep 3 seconds
Thu Dec 28 13:04:15 JST 2017: start 2nd read
Thu Dec 28 13:04:16 JST 2017: end 2nd read
```

다른 터미널에서 동작시킨 sar –B의 출력은 다음과 같습니다.

```
$ sar -B 1
(중략)
13:03:42  pgpgin/s  pgpgout/s  fault/s  majflt/s  pgfree/s  pgscank/s  pgscand/s
pgsteal/s %vmeff
(중략)
13:04:02  0.00       0.00       0.00     0.00      2.00      0.00       0.00
0.00      0.00
13:04:03  0.00       0.00       0.00     0.00      2.00      0.00       0.00
0.00      0.00
13:04:04  0.00       0.00       0.00     0.00      2.00      0.00       0.00
0.00      0.00
13:04:05  256.00     206848.00  749.00   0.00      240.00    0.00       0.00          •┐ ①
0.00      0.00                                                                        │
13:04:06  1552.00    372736.00  0.00     0.00      3.00      0.00       0.00           │
0.00      0.00                                                                        │
13:04:07  1216.00    331776.00  0.00     0.00      1.00      0.00       0.00          •┘ ②
0.00      0.00
13:04:08  416.00     137216.00  363.00   0.00      506.00    0.00       0.00
0.00      0.00
13:04:09  0.00       0.00       0.00     0.00      3.00      0.00       0.00
0.00      0.00
13:04:10  0.00       0.00       0.00     0.00      2.00      0.00       0.00
0.00      0.00
13:04:11  286208.00  0.00       275.00   0.00      212.00    0.00       0.00          •┐ ③
0.00      0.00                                                                        │
13:04:12  524288.00  0.00       0.00     0.00      106.00    0.00       0.00           │
0.00      0.00                                                                        │
13:04:13  238080.00  0.00       361.00   0.00      288.00    0.00       0.00          •┘ ④
0.00      0.00
13:04:14  3312.00    24252.00   0.00     0.00      890.00    0.00       0.00
0.00      0.00
13:04:15  0.00       0.00       0.00     0.00      1.00      0.00       0.00
0.00      0.00                                                                        •— ⑤
13:04:16  112.00     0.00       538.00   0.00      263182.00 0.00       0.00
0.00      0.00                                                                        •— ⑥
13:04:17  0.00       0.00       0.00     0.00      1.00      0.00       0.00
0.00      0.00
13:04:18  0.00       0.00       0.00     0.00      2.00      0.00       0.00
0.00      0.00
(중략)
```

이 2개의 출력 결과 시간을 비교하면 다음과 같은 점을 알 수 있습니다.

- 파일 작성 시(①~②)에 총 1기가바이트의 페이지 아웃이 발생하고 있습니다.*
- 첫 번째로 파일을 읽을 때(③~④)는 총 1기가바이트의 페이지 인이 발생하고 있습니다. 여기서 저장 장치로부터 페이지 캐시에 데이터를 읽어 들이고 있습니다.
- 두 번째로 읽을 때(⑤, ⑥)는 페이지 인이 발생하지 않습니다. 페이지 인이 조금 발생하고 있는 것은 시스템의 다른 처리 때문입니다.

다음으로 저장 장치에 발생한 I/O의 양을 확인해보도록 합시다. 'sar -d -p' 명령어를 이용합니다. 이 명령어는 저장 장치별로 I/O에 대한 통계 정보를 표시합니다. 일단, 쓰기의 대상이 되는 파일시스템, 즉 루트 파일시스템이 존재하는 저장 장치 이름을 확인합니다.

```
$ mount | grep "on / "
/dev/sda5 on / type btrfs (rw,relatime,ssd,space_cache,subvolid=257,subvol=/@)
$
```

필자의 환경에서는 '/dev/sda5'입니다. sda라는 저장 장치의 5파티션이라는 의미입니다. 'sar -d -p'로는 sda에 대한 데이터를 감시합니다. 'sar -d -p'를 실행하면서 동시에 read-twice.sh 스크립트를 실행해보도록 합시다. read-twice.sh 스크립트의 출력은 다음과 같습니다.

```
$ ./read-twice.sh
Thu Dec 28 13:22:44 JST 2017: start file creation
1024+0 records in
1024+0 records out
1073741824 bytes (1.1 GB, 1.0 GiB) copied, 2.81054 s, 382 MB/s
Thu Dec 28 13:22:47 JST 2017: end file creation
Thu Dec 28 13:22:47 JST 2017: sleep 3 seconds
Thu Dec 28 13:22:50 JST 2017: start 1st read
Thu Dec 28 13:22:52 JST 2017: end 1st read
Thu Dec 28 13:22:52 JST 2017: sleep 3 seconds
Thu Dec 28 13:22:55 JST 2017: start 2nd read
Thu Dec 28 13:22:55 JST 2017: end 2nd read
$
```

이때 수행된 sar -d -p의 출력은 다음과 같습니다.

----

* 조금 이상하지만 페이지 캐시를 사용하지 않을 때에도 파일의 데이터를 저장 장치에 쓸 때에는 페이지 아웃으로 카운트됩니다.

```
$ sar -d -p 1
(중략)
12:36:35 DEV tps    rd_sec/s  wr_sec/s avgrq-sz avgqu-sz await svctm %util
(중략)
13:22:43 sda 0.00   0.00      0.00     0.00     0.00     0.00  0.00  0.00
(중략)
13:22:44 sda 123.00 576.00    215040.001752.98 0.24      1.92  1.85  22.80  •—①
(중략)
13:22:45 sda 446.00 1920.00   790528.001776.79 0.82      1.83  1.78  79.60
(중략)
13:22:46 sda 456.00 3488.00   710656.001566.11 0.81      1.77  1.67  76.00
(중략)
13:22:47 sda 207.00 672.00    380928.001843.48 0.39      1.89  1.86  38.40  •—②
(중략)
13:22:48 sda 0.00   0.00      0.00     0.00     0.00     0.00  0.00  0.00
(중략)
13:22:49 sda 0.00   0.00      0.00     0.00     0.00     0.00  0.00  0.00
(중략)
13:22:50 sda 296.00 534528.00 0.00     1805.84  6.85     22.72 1.72  50.80  •—③
(중략)
13:22:51 sda 577.00 1050624.00 0.00    1820.84  13.64    23.63 1.73  100.00
(중략)
13:22:52 sda 282.00 512000.00 0.00     1815.60  6.41     23.32 1.72  48.40  •—④
(중략)
13:22:53 sda 0.00   0.00      0.00     0.00     0.00     0.00  0.00  0.00
(중략)
13:22:54 sda 0.00   0.00      0.00     0.00     0.00     0.00  0.00  0.00
(중략)
13:22:55 sda 0.00   0.00      0.00     0.00     0.00     0.00  0.00  0.00  •—⑤
(중략)
13:22:56 sda 0.00   0.00      0.00     0.00     0.00     0.00  0.00  0.00  •—⑥
(중략)
13:22:57 sda 0.00   0.00      0.00     0.00     0.00     0.00  0.00  0.00
(중략)
$
```

sar -d -p의 'rd_sec/s'와 'wr_sec/s'가 각각 1초당 개별의 저장 장치(이 경우에는 sda)에 대해서 읽고 쓴 데이터의 양입니다. 단위는 섹터로, 512바이트에 해당합니다.

이 결과로부터 다음과 같은 것을 알 수 있습니다

- 파일을 작성할 때(①, ②)에 총 1기가바이트의 쓰기가 발생하고 있습니다.

- 첫 번째로 파일을 읽을 때(③, ④)에 총 1기가바이트의 읽기가 발생하고 있습니다.
- 두 번째로 읽을 때 (⑤, ⑥)는 읽기가 발생하지 않습니다.

'%util'이 측정 시간(이 경우에는 1초 간) 동안 저장 장치에 접근한 시간의 할당량을 나타냅니다. sar -P ALL 명령어 등으로 '%iowait'이라는 비슷한 의미를 지닌 값을 얻을 수 있지만, 이것은 'CPU가 idle 상태로 해당 CPU에 I/O를 대기하고 있는 프로세스가 존재하고 있음'의 시간 할당량입니다. %iowait는 헷갈릴 수도 있고 그다지 중요하지 않은 수치이므로 무시해도 상관없습니다.

파일의 쓰기 테스트

파일에서 쓰기 처리 다음에 발생하는 라이트 백 처리에 관해서도 확인해보겠습니다. 일단 읽기 테스트 때 사용하였던 페이지 캐시를 사용하지 않는 다이렉트 I/O로 파일을 쓰면서 소요 시간을 측정해보도록 합시다.

```
$ rm -f testfile
$ time dd if=/dev/zero of=testfile oflag=direct bs=1M count=1K
1024+0 records in
1024+0 records out
1073741824 bytes (1.1 GB, 1.0 GiB) copied, 2.5601 s, 419 MB/s

real    0m2.561s
user    0m0.012s
sys     0m0.492s
$
```

계속해서 페이지 캐시를 사용하는 보통의 파일 쓰기의 소요 시간을 측정해보겠습니다.

```
$ rm -f testfile
$ time dd if=/dev/zero of=testfile bs=1M count=1K
1024+0 records in
1024+0 records out
1073741824 bytes (1.1 GB, 1.0 GiB) copied, 0.30129 s, 3.6 GB/s

real    0m0.302s
```

```
user    0m0.000s
sys     0m0.300s
```

쓰기 속도는 8배 이상 차이가 났습니다. 이것이 쓰기에 대한 페이지 캐시의 저력입니다.

통계 정보

읽기의 경우와 마찬가지로 쓰기에 대해서도 통계 정보를 얻어보도록 합시다. 이것을 위해서
[코드 6-3]과 같은 스크립트를 사용합니다.

코드 6-3 write.sh 스크립트

```
#!/bin/bash

rm -f testfile

echo "$(date): start write (file creation)"
dd if=/dev/zero of=testfile bs=1M count=1K
echo "$(date): end write"

rm -f testfile
```

sar −B의 통계 정보를 얻으면서 실행했던 write.sh 스크립트의 출력은 다음과 같습니다.

```
$ ./write.sh
Thu Dec 28 14:11:37 JST 2017: start write (file creation)
1024+0 records in
1024+0 records out
1073741824 bytes (1.1 GB, 1.0 GiB) copied, 0.297712 s, 3.6 GB/s
Thu Dec 28 14:11:37 JST 2017: end write
$
```

이때 sar −B의 출력은 다음과 같습니다.

```
$ sar -B 1
(중략)
14:11:33   pgpgin/s pgpgout/s fault/s majflt/s  pgfree/s  pgscank/s  pgscand/s
```

```
pgsteal/s  %vmeff
14:11:34  0.00      0.00       2.00     0.00      1.00      0.00      0.00
0.00      0.00
14:11:35  0.00      0.00       0.00     0.00      2.00      0.00      0.00
0.00      0.00
14:11:36  0.00      0.00       0.00     0.00      1.00      0.00      0.00
0.00      0.00
14:11:37  0.00      0.00       1027.00  0.00      263477.00 0.00      0.00
0.00      0.00                                                    •—— ①
14:11:38  0.00      0.00       0.00     0.00      4.00      0.00      0.00
0.00      0.00                                                    •—— ②
(중략)
$
```

쓰기를 하는 중(①, ②)에 페이지 아웃이 발생하지 않음을 알 수 있습니다.

I/O의 발생량을 살펴봅시다. sar -d -p의 통계 정보를 얻으면서 실행한 write.sh 스크립트의
실행 결과는 다음과 같습니다.

```
$ ./write.sh
Thu Dec 28 14:17:48 JST 2017: start write (file creation)
1024+0 records in
1024+0 records out
1073741824 bytes (1.1 GB, 1.0 GiB) copied, 0.296854 s, 3.6 GB/s
Thu Dec 28 14:17:48 JST 2017: end write
$
```

이 사이에 sar -d -p의 출력은 다음과 같습니다.

```
$ sar -d -p 1
(중략)
14:17:42 DEV tps  rd_sec/s  wr_sec/s avgrq-sz avgqu-sz await svctm %util
(중략)
14:17:44 sda 0.00 0.00      0.00     0.00     0.00     0.00  0.00  0.00
(중략)
14:17:45 sda 0.00 0.00      0.00     0.00     0.00     0.00  0.00  0.00
(중략)
14:17:46 sda 0.00 0.00      0.00     0.00     0.00     0.00  0.00  0.00
(중략)
14:17:47 sda 0.00 0.00      0.00     0.00     0.00     0.00  0.00  0.00
```

```
(중략)
14:17:48 sda 0.00 0.00     0.00     0.00     0.00     0.00 0.00 0.00 ●── ①
(중략)
14:17:49 sda 1.00 0.00    16.00    16.00     0.00     0.00 0.00 0.00 ●── ②
(중략)
14:17:50 sda 0.00 0.00     0.00     0.00     0.00     0.00 0.00 0.00
(중략)
$
```

쓰기가 발생하는 동안 루트 파일시스템을 보유하고 있는 장비에 I/O가 발생하지 않고 있음을 알 수 있습니다.

튜닝 파라미터

리눅스에는 페이지 캐시를 제어하기 위한 다양한 튜닝 파라미터가 있습니다. 그중 몇 개를 소개하겠습니다.

리눅스에서는 더티 페이지의 라이트 백이 발생하는 주기를 sysctl의 'vm.dirty_writeback_centisecs' 파라미터로 변경할 수 있습니다. 단위는 1/100초인데 자주 쓰지 않는 단위이므로 주의가 필요합니다. 기본값은 5초에 1번 라이트 백합니다.

```
$ sysctl vm.dirty_writeback_centisecs
vm.dirty_writeback_centisecs = 500
$
```

파라미터의 값을 0으로 하면 주기적인 라이트 백은 발생하지 않지만 위험하므로 실험이 아니라면 하지 않는 것이 좋습니다.

시스템의 메모리가 부족할 때에 라이트 백 부하가 커지는 것을 방지하는 파라미터도 있습니다. 시스템이 탑재한 모든 물리 메모리 가운데 더티 페이지가 차지하는 비율이 'vm.dirty_background_ratio' 파라미터로 지정한 퍼센트를 초과한 경우에는 백그라운드 라이트 백 처리가 동작합니다(기본값은 10).

```
$ sysctl vm.dirty_background_ratio
vm.dirty_background_ratio = 10
$
```

바이트 단위로 지정하고 싶다면 'vm.dirty_background_bytes' 파라미터를 사용합니다(기본 값은 사용하지 않음을 나타내는 0).

```
$ sysctl vm.dirty_bytes
vm.dirty_background_bytes = 0
```

더티 페이지가 차지하는 비율이 'vm.dirty_ratio' 파라미터에 의해 지정된 퍼센트를 초과하면 프로세스에 의한 파일에 쓰기의 연장으로 동기적인 라이트 백을 수행합니다(기본값은 20).

```
$ sysctl vm.dirty_ratio
vm.dirty_ratio = 20
$
```

이것도 바이트 단위로 지정하려면 'vm.dirty_bytes' 파라미터를 사용합니다(기본값은 사용하지 않음을 나타내는 0).

```
$ sysctl vm.dirty_bytes
vm.dirty_bytes = 0
```

이러한 파라미터를 잘 조절해서 시스템의 메모리가 부족해 갑자기 더티 페이지의 라이트 백이 자주 발생하는 일이 없도록 하는 것이 좋습니다.

마지막으로 튜닝 파라미터와 조금 다르지만 시스템의 페이지 캐시를(완전히는 아니지만) 삭제하는 방법을 소개하겠습니다. 그러기 위해선 '/proc/sys/vm/drop_caches'라는 파일에 '3'을 넣어줍니다.

```
# free
        total      used       free       shared   buff/cache   available
Mem:    32941348   241240     31163976   9664     1536132      32203152
                                                  ●————— buff/cached는
                                                         1.5기가바이트 정도
Swap:   0          0          0
```

```
# echo 3 >/proc/sys/vm/drop_caches
# free
           total      used       free      shared    buff/cache   available
Mem:     32941348    241084    32442940     9664       257324       32253412
                                                         ●────── buff/cached가 줄어서
                                                                  257메가바이트가 됨
Swap:    0           0          0
#
```

실제로 이것을 사용할 기회는 드물지만 시스템 성능에 페이지 캐시의 영향을 확인하는 용도로
는 편리합니다. 또한 왜 3을 써야 하는지에 대해서는 별로 중요하지 않으므로 신경 쓰지 않아
도 됩니다.

정리

파일의 데이터가 페이지 캐시에 있다면 없는 경우와 비교해서 파일 접근이 매우 빨라집니다.
그렇게 하기 위해서는 시스템이 접근하는 파일의 사이즈나 물리 메모리의 양을 비교하여 맞추
는 것이 중요합니다.

설정 변경이나 시간이 지나면서 시스템의 성능이 갑자기 느려졌다면 파일의 데이터가 페이지
캐시에 제대로 들어가지 못했을 수 있습니다. 여러 가지 sysctl 파라미터를 잘 튜닝한다면 페
이지 캐시의 라이트 백이 자주 발생하여서 생기는 I/O 부하를 막을 수 있습니다. 또한 sar −B
나 sar -d −p 등을 이용하여 페이지 캐시에 관한 통계 정보를 얻을 수 있습니다.

하이퍼스레드

앞에서 설명한 대로 CPU의 계산 처리 소요 시간에 비해 메모리 접근의 레이턴시가 매우 느립
니다. 거기에 더해 캐시 메모리의 레이턴시도 CPU의 계산 처리에 비교하면 비교적 느린 편입
니다. 따라서 time의 user나 sys 항목이 나타내는 CPU 사용 시간 중 대부분은 메모리 혹은
캐시 메모리로부터 데이터를 기다리는 일로 낭비되고 있습니다(그림 6-17).

그림 6-17 CPU 자원의 낭비

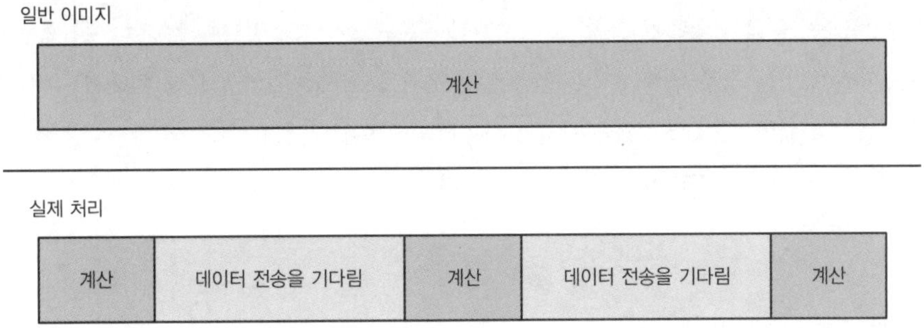

일반 이미지

계산

실제 처리

계산	데이터 전송을 기다림	계산	데이터 전송을 기다림	계산

'top' 명령어의 **%CPU**나 sar -P의 **%user, %system** 등으로 나타나는 CPU 이용률에 대해서도 마찬가지로 데이터 전송을 기다리는 시간이 합쳐져 있습니다. 이러한 대기 시간 때문에 낭비되는 CPU의 자원을 하이퍼스레드hyper-thread 기능으로 유효하게 활용할 수 있습니다.* 이 책에서는 자세한 내용을 설명하지는 않겠지만 데이터 전송을 기다리는 시간 이외에도 CPU 자원을 낭비하는 원인은 여러 가지가 더 있습니다.

하이퍼스레드 기능은 CPU 코어 안의 레지스터 등 일부 자원을 여러 개(일반적으로는 2개씩) 준비해두고, 시스템 입장에서는 각각 논리 CPU로써 인식되는 하이퍼스레드라는 단위로 분할되는 하드웨어의 기능입니다. 각각의 하이퍼스레드는 앞서 말한 대로 특정 조건 아래에서 여러 개가 동시에 실행 가능합니다.

하이퍼스레드 기능은 무조건 좋은 점만 있는 것은 아니며 그 효과는 하이퍼스레드상에서 동작하는 프로세스의 행동에 따라 크게 달라집니다. 베스트 케이스라고 할지라도 2배의 성능을 내는 것은 아니며 현실적인 부하가 걸리는 상황에서는 약 20%~30% 정도의 성능 향상이 나오면 훌륭하다고 할 수 있습니다. 조건에 따라 성능이 느려지는 경우도 있습니다.

따라서 시스템을 구축할 때에는 하이퍼스레드 기능을 켤지 끌지의 여부는 실제의 부하를 걸어서 양쪽의 성능을 조사해 비교해본 뒤에 검토할 필요가 있습니다.

---

* 하이퍼스레드는 프로세스와 대응되는 스레드라는 용어와는 전혀 관계가 없습니다.

하이퍼스레드 기능 테스트

소스코드가 2000만 줄을 넘는 대규모의 소프트웨어, 리눅스 커널의 빌드에 걸리는 시간을 하이퍼스레드가 켜져 있는 경우와 꺼져 있는 경우로 비교해봅시다. 커널의 빌드를 위해서는 여러 가지 준비가 필요하지만 지면 관계상 여기서는 설명하지 않도록 하겠습니다. 이 실험에 한해서는 필자의 환경에서 실행된 결과를 봐주시기 바랍니다.

하이퍼스레드 기능을 껐을 때

시스템이 인식하는 논리 CPU의 개수는 8개입니다. 각각 CPU 코어에 대응하고 있습니다.

```
$ sar -P ALL 1 1
(중략)
14:39:39 0 0.00 0.00 0.00 0.00 0.00 100.00
14:39:39 1 0.00 0.00 0.00 0.00 0.00 100.00
14:39:39 2 0.00 0.00 0.00 0.00 0.00 100.00
14:39:39 3 0.00 0.00 0.00 0.00 0.00 100.00
14:39:39 4 0.00 0.00 0.00 0.00 0.00 100.00
14:39:39 5 2.00 0.00 0.00 0.00 0.00 98.00
14:39:39 6 0.00 0.00 1.00 0.00 0.00 99.00
14:39:39 7 0.00 0.00 0.00 0.00 0.00 100.00
(중략)
```

빌드 소요 시간을 측정해보겠습니다. 빌드의 병렬 컴파일은 코어 개수인 8로 하겠습니다. 빌드할 때 나오는 로그는 불필요하므로 버리겠습니다.

```
$ time make -j8 >/dev/null 2>&1

real 1m33.773s
user 9m35.432s
sys 0m57.140s
```

약 93.7초가 걸렸습니다.

하이퍼스레드 기능을 켰을 때

우선 논리 CPU의 개수를 확인해보도록 하겠습니다.

```
$ sar -P ALL 1 1
(중략)
18:46:23 0 2.00 0.00 0.00 0.00 0.00 98.00
18:46:23 1 1.00 0.00 0.00 0.00 0.00 99.00
18:46:23 2 1.98 0.00 0.00 0.00 0.00 98.02
18:46:23 3 2.00 0.00 0.00 0.00 0.00 98.00
18:46:23 4 1.00 0.00 0.00 0.00 0.00 99.00
18:46:23 5 2.00 0.00 0.00 0.00 0.00 98.00
18:46:23 6 1.96 0.00 0.98 0.00 0.00 97.06
18:46:23 7 2.00 0.00 0.00 0.00 0.00 98.00
18:46:23 8 3.00 0.00 1.00 0.00 0.00 96.00
18:46:23 9 1.01 0.00 0.00 0.00 0.00 98.99
18:46:23 10 2.97 0.00 0.00 0.00 0.00 97.03
18:46:23 11 2.00 0.00 0.00 0.00 0.00 98.00
18:46:23 12 1.98 0.00 0.00 0.00 0.00 98.02
18:46:23 13 1.01 0.00 0.00 0.00 0.00 98.99
18:46:23 14 2.00 0.00 0.00 0.00 0.00 98.00
18:46:23 15 1.01 0.00 0.00 0.00 0.00 98.99
(중략)
```

16개의 논리 CPU가 인식되고 있습니다. 각각은 CPU 코어를 나타내는 것이 아니고 각 CPU 코어 안에 있는 하이퍼스레드를 나타내고 있습니다. 하이퍼스레드의 짝을 이루는 논리 CPU는 '/sys/devices/system/cpu/cpuCPU번호/topology/ thread_siblings_list'를 보면 알 수 있습니다. CPU 0에 대해서 살펴보겠습니다.

```
$ cat /sys/devices/system/cpu/cpu0/topology/thread_siblings_list
0-1
$
```

논리 CPU 0과 1이 같은 CPU 코어 안에 하이퍼스레드 짝임을 알 수 있습니다. 이것과 같은 방식으로 확인해보면 필자의 환경에서는 논리 CPU 번호 2와 3, 4와 5, 6과 7, 8과 9, 10과 11, 12와 13, 14와 15가 각각 짝을 이루고 있음을 알 수 있습니다.

이제 빌드에 걸리는 시간을 측정해보겠습니다. 이번에는 병렬 컴파일은 16개로 하겠습니다.

```
$ time make -j16 >/dev/null 2>&1

real 1m13.356s
user 15m2.800s
sys 1m18.588s
$
```

여기서는 약 73.3초 걸렸습니다. 하이퍼스레드가 없을 때와 비교해서 약 22%의 성능 개선이 있었습니다. 커널의 빌드에 대해서는 하이퍼스레드가 효과적으로 동작한 듯합니다. 그러나 모든 경우에 이렇게 잘 되리라고는 생각하지 말아주십시오. 앞서 말한 바와 같이 성능이 떨어지는 경우도 있으므로 하이퍼스레드가 있는 경우와 없는 경우의 성능을 측정한 다음, 어느 것이 유리한가를 확인한 뒤에 결정하는 것을 추천합니다.

## CHAPTER 7

파일시스템

리눅스에서는 저장 장치 안의 데이터에 접근할 때 일반적으로 직접 저장 장치에 접근하지 않고 편의를 위해 파일시스템을 통해 접근합니다.

어쩌면 컴퓨터 시스템에 파일시스템이 있는 것은 당연한 일이라고 여기며 이것이 의미하는 것이 무엇인지 정확히 이해하지 못하고 있는 사람이 있을지도 모릅니다. 따라서 우선 파일시스템이 없는 세상을 한번 상상해보며 파일시스템의 필요성에 대해 설명하겠습니다.

저장 장치의 기능은 단순하게 말하면 '저장 장치 안에 지정된 주소에 대해 특정 사이즈의 데이터를 읽거나 씀'입니다. 예를 들어 100기가바이트의 스토리지가 있다고 가정하고 '10기가바이트의 메모리 영역을 주소 50기가바이트 지점에 씀'을 수행하면 [그림 7-1]과 같습니다.

그림 7-1 저장 장치의 기능

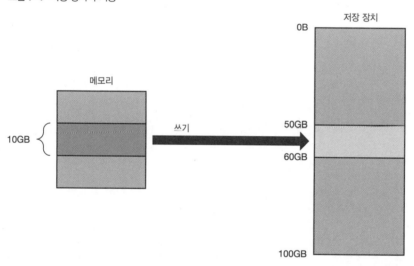

우선 여러분이 LibreOffice 등의 오피스 프로그램을 사용하여 문서를 작성했다면 메모리에 있는 문서 데이터를 저장 장치에 저장해야 할 것입니다. 파일시스템이 없다면 앞서 말한 것처럼 스스로 '10기가바이트의 데이터*를 50기가바이트의 지점에 씀' 이라고 요청하지 않으면 안 됩니다.

무사히 데이터를 저장했다 하더라도 다음에 읽을 때는 데이터를 보관한 주소와 사이즈를 스스로 기억하지 않으면 안 됩니다. 여러 개의 데이터를 보관하는 것을 생각하면 모든 데이터에 대해

---

* 문서의 데이터. 문서치고는 사이즈가 너무 크지만, 어디까지나 예를 든 것이므로 무시해주십시오.

앞의 문서와 마찬가지의 정보를 스스로 기록해둘 필요가 있으며 어디에, 어느 정도의 데이터를 넣을 여유가 있는지 알기 위해 빈 영역을 관리할 필요가 있습니다(그림 7-2).

그림 7-2 모든 데이터에 대해 보관한 주소, 사이즈를 관리할 필요가 있음

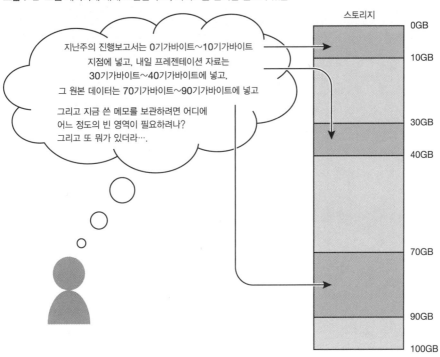

이러한 복잡한 처리를 피하고자 어디에 어느 정도의 데이터가 있는지, 어디가 빈 영역인지를 관리하는 방법이 파일시스템입니다.

파일시스템은 사용자에게 의미가 있는 하나의 데이터를 이름, 위치, 사이즈 등의 보조 정보를 추가하여 파일이라는 단위로 관리합니다. 어느 장소에 어떤 파일을 배치할지 등의 데이터 구조는 사양으로 미리 정합니다. 그리고 커널 안에서 파일시스템을 다루기 위한 처리가 이 사양을 바탕으로 데이터를 다루게 됩니다. 이러한 덕분에 사용자는 각 데이터(파일)의 이름을 기억해 놓으면 저장 장치에서 데이터의 위치나 사이즈 등의 복잡한 정보를 기억할 필요가 없습니다.

[그림 7-3]은 아주 단순한 파일시스템의 예를 나타낸 그림입니다.

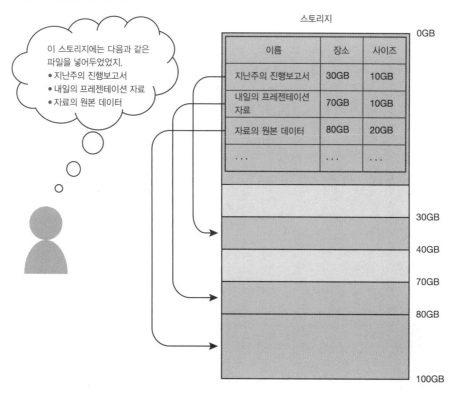

그림 7-3 단순한 파일시스템의 예

이 스토리지에는 다음과 같은 파일을 넣어두었었지.
● 지난주의 진행보고서
● 내일의 프레젠테이션 자료
● 자료의 원본 데이터

스토리지

이름	장소	사이즈
지난주의 진행보고서	30GB	10GB
내일의 프레젠테이션 자료	70GB	10GB
자료의 원본 데이터	80GB	20GB
. . .	. . .	. . .

단순한 파일시스템의 사양은 다음과 같습니다.

● 0기가바이트의 지점부터 파일의 리스트를 기록합니다.
● 하나의 파일에 대해 이름, 장소, 사이즈라는 세 가지의 정보를 기록합니다.

사용자가(정확히는 사용자의 프로세스가) 파일 읽기 시스템 콜을 사용하여 파일 이름과 파일 상의 오프셋 및 사이즈를 지정하면 파일시스템을 다루는 처리가 해당하는 데이터를 찾아서 사용자에게 전달해줍니다(그림 7-4).

어떻습니까? 파일 리스트의 사이즈 등을 정하지 않은 매우 단순한 사양이지만 이것으로 파일시스템의 데이터 구조가 기본적으로 어떤 것인지 독자 여러분이 이해했기를 바랍니다.

그림 7-4 파일 이름, 파일상의 오프셋, 사이즈를 지정하면 해당하는 데이터를 읽을 수 있음

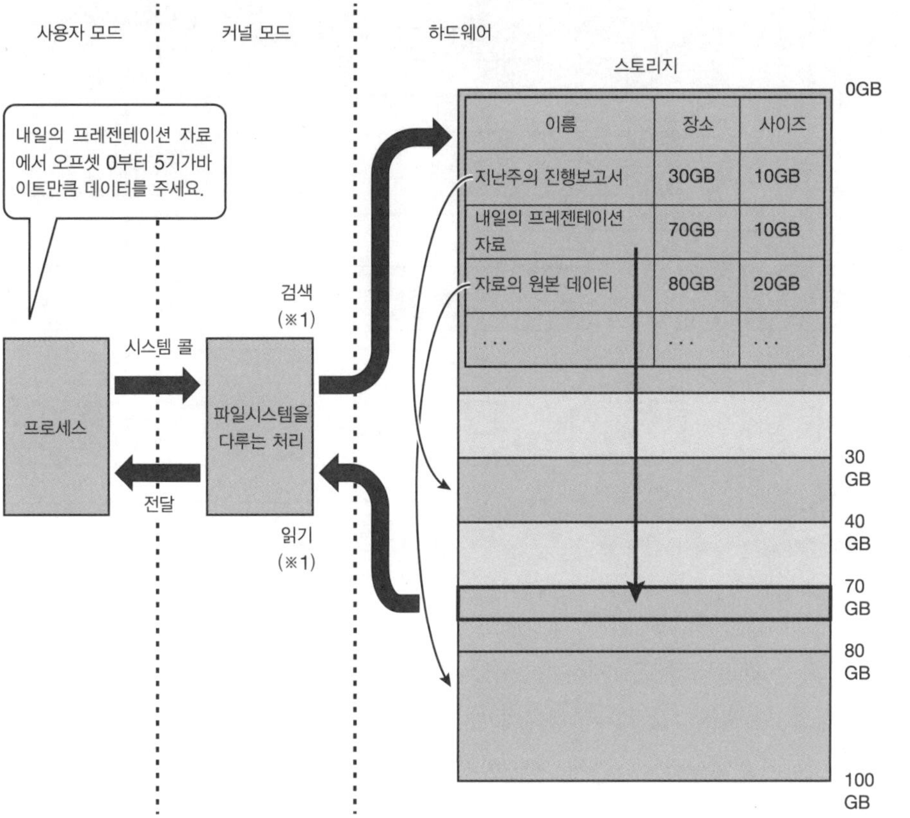

※ 1: 정확히는 파일시스템과 저장 장치 사이에 디바이스 드라이버가 있지만 여기서는 생략

리눅스의 파일시스템

파일을 카테고리별로 정리할 수 있도록 리눅스의 파일시스템에는 디렉터리^{directory}라고 부르는 파일을 보관하는 특수한 파일이 존재합니다. 디렉터리 안에는 일반적인 파일 또는 다른 디렉터리를 보관하는 것이 가능하며 각각 다른 디렉터리 안에 존재한다면 여러 파일이 같은 이름을 가져도 됩니다. 이러한 방식을 위해 리눅스의 파일시스템은 [그림 7-5]와 같은 트리 구조로 되어 있습니다.

그림 7-5 트리 구조의 파일시스템

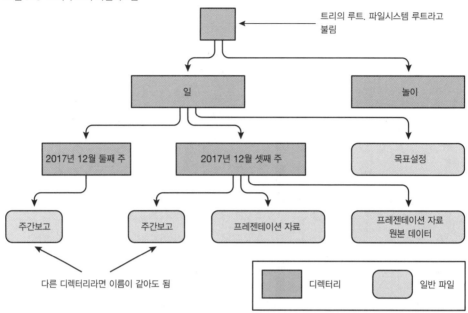

리눅스가 다루는 파일시스템은 1개뿐만이 아닙니다. 'ext4', 'XFS', 'Btrfs' 등 여러 개의 파일시스템을 다룰 수 있습니다. 각각 저장 장치의 데이터 구조 및 그것을 처리하기 위한 프로그램이 다릅니다. 각각의 파일시스템은 다룰 수 있는 파일의 사이즈, 파일시스템의 사이즈, 개개의 처리(파일 작성, 삭제, 파일의 읽기 쓰기 등)의 속도 등도 다릅니다.

그러나 어떠한 파일시스템이라도 사용자가 다음과 같은 시스템 콜을 호출한다면 통일된 인터페이스로 접근이 가능합니다.

- **파일의 작성, 삭제** : creat(), unlink()
- **파일을 열고 닫음** : open(), close()
- **열린 파일로부터 데이터를 읽어 들임** : read()
- **열린 파일에 데이터를 씀** : write()
- **열린 파일의 특정 위치로 이동** : lseek()
- **위에 언급한 것 이외의 파일시스템에 의존적인 특수한 처리** : ioctl()

이러한 시스템 콜이 호출되면 다음과 같은 순서로 파일의 데이터가 읽어지게 됩니다(그림 7-6).

1 커널 내의 모든 파일시스템 공통 처리가 동작하고 대상 파일의 파일시스템을 판별합니다.

2 각 파일시스템을 처리하는 프로세스를 호출하여 시스템 콜에 대응되는 처리를 합니다.

3 데이터의 읽기를 하는 경우에는 디바이스 드라이버에 처리를 의뢰합니다.

4 디바이스 드라이버가 데이터를 읽어 들입니다.

그림 7-6 파일시스템에 관계없이 통일된 인터페이스로 접근 가능함

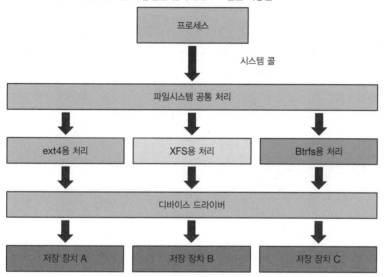

지금까지의 예와 마찬가지로 프로그램이 어떤 언어로 만들어졌더라도 파일을 다룰 때에는 최종적으로 이러한 시스템 콜을 호출합니다.

데이터와 메타데이터

파일시스템에는 '데이터^{data}'와 '메타데이터^{metadata}'라는 두 종류의 데이터가 있습니다.

- **데이터** : 사용자가 작성한 문서나 사진, 동영상, 프로그램 등의 내용
- **메타데이터** : 파일의 이름이나 저장 장치 내에 위치 사이즈 등의 보조 정보

메타데이터에는 여기에 열거한 것 이외에도 다음과 같은 것들이 있습니다.

- **종류** : 데이터를 보관하는 일반 파일인지 디렉터리인지 혹은 다른 종류인지를 판별하는 정보*
- **시간 정보** : 작성한 시간, 최후에 접근한 시간, 최후에 내용이 변경된 시간
- **권한 정보** : 어느 사용자가 파일에 접근이 가능한가

참고로 'df' 명령어로 얻은 파일시스템의 스토리지 사용량**은 여러분이 파일시스템에 작성한 모든 파일의 합계 사이즈만이 아니고 아닌 메타데이터의 사이즈도 더해지므로 주의가 필요합니다.

```
$ df
Filesystem 1K-blocks Used Available Use% Mounted on
...
/dev/sdc1 95990964 61104 91030668 1% /mnt
$ sudo su
# cd /mnt
# for ((i=0;i< 100000;i++)); do mkdir $i ; done        ●——— 디렉터리를 작성(디렉터리의
# df                                                          데이터는 메타데이터)
Filesystem 1K-blocks Used Available Use% Mounted on
...
/dev/sdc1 95990964 463180 90628592 1% /mnt #
```

메타데이터는 일반적으로 데이터와 비교해서 사이즈가 작으므로 그다지 큰 용량을 차지하지는 않습니다만, 작은 파일을 무수히 많이 작성하는 시스템의 케이스에서는 데이터의 총 용량을 측정해보면 실제로 디스크 총 사용량에 비해 상대적으로 적은 용량을 차지하고 있을 경우가 있습니다. 이러한 케이스는 아주 예외적인 케이스입니다만, 메타데이터가 데이터보다 더 많은 용량을 차지하고 있는 경우라고 할 수 있습니다.

용량 제한

시스템을 여러 가지 용도로 사용하는 경우 특정 용도가 파일시스템의 용량을 무제한으로 사용할 수 있다면 다른 용도로 사용할 용량이 부족하게 되는 일이 발생합니다. 특히 root 권한으로 동작하는 프로세스가 이용하는 시스템 관리 처리를 위한 용량이 부족하게 되면 시스템 전체가 정상적으로 동작할 수 없게 됩니다(그림 7-7).

---

* 파일의 종류에 대해서 자세한 것은 나중에 설명하겠습니다.

** Btrfs는 여러 가지 이유로 df로는 정확한 결과를 얻을 수 없습니다. 대신해서 'btrfs filesystem df' 명령어를 사용합니다.

그림 7-7 파일시스템의 용량이 부족하게 되면 시스템이 정상적으로 동작하지 않음

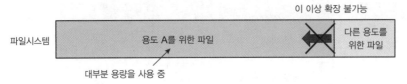

이러한 상황을 피하기 위해 파일시스템의 용량을 용도별로 사용할 수 있게 제한하는 기능이 있습니다. 이 기능을 일반적으로 '쿼터^{quota}'라고 부릅니다(그림 7-8).

그림 7-8 쿼터

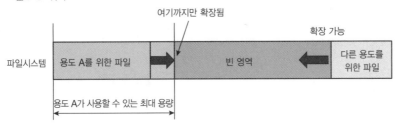

쿼터에는 다음과 같은 종류가 있습니다.

- **사용자 쿼터** : 파일의 소유자인 사용자별로 용량을 제한하는 것으로 예를 들어 특정 사용자 때문에 /home이 가득 차게 되는 사태를 방지합니다. ext4와 XFS는 사용자 쿼터 기능을 사용할 수 있습니다.
- **디렉터리 쿼터(혹은 프로젝트 쿼터)** : 특정 디렉터리별로 용량을 제한하는 것으로 예를 들어 프로젝트 멤버가 공유하는 디렉터리에 용량 제한을 걸어둡니다. ext4와 XFS는 디렉터리 쿼터 기능을 사용할 수 있습니다.
- **서브 볼륨 쿼터** : 파일시스템 내의 서브 볼륨이라는 단위별 용량을 제한하는 것으로 거의 디렉터리 쿼터와 사용법은 유사합니다. Btrfs는 서브 볼륨 쿼터 기능을 사용할 수 있습니다.

파일시스템이 깨진 경우

시스템을 운용하다보면 종종 파일시스템의 내용이 깨지는 경우가 발생합니다. 전형적인 예로 파일시스템의 데이터를 스토리지에 쓰고 있는 도중에 시스템의 전원이 강제적으로 끊어졌을 때와 같은 경우에 발생합니다.

구체적으로 파일시스템이 깨진 경우란 어떤 상태인지를 살펴보도록 합시다. [그림 7-9]와 같이 어떤 디렉터리를 다른 디렉터리의 아래로 이동하는 경우를 예로 들겠습니다.

그림 7-9 디렉터리의 이동

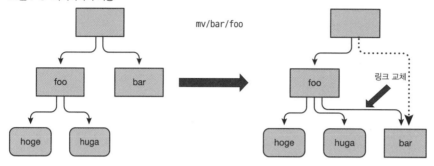

이것의 흐름을 그림으로 나타내면 [그림 7-10]과 같습니다.

그림 7-10 디렉터리의 이동 처리의 흐름

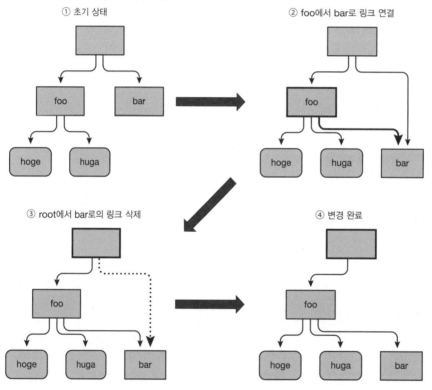

① 초기 상태

② foo에서 bar로 링크 연결

③ root에서 bar로의 링크 삭제

④ 변경 완료

이러한 일련의 처리는 하나라도 누락되면 안 되므로 '아토믹한atomic 처리'라고 부릅니다. 여기서 저장 장치의 읽고 쓰기는 한 번에 한 가지씩만 처리되므로, 첫 번째 쓰기(foo 파일의 데이터 업데이트)가 끝난 뒤에 두 번째 쓰기(root의 데이터 업데이트)를 하기 전에 처리가 중단되면 [그림 7-11]과 같이 파일시스템이 어중간하게 깨진 상태가 될 수 있습니다.

그림 7-11 파일시스템이 깨짐

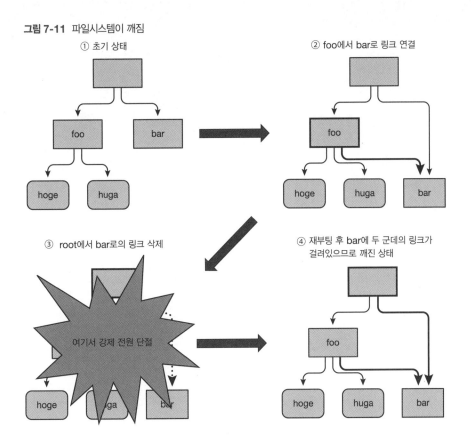

일단 이러한 일이 발생하면 빠르든 늦든 언젠가는 파일시스템이 그것을 감지합니다. 마운트 시 발견할 경우에는 파일시스템의 마운트가 불가능하게 되어버리고, 파일시스템에 접근 중에 발견한 경우에는 읽기 전용 모드로 다시 마운트(remount) 하거나 최악의 경우 시스템에 패닉이 발생합니다.

파일시스템이 깨지는 것을 막기 위한 기술은 여러 가지가 있습니다. 이 중에서 널리 사용되고 있는 것은 '저널링'과 'Copy on Write'라는 두 가지 방식입니다. ext4와 XFS는 저널링으로, Btrfs는 Copy on Write로 각각 파일시스템이 깨지는 것을 방지하고 있습니다.

지금부터 저널링과 Copy on Write에 대해 설명하도록 하겠습니다.

저널링

저널링에서는 파일시스템 안에 저널 영역이라는 특수한 영역을 준비합니다. 저널 영역은 사용자가 인식할 수 없는 메타데이터입니다.

그림 7-12 저널링 방식에 의한 업데이트 처리

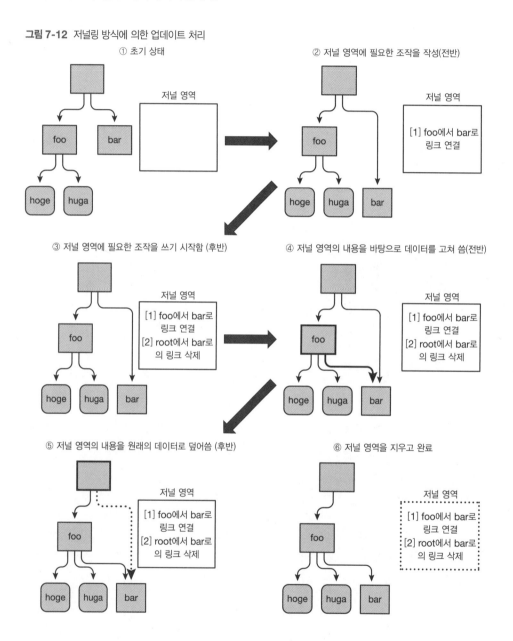

파일시스템을 업데이트할 때에는 다음과 같은 순서로 진행됩니다.

1 업데이트에 필요한 아토믹한 처리의 목록을 일단 저널 영역에 작성합니다. 이 목록을 저널로그라고 부릅니다.

2 저널 영역의 내용을 바탕으로 실제로 파일시스템의 내용을 업데이트합니다.

[그림 7-12]에 그 순서를 나타내 보겠습니다.

저널로그 업데이트 중(그림 7-12의 순서 ②)에 강제로 전원을 끊어보면 [그림 7-13]과 같이 단순히 저널 영역의 데이터를 지워버릴 뿐, 실제 데이터는 처리하기 전과 같아집니다.

그림 7-13 저널링을 이용해 깨짐을 방지함(1)

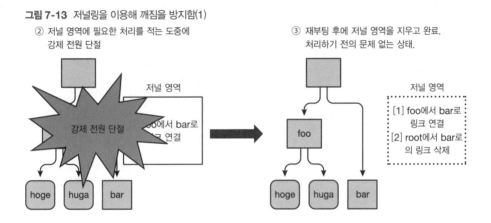

한편, 실제 데이터를 업데이트하는 중에(그림 7-12의 순서 중 ④번) 강제로 전원이 끊어진 경우가 발생했다면 [그림 7-14]와 같이 저널로그를 처음부터 다시 수행하면 파일시스템의 처리는 완료됩니다.

위의 두 가지 경우 중 어느 쪽이든 파일시스템은 깨지지 않으며 처리 전이나 혹은 처리 후의 상태가 됩니다.

그림 7-14 저널링을 이용해 깨짐을 방지함(2)

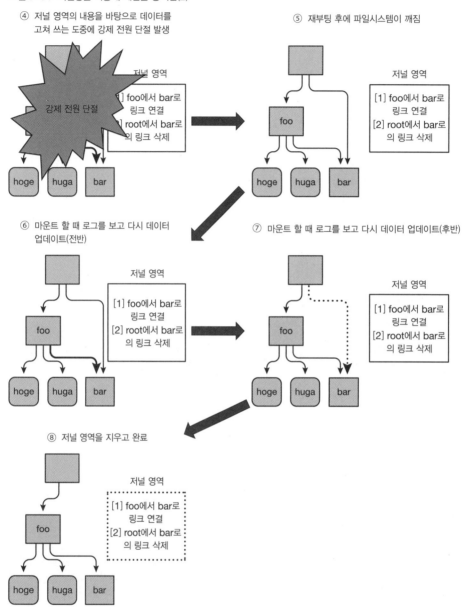

④ 저널 영역의 내용을 바탕으로 데이터를
　고쳐 쓰는 도중에 강제 전원 단절 발생

강제 전원 단절

저널 영역

[1] foo에서 bar로
링크 연결
[2] root에서 bar로
의 링크 삭제

hoge　huga　bar

⑤ 재부팅 후에 파일시스템이 깨짐

foo

저널 영역

[1] foo에서 bar로
링크 연결
[2] root에서 bar로
의 링크 삭제

hoge　huga　bar

⑥ 마운트 할 때 로그를 보고 다시 데이터
　업데이트(전반)

foo

저널 영역

[1] foo에서 bar로
링크 연결
[2] root에서 bar로
의 링크 삭제

hoge　huga　bar

⑦ 마운트 할 때 로그를 보고 다시 데이터 업데이트(후반)

foo

저널 영역

[1] foo에서 bar로
링크 연결
[2] root에서 bar로
의 링크 삭제

hoge　huga　bar

⑧ 저널 영역을 지우고 완료

foo

저널 영역

[1] foo에서 bar로
링크 연결
[2] root에서 bar로
의 링크 삭제

hoge　huga　bar

Copy on Write

Copy on Write를 이용해 파일시스템이 깨지는 것을 방지하는 설명을 하기 위해서는 우선 파일시스템에 데이터를 넣는 방법에 대해 설명해야 합니다. ext4나 XFS 등의 예전부터 있던 파일시스템은 일단 파일을 작성하면 그 파일의 배치 장소는 원칙적으로 바뀌지 않습니다. 파일의 내용을 업데이트할 때마다 저장 장치상의 같은 장소에 새로운 데이터를 써넣습니다(그림 7-15).

그림 7-15 Copy on Write 방식이 아닌 경우 파일의 업데이트

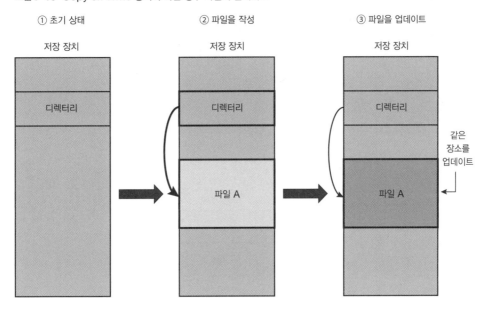

이것과는 다르게 Btrfs 등의 Copy on Write형의 파일시스템은 일단 파일을 작성하더라도 업데이트할 때 다른 장소에 데이터를 씁니다(그림 7-16).*

----

* [그림 7-16]에서는 설명을 단순하게 하기 위해 파일을 그대로 덮어씁니다만, 실제로는 파일이 업데이트된 부분만 다른 장소에 복사됩니다.

그림 7-16 Copy on Write 방식을 이용한 단순한 업데이트 처리

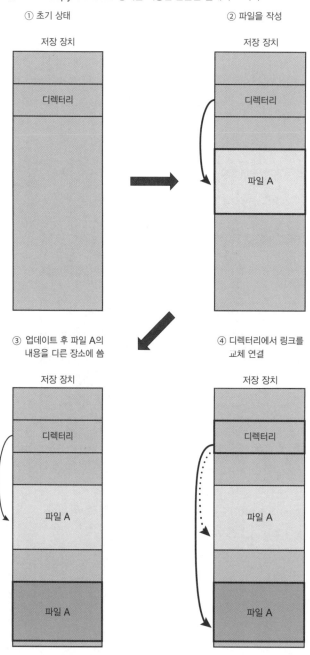

① 초기 상태

저장 장치

② 파일을 작성

저장 장치

③ 업데이트 후 파일 A의
내용을 다른 장소에 씀

저장 장치

④ 디렉터리에서 링크를
교체 연결

저장 장치

[그림 7-16]은 단지 하나의 파일을 업데이트하는 경우였지만 아토믹으로 처리해야 할 여러 개의 처리를 실행할 경우에도 업데이트되는 데이터를 다른 장소에 전부 쓴 뒤에 링크를 고쳐 쓰는 방식으로 동작합니다(그림 7-17).

그림 7-17 Copy on Write 방식의 복잡한 업데이트 처리

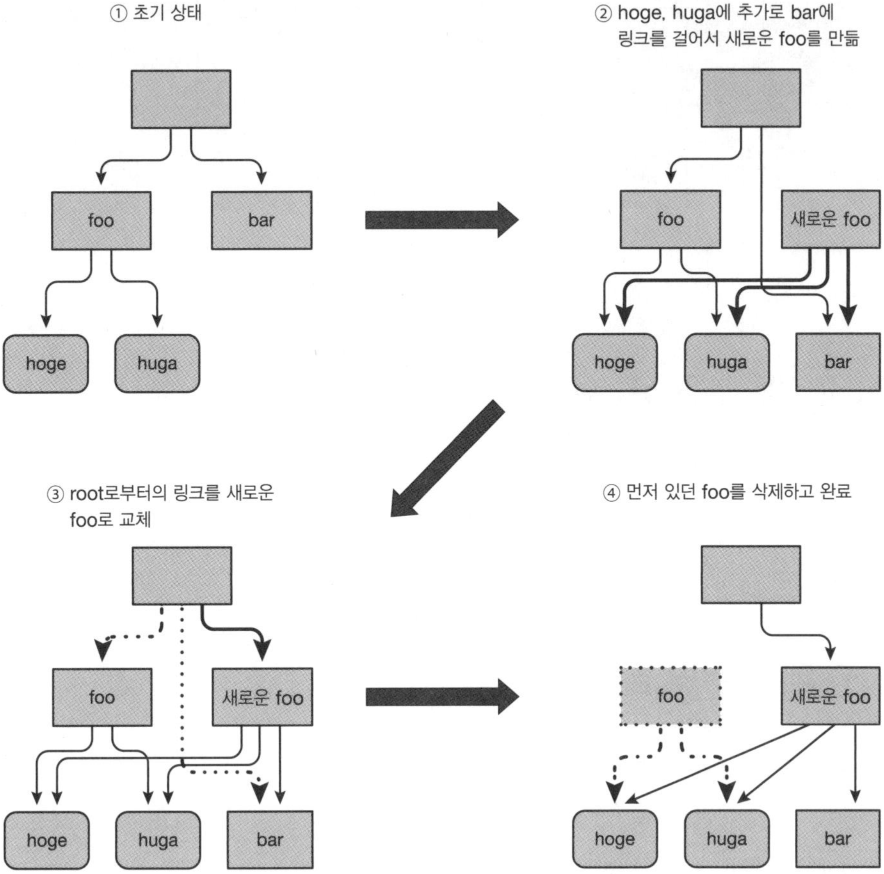

① 초기 상태
foo
bar
hoge
huga
② hoge, huga에 추가로 bar에 링크를 걸어서 새로운 foo를 만듦
foo
새로운 foo
hoge
huga
bar
③ root로부터의 링크를 새로운 foo로 교체
foo
새로운 foo
hoge
huga
bar
④ 먼저 있던 foo를 삭제하고 완료
foo
새로운 foo
hoge
huga
bar

[그림 7-18]과 같이 ②번을 실행하는 중에 강제 전원 단절이 발생하더라도 재부팅 후에 작성된 데이터를 삭제하면 문제 없습니다.

그림 7-18 Copy on Write 방식(3)

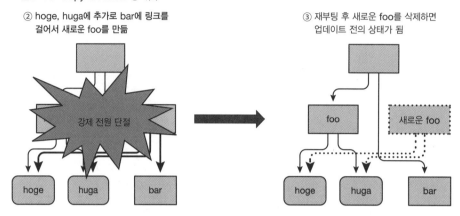

② hoge, huga에 추가로 bar에 링크를
걸어서 새로운 foo를 만듦

③ 재부팅 후 새로운 foo를 삭제하면
업데이트 전의 상태가 됨

강제 전원 단절

hoge   huga   bar

foo   새로운 foo

hoge   huga   bar

그래도 깨지는 것을 막을 수 없는 경우

앞에서 설명한 기능을 사용하여 최근에는 파일시스템이 깨지는 경우가 줄어들고 있습니다. 그러나 파일시스템의 버그가 원인인 손상은 매우 적지만 여전히 발생할 수 있습니다.

파일시스템의 깨짐에 대한 대책

불행히도 파일시스템이 깨져버린 경우에는 어떻게 하면 좋을까요?

일반적으로는 파일시스템을 정기적으로 백업하여 파일시스템이 깨진 경우에 마지막에 백업한 시점의 상태로 복원하는 것이 대책입니다.

평소에 정기적으로 백업을 할 수 없으면 각 파일시스템에 준비된 복구용 명령어를 이용합니다. 어떤 복구용 명령어가 준비되어 있는지는 파일시스템에 따라 다릅니다.

그러나 어느 파일시스템이라도 공통으로 존재하는 것이 'fsck'라는 명령어(ext4라면 'fsck.ext4'가, XFS라면 'xfs_repair', Btrfs라면 'btrfs check')입니다. 이 명령어를 사용하면 파일시스템을 깨지지 않은 상태로 고칠 수 있습니다. 그러나 fsck는 다음과 같은 이유로 별로 추천하지 않습니다.

- 깨지지 않았음을 확인하거나 복구하기 위해 파일시스템 전체를 조사하기 때문에 소요 시간이 파일시스템 사용량에 따라 증가합니다. 수 테라바이트의 파일시스템이라면 수 시간이 아니라 수일 단위의 시간이 필요할 수 있습니다.
- 복구에 오랜 시간을 들여도 결국 실패하고 끝나는 경우도 많습니다.
- 사용자가 원하는 상태로 복원한다고 보장할 수 없습니다. fsck는 어디까지나 데이터가 깨진 파일시스템을 무리해서라도 마운트 하려는 명령어에 지나지 않습니다. 처리하면서 깨진 데이터는 내용과 관계없이 삭제합니다 (그림 7-19).

그림 7-19 fsck의 동작

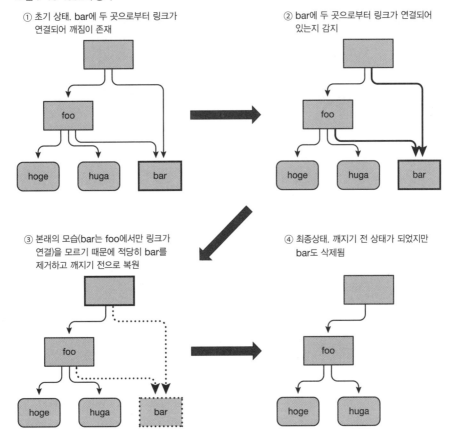

① 초기 상태. bar에 두 곳으로부터 링크가 연결되어 깨짐이 존재

② bar에 두 곳으로부터 링크가 연결되어 있는지 감지

③ 본래의 모습(bar는 foo에서만 링크가 연결)을 모르기 때문에 적당히 bar를 제거하고 깨지기 전으로 복원

④ 최종상태. 깨지기 전 상태가 되었지만 bar도 삭제됨

파일의 종류

파일에는 사용자 데이터를 보관하는 일반 파일과 파일을 보관하는 디렉터리가 있다고 앞서 설명하였습니다.[225쪽] 리눅스에는 이외에도 디바이스 파일이라는 종류가 있습니다.

리눅스는 스스로 동작하고 있는 하드웨어상의 장치를 거의 모두 파일로서 표현하고 있습니다.* 그렇기 때문에 리눅스에서는 장치를 파일과 동등하게 open()과 read(), write() 등의 시스템 콜을 사용합니다. 장치 고유의 복잡한 조작에는 ioctl() 시스템 콜을 사용합니다. 디바이스 파일에 접근할 수 있는 것은 일반적으로 root만 가능합니다.

디바이스라고 말해도 여러 가지 종류가 있습니다만, 리눅스는 파일로써 접근하는 디바이스를 캐릭터 장치와 블록 장치라는 두 가지 종류로 분류합니다. 각 디바이스 파일은 /dev의 아래에 존재합니다. 디바이스 파일의 메타데이터에 보관되어 있는 다음의 정보에 따라 각각의 장치를 식별합니다.

- 파일의 종류(캐릭터 장치 혹은 블록 장치)
- 장치의 Major number
- 장치의 Minor number

Major number와 Minor number의 차이는 자세히 알 필요는 없습니다.

그렇다면 /dev 이하의 파일을 살펴봅시다.

```
$ ls -l /dev/
total 0
crw-rw-rw- 1 root tty 5, 0 Dec 18 11:39 tty
...
brw-rw---- 1 root disk 8, 0 Dec 17 09:49 sda
...
```

'ls -l'의 실행 결과로 최초의 문자가 'c'라면 캐릭터 장치, 'b'라면 블록 장치입니다. 다섯 번째 필드가 Major number, 여섯 번째 필드가 Minor number입니다. /dev/tty는 캐릭터 장치, /dev/sda는 블록 장치라는 것을 알 수 있습니다.

다음으로 캐릭터 장치와 블록 장치 각각에 대해 설명하도록 하겠습니다.

....

* 네트워크 어댑터는 예외로 장치에 대응되는 파일이 없습니다.

캐릭터 장치

캐릭터 장치는 읽기와 쓰기가 가능하지만 탐색seek이 되지 않는 특성이 있습니다. 대표적인 캐릭터 장치는 다음과 같은 것이 있습니다.

- **터미널** : 터미널에도 여러 가지가 있기 때문에 정확하게 정의하기는 어렵지만, 여기서는 bash 등의 셸을 통해서 명령어를 실행하기 위해 문자열만으로 이루어진 흑백 화면 혹은 윈도우라고 알아두시면 되겠습니다.
- **키보드**
- **마우스**

예를 들어 터미널의 디바이스 파일은 다음과 같이 다룹니다.

- **write() 시스템 콜** : 터미널에 데이터를 출력합니다.
- **read() 시스템 콜** : 터미널에 데이터를 입력합니다.

그렇다면 실제로 터미널을 조작해봅시다. 일단 현재의 프로세스에 대응하는 터미널과 그 터미널에 대응하는 디바이스 파일을 찾아봅시다. 각 프로세스에 연결되어 있는 터미널은 'ps ax' 명령어의 두 번째 필드로 알아낼 수 있습니다.

```
$ ps ax | grep bash
6417 pts/9 Ss 0:00 -bash
6432 pts/9 S+ 0:00 grep bash
$
```

이 결과에서 bash에 연결되어 있는 터미널에 대응하는 장치는 /dev/pts/9입니다. 그렇다면 이 파일에 적당한 문자열을 써보도록 합시다.

```
$ sudo su
# echo hello >/dev/pts/9
hello
#
```

터미널 디바이스에 'hello'라는 문자열을 쓰는(정확히는 디바이스 파일에 write() 시스템 콜을 요청하고 있음)것으로 터미널에는 이 문자열이 출력되었습니다. 이것은 단순하게 'echo hello' 명령어를 실행한 경우와 같은 결과입니다. echo는 표준 출력에 'hello'를 쓰고 있고, 리눅스에 의해 표준 출력이 현재의 터미널에 연결되어 있기 때문입니다.

계속해서 시스템에 존재하는, 현재 조작 중인 터미널 이외의 터미널에서도 조작해봅시다. 일단 앞에서 실행한 환경에서 터미널을 하나 더 기동한 뒤 ps ax를 실행합니다.

```
$ ps ax | grep bash
6417 pts/9 Ss+ 0:00 -bash
6648 pts/10 Ss 0:00 -bash
6663 pts/10 S+ 0:00 grep bash
$
```

두 번째 터미널에 대응하는 디바이스 파일의 이름은 /dev/pts/10이라는 것을 알았습니다. 그렇다면 이 파일에 문자열을 써보도록 합시다.

```
$ sudo su
# echo hello >/dev/pts/10
#
```

이다음에 두 번째 터미널을 살펴보면 이 단말에는 키보드 입력을 아무것도 하지 않았지만 앞선 터미널의 디바이스 파일에 썼던 문자열이 출력되는 것을 알 수 있습니다.

```
$ hello
```

실제로는 애플리케이션이 터미널의 디바이스 파일을 직접 조작하는 일은 많지 않습니다. 대신 리눅스가 제공하는 셸이나 라이브러리가 직접 디바이스 파일을 다룹니다. 애플리케이션은 이 셸이나 라이브러리로부터 제공된 더 쉬운 인터페이스를 이용합니다. 그러나 보통 익숙한 bash의 조작이 최종적으로 디바이스 파일의 조작으로 변환되고 있음을 이해하고 있다면 문제없습니다.

블록 장치

블록 장치는 단순히 파일의 읽고 쓰기 이외에 랜덤 접근이 가능합니다. 대표적인 블록 장치는 HDD나 SSD 등의 저장 장치가 있습니다. 블록 장치에 데이터를 읽고 쓰는 것으로 일반적인 파일처럼 스토리지의 특정 장소에 있는 데이터에 접근할 수 있습니다.

이미 설명한대로 블록 장치는 일반적으로 직접 접근하지 않고 거기에 파일시스템을 작성해서 그것을 마운트함으로써 파일시스템을 경유해서 사용합니다. 블록 장치를 직접 다루게 되는 것은 다음과 같은 경우입니다.

- 파티션 테이블의 업데이트(parted 명령어 등을 사용)
- 블록 장치 레벨의 데이터 백업 & 복구(dd 명령어 등을 사용)
- 파일시스템의 작성(각 파일시스템의 mkfs 명령어를 사용)
- 파일시스템의 마운트(mount 명령어를 사용)
- fsck

그렇다면 블록 장치를 직접 조작해봅시다. 직접 조작해보면 여러분이 평소에 사용하고 있는 트리 구조가 아닌 있는 그대로의 모습의 파일시스템을 살펴볼 수 있습니다.

우선 적당한 파티션에 ext4 파일시스템을 만듭니다.

```
# mkfs.ext4 /dev/sdc7
mke2fs 1.42.13 (17-May-2015)
Creating filesystem with 244224 4k blocks and 61056 inodes
Filesystem UUID: e1e22ad6-a569-47aa-9242-af61b11ee1a3
Superblock backups stored on blocks:
        32768, 98304, 163840, 229376

Allocating group tables: done
Writing inode tables: done
Creating journal (4096 blocks): done
Writing superblocks and filesystem accounting information: done

#
```

만들어진 파일시스템을 마운트 하여 적당한 이름으로 파일을 만들어봅시다.

```
# mount /dev/sdc7 /mnt/
# echo "hello world" >/mnt/testfile
# ls /mnt/
lost+found testfile          ●────── 'lost+found'는 ext4를 작성할 때 항상 같이 만들어지는 파일임
# cat /mnt/testfile
hello world
# umount /mnt
```

그러면 이 파일시스템 그대로의 데이터를 살펴보도록 합시다.

여기서는 'strings' 명령어를 사용하여 파일시스템의 데이터가 들어있는 /dev/sdc7 안의 문자열 정보만을 추출합니다. 'strings -t x' 명령어로 파일 내의 문자열 데이터를 한 줄씩, 첫 번째 필드에는 파일 오프셋, 두 번째 필드에는 찾은 문자열이라는 형식으로 표시할 수 있습니다.

```
# strings -t x /dev/sdc7
  (중략)
f35020 lost+found
f35034 testfile
...
803d000 hello world
10008020 lost+found
10008034 testfile
  (중략)
#
```

위의 출력으로부터 /dev/sdc7 안에는 다음과 같은 정보가 들어있음을 알 수 있습니다.

- 'lost+found' 디렉터리와 'testfile'이라는 파일명(메타데이터)*
- 위에 적은 피일의 내용인 'hello world'라는 문자열(데이터)

그렇다면 이번에는 testfile의 내용을 블록 장치로부터 변경해보도록 합시다.

```
$ echo "HELLO WORLD" >testfile-overwrite
# cat testfile-overwrite
HELLO WORLD
# dd if=testfile-overwrite of=/dev/sdc7 seek=$((0x803d000)) bs=1 ●──── testfile의 내용을
                                                                       'HELLO WORLD'
                                                                       로 덮어씀
# strings -t x /dev/sdc7
  (중략)
803d000 HELLO WORLD    ●──────── 앞에서는 'hello world'였음
  (중략)
#
```

파일시스템을 다시 마운트 해서 testfile의 내용을 살펴보도록 합시다.

---

* 각각의 문자열이 2개씩 있는 것은 자세히 알 필요 없습니다.

```
# mount /dev/sdc7 /mnt/
# ls /mnt/
lost+found testfile
# cat /mnt/testfile
HELLO WORLD
#
```

예상한대로 testfile의 내용이 바꼈습니다. 이것으로 블록 장치를 직접 조작해 저장 장치를 다룰 수 있다는 것과 파일시스템도 내용을 열어보면 단지 저장 장치에 배치된 데이터에 불과하다는 것을 알 수 있습니다.

파일시스템과 블록 장치의 관계를 알기 위해서 파일시스템의 내용을 블록 장치로부터 직접 변경해보았습니다만, 이러한 조작을 할 때는 다음의 내용을 주의해야 합니다.

- 위에 적은 파일 내용을 덮어쓰는 것은 현재 버전의 ext4에서는 잘 될지 모르겠지만, 다른 파일시스템이나 미래에 포맷이 바뀐 ext4에서는 똑같이 동작한다고 보장할 수 없습니다.
- 파일시스템의 내용물을 직접 바꾸는 것은 굉장히 위험하기 때문에 반드시 테스트용 파일시스템에서 해보시기를 바랍니다.
- 파일시스템을 마운트 한 상태에서 그것을 보관하는 블록 장치에 동시에 접근하는 것은 불가능합니다. 파일시스템이 깨질 가능성이 있어 데이터 파괴의 위험성이 있습니다.

여러 가지 파일시스템

여기까지 ext4, XFS, Btrfs라는 파일시스템을 소개했습니다. 이러한 파일시스템은 저장 장치 상에 존재하는 것이었습니다. 그러나 리눅스에는 이외에도 여러 가지 종류의 파일시스템이 있습니다. 지금부터는 그러한 파일시스템의 몇 가지 예를 보도록 하겠습니다.

메모리를 기반으로 한 파일시스템

저장 장치 대신 메모리에 작성하는 'tmpfs'라는 파일시스템이 있습니다. 이 파일시스템에 보존한 데이터는 전원을 꺼버리면 사라지지만 저장 장치의 접근이 전혀 발생하지 않기 때문에 [그림 7-20]과 같이 고속으로 사용할 수 있습니다.

그림 7-20 tmpfs 파일시스템

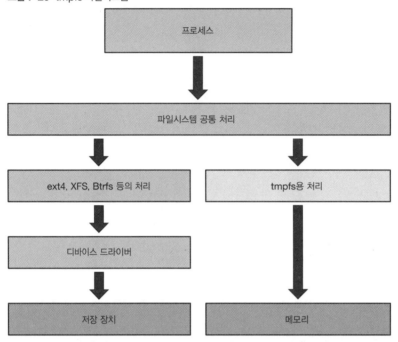

tmpfs는 재부팅 후에 남아있을 필요가 없는 /tmp나 /var/run에 사용하는 경우가 많습니다.
필자의 환경에서도 다음과 같이 여러 가지 용도로 tmpfs를 사용하고 있습니다.

```
$ mount | grep ^tmpfs
tmpfs on /run type tmpfs (rw,nosuid,noexec,relatime,size=3294200k,mode=755)
tmpfs on /dev/shm type tmpfs (rw,nosuid,nodev)
tmpfs on /run/lock type tmpfs (rw,nosuid,nodev,noexec,relatime,size=5120k)
tmpfs on /sys/fs/cgroup type tmpfs (rw,mode=755)
tmpfs on /run/user/108 type tmpfs (rw,nosuid,nodev,relatime,size=3294200k,
mode=700,uid=108,gid=114)
tmpfs on /run/user/1000 type tmpfs (rw,nosuid,nodev,relatime,size=3294200k,
mode=700,uid=1000,gid=1000)
$
```

tmpfs는 마운트 할 때 작성합니다. 이때 'size' 마운트 옵션으로 최대 사이즈를 사용하도록 하고
있습니다. 처음부터 이 최대 용량의 메모리를 확보하지는 않고, 파일시스템 내의 각 영역이 처음
접근할 때, 페이지 단위로 메모리를 확보하는 방식이므로 문제가 없습니다. free의 출력 결과에

있는 'shared' 필드값이 tmpfs에 의해 실제로 사용된 메모리의 양을 표시합니다.

```
$ free
          total     used      free      shared    buff/cache   available
Mem:      32942000  390620    28889232  108552    3662148      31818884
Swap:     0         0         0
$
```

필자의 시스템에는 tmpfs를 위해 합계 108552킬로바이트, 즉 108메가바이트의 메모리를 사용하고 있음을 알 수 있습니다.

네트워크 파일시스템

지금까지 설명한 파일시스템은 로컬 시스템에 있는 데이터를 보여주는 것이었지만 네트워크를 통해 연결된 원격 호스트에 있는 파일에 접근하는 '네트워크 파일시스템'이라는 것도 있습니다 (그림 7-21).

그림 7-21 네트워크 파일시스템

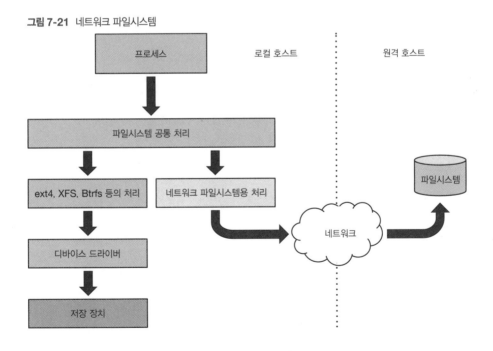

네트워크 파일시스템도 여러 가지 종류가 있습니다만, 크게 나눠보면 windows 호스트상의 파일에 접근할 때에는 'cifs'라는 파일시스템을, 리눅스 등의 UNIX 계열의 OS를 사용하는 호스트 상의 파일에 접근할 때는 'nfs'라는 파일시스템을 사용합니다.

가상 파일시스템

커널 안에 여러 가지 정보를 얻기 위해 또는 커널의 동작을 변경하기 위해서 다양한 파일시스템이 존재합니다. 이 책에서는 지금까지 몇 가지를 이미 보여드렸습니다만, 다시 소개하도록 하겠습니다.

procfs

시스템에 존재하는 프로세스에 대한 정보를 얻기 위해서 'procfs'라는 파일시스템이 존재합니다. procfs는 일반적으로 /proc 이하에 마운트 됩니다. '/proc/pid/' 이하의 파일에 접근함으로써 각 프로세스의 정보를 얻을 수 있습니다. 다음은 필자의 환경에서 bash에 관한 정보입니다.

```
$ ls /proc/$$
attr   cgroup   comm   cwd   fd   io   map_files mountinfo net oom_adj pagemap
root sessionid stack status timers wchan
autogroup clear_refs coredump_filter environ fdinfo limits maps mounts ns
oom_score personality sched setgroups stat syscall timerslack_ns
auxv   cmdline cpuset   exe gid_map   loginuid mem   mountstats numa_maps
oom_score_adj projid_map schedstat smaps statm task   uid_map
$
```

수많은 파일이 있습니다만 여기서는 이 중에 몇 가지만 소개하겠습니다.

- **/proc/pid/maps** : 프로세스의 메모리 맵
- **/proc/pid/cmdline** : 프로세스의 명령어 라인 파라미터
- **/proc/pid/stat** : 프로세스의 상태, 지금까지 사용한 CPU 시간, 우선도, 사용 메모리의 양 등

procfs에는 프로세스의 정보 이외에도 다음과 같은 정보도 있습니다.

- **/proc/cpuinfo** : 시스템이 탑재한 CPU에 대한 정보
- **/proc/diskstat** : 시스템이 탑재한 저장 장치에 대한 정보
- **/proc/meminfo** : 시스템의 메모리에 대한 정보
- **/proc/sys 이하의 파일** : 커널의 각종 튜닝 파라미터. sysctl와 /etc/sysctl.conf로 변경하는 파라미터와 1:1 대응

지금까지 나왔던 ps, sar, top, free 등의 OS가 제공하는 각종 정보를 표시하는 명령어는 procfs로부터 정보를 얻고 있습니다.

각각의 파일에 대한 자세한 의미는 man 페이지(man proc)를 참고하시기 바랍니다.

sysfs

리눅스에 procfs가 도입되고 시간이 지남에 따라 커널의 프로세스 정보 이외의 잡다한 정보가 procfs에 제한 없이 들어가게 되었습니다. procfs를 마구잡이로 사용하는 것을 막기 위해, 이러한 정보를 배치하는 장소를 어느 정도 정하기 위해 만든 것이 'sysfs'입니다. sysfs는 보통 /sys 이하에 마운트 됩니다.

sysfs에는 예를 들어 다음과 같은 파일이 있습니다.

- /sys/devices 이하의 파일 : 시스템에 탑재된 디바이스에 대한 정보
- /sys/fs 이하의 파일 : 시스템에 존재하는 각종 파일시스템에 대한 정보

cgroupfs

하나의 프로세스 혹은 여러 개의 프로세스로 만들어진 그룹에 대해 여러 가지 리소스 사용량의 제한을 가하는 'cgroup'이라는 기능이 있습니다. cgroup은 'cgroupfs'라는 파일시스템을 통해 다루게 됩니다. cgroup을 다룰 수 있는 것은 root만 가능합니다. cgroupfs는 일반적으로 /sys/fs/cgroup 이하에 마운트 됩니다.

cgroup로 제한을 걸 수 있는 리소스는 여러 가지가 있습니다.

- **CPU** : 그룹이 CPU의 전체 리소스 중 50% 등, 일정한 비율 이상은 사용할 수 없도록 하는 등 /sys/fs/cgroup/cpu 이하의 파일을 읽고 쓰는 것으로 제어할 수 있습니다.
- **메모리** : 그룹이 물리 메모리 중 특정량, 예를 들어 1기가바이트 밖에 사용하지 못하게 하는 등. /sys/fs/cgroup/memory 이하의 파일을 읽고 쓰는 것으로 제어할 수 있습니다.

cgroup은 예를 들어 docker 등의 컨테이너 관리 소프트웨어나 virt-manager 등의 가상 시스템 관리 소프트웨어 등에 각각의 컨테이너나 가상 시스템의 리소스를 제한하기 위해 사용할 수 있습니다. 특히 하나의 시스템상에 여러 개의 컨테이너나 가상 시스템이 공존하는 서버 시스템에 사용되고 있습니다.

Btrfs

ext4나 XFS는 작은 차이가 있지만 기본적으로는 리눅스의 원조인 UNIX가 만들어졌을 때부터 있는 파일의 작성, 삭제, 읽고 쓰기 등의 단순한 기능만을 제공하고 있습니다. 그러나 최근에는 이러한 것 이상으로 풍부한 기능을 제공하는 파일시스템이 나왔습니다. 그 대표격인 'Btrfs'가 제공하는 기능 일부에 대해 소개하도록 하겠습니다.

멀티 볼륨

ext4나 XFS는 하나의 파티션에 대응하여 하나의 파일시스템을 만듭니다. Btrfs는 하나뿐만이 아닌, 여러 개의 저장 장치/파티션으로부터 거대한 스토리지 풀을 만들고 거기에 마운트 가능한 서브 볼륨이란 영역을 작성합니다. 스토리지 풀은 LVM으로 구현된 볼륨 그룹, 서브 볼륨은 LVM으로 구현된 논리 볼륨과 파일시스템을 더한 것과 비슷합니다. 이렇게 Btrfs는 종래의 파일시스템의 한 종류라고 생각하기보다는 파일시스템 + LVM과 같은 볼륨 매니저라고 생각하는 것이 이해하기 쉬울 것입니다(그림 7-22).

그림 7-22 Btrfs는 종래의 파일시스템 + LVM의 기능을 갖춤

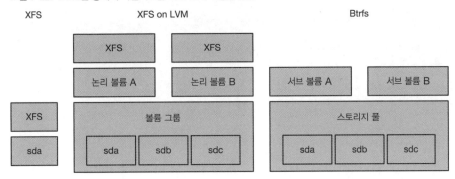

이미 만들어진 Btrfs 파일시스템에 저장 장치의 추가, 삭제, 교환도 가능합니다. 이러한 작업을 할 때 용량 변화에 따른 파일시스템의 크기를 조정 처리하는 것은 불필요합니다(그림 7-23).

그림 7-23 Btrfs는 저장 장치의 추가, 삭제, 교환도 가능

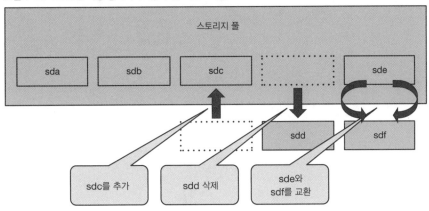

이러한 처리는 전부 파일시스템의 마운트 중에도 운영을 멈추지 않고 할 수 있습니다.

스냅샷

Btrfs는 서브 볼륨 단위로 스냅샷을 만들 수 있습니다. 스냅샷의 작성은 데이터를 전부 복사하는 것이 아닌, 데이터를 참조하는 메타데이터의 작성 혹은 스냅샷 내의 더티 페이지의 라이트 백을 하는 것만으로 처리할 수 있기 때문에 일반적인 복사보다 훨씬 빠르게 이루어집니다. 원래의 서브 볼륨과 스냅샷은 데이터를 공유하기 때문에 공간적인 낭비도 적습니다.

일반 복사와 Btrfs에 의한 서브 볼륨의 스냅샷을 얻는 것과의 공간상 비용의 차이를 살펴보도
록 합시다. 우선, 일반 복사는 [그림 7-24]와 같이 됩니다.

그림 7-24 일반 복사

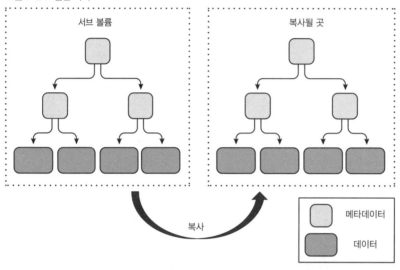

이 경우 메타데이터를 새로 만든 뒤에 데이터를 전부 복사하고 있음을 알 수 있습니다. 계속해
서 Btrfs의 스냅샷을 살펴보도록 합시다(그림 7-25).

그림 7-25 스냅샷

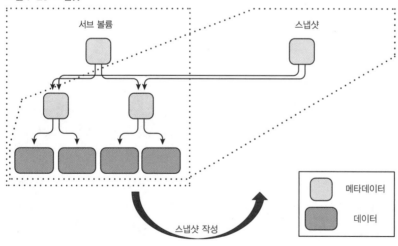

이 경우 트리의 root 노드만을 새로 만들어 거기에 다음 레벨의 노드를 링크 거는 것만으로도 처리가 끝납니다. 즉, 데이터의 복사는 발생하지 않기 때문에 복사보다 훨씬 고속으로 작성이 가능합니다.

RAID

Btrfs에는 파일시스템 레벨에 RAID* 작성을 포함하고 있습니다. 지원되는 것은 RAID 0, 1, 10, 5, 6 거기에 dup(같은 데이터를 같은 저장 장치에 이중화. 하나의 장치용)입니다. 어느 RAID 레벨로 설정되는지의 단위는 서브 볼륨이 아닌 Btrfs 파일시스템 전체입니다.

우선 RAID가 없는 구성의 경우를 살펴보도록 합시다. [그림 7-26]에는 sda와 sdb에 작성한 싱글 구성의 Btrfs 파일시스템에 서브 볼륨 A가 있습니다. 이때 sda가 망가지면 서브 볼륨 A 의 데이터는 전부 잃어버리게 됩니다.

그림 7-26 RAID가 없는 경우 sda가 망가지면 데이터를 전부 잃게 됨

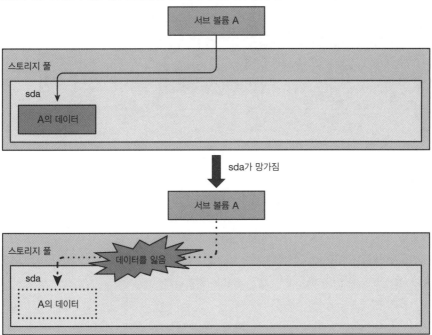

---

* Redundant Array of Inexpensive Disks의 약자로 '레이드'라고 읽습니다.

이것에 비해 이 파일시스템을 RAID 1로 구성했다면, 모든 데이터는 2개의 스토리지(이 경우 sda와 sdb)에 저장되기 때문에 sda가 망가지더라도 A의 데이터는 sdb에 남아 있습니다(그림 7-27).

그림 7-27 RAID 1 구성이라면 sda가 망가져도 데이터를 잃어버리지 않음

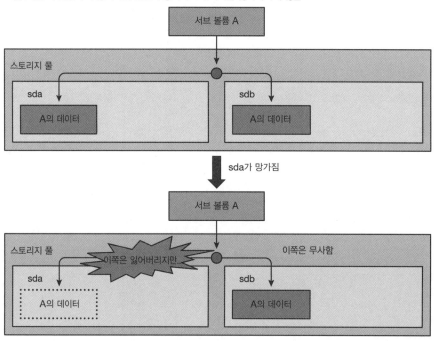

데이터의 파손 검출, 복구

Btrfs는 스토리지 내의 일부 데이터가 파괴된 경우 이것을 검출해 몇 가지의 RAID 구성으로 복구가 가능합니다. 이러한 기능을 가지지 않는 파일시스템이라면 [그림 7-28]과 같이 데이터를 쓸 때 부정확하게 기록되는 등의 여러 가지 이유로 인해, 스토리지 안의 데이터가 파괴되더라도 그것을 검출할 수가 없기 때문에 그대로 운용해 버립니다.

그림 7-28 데이터가 깨진 것을 검출하지 못하면 모르는 채로 운영을 계속하게 되는 리스크가 있음

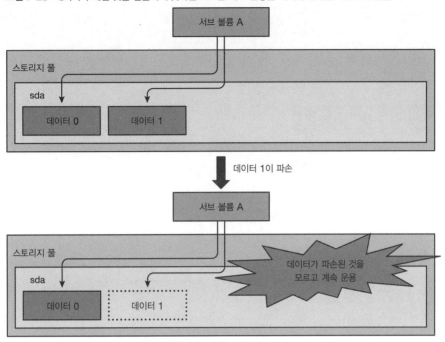

이러한 계기로 데이터 파손이 일어나는 경우도 있으며 이러한 장애는 원인을 밝히기도 매우 어렵습니다.

반면에 Btrfs는 데이터, 메타데이터 모두 일정의 데이터 크기마다 체크섬checksum을 가지고 있으므로 데이터의 파손을 검출할 수 있습니다. [그림 7-29]와 같이 데이터(혹은 메타데이터)를 읽는 도중 체크섬 에러를 검출하게 되면 그 데이터를 버리고 읽기를 요청한 프로그램에 I/O 에러를 알립니다.

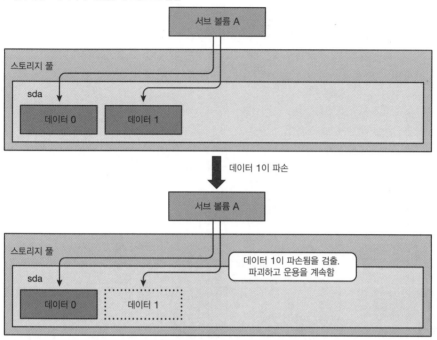

그림 7-29 데이터의 파손을 체크섬으로 검출

이때 RAID 1, 10, 5, 6, dup의 구성이면 다른 체크섬이 일치하는 정확한 데이터를 기준으로 파괴된 데이터를 복구합니다. RAID 5, 6의 경우에도 패리티를 사용해서 같은 것을 할 수 있습니다. [그림 7-30]에는 RAID 1로 구성된 경우 복구의 흐름을 나타냅니다.

이 경우 읽기를 요청한 곳은 데이터가 일시적으로 깨졌음을 인식하지 못하고 지나가게 됩니다.

이 책을 쓸 시점에는 ext4나 XFS에도 메타데이터에 체크섬을 넣음으로써 깨진 메타데이터를 검출하여 파괴하는 것은 가능했지만 메타데이터뿐만이 아니라 데이터의 파손도 검출하고 파괴 복구 가능한 파일시스템은 Btrfs뿐입니다.

그림 7-30 RAID 1, 10, 5, 6, dup의 경우 데이터의 파손을 복구할 수 있음

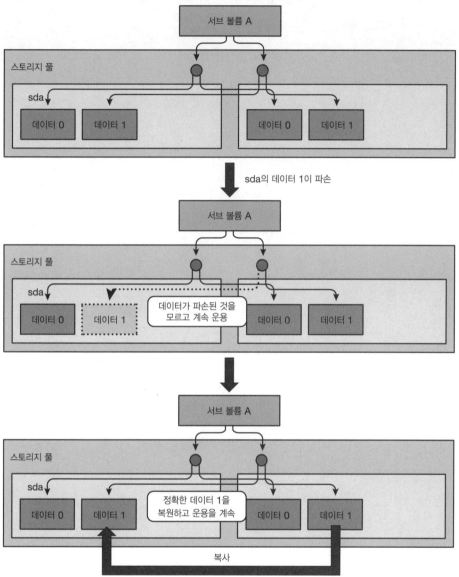

## CHAPTER 8

저장 장치

이번 장에서는 저장 장치와 그에 관련된 커널의 기능에 대해 설명하겠습니다.

우선 저장 장치의 대표격인 HDD의 특성에 대해 설명하겠습니다. 그리고 이어서 그 특성을 살려 I/O 성능을 높이기 위한 커널의 구조, 즉 블록 장치 계층에 대해서 설명하겠습니다. 마지막으로 최근 수년간 HDD를 대체하기 위해 보급된 저장 장치, SSD에 대해 설명하겠습니다.

HDD의 데이터 읽기 쓰기의 동작 방식

HDD는 데이터를 자기 정보로 변환하여 그것을 플래터platter라고 불리는 자기 장치에 기록하는 저장 장치입니다. 데이터는 바이트 단위가 아닌 섹터sector라고 불리는 단위*로 읽고 씁니다. [그림 8-1]과 같이 섹터는 동심원처럼 원의 중심부터 바깥 방향으로 분할되어 있으며 각각에 주소 번호가 부여되어 있습니다.**

그림 8-1 HDD의 섹터

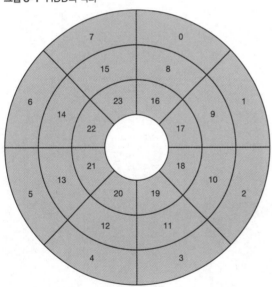

---

* 1섹터의 크기는 512바이트 혹은 4K바이트입니다.

** 실제로는 원의 바깥쪽의 동심원이 안쪽의 동심원에 비해 섹터의 수가 더 많습니다.

플래터의 각 섹터 데이터는 자기 헤드라는 부품에 의해 읽고 씁니다. 자기 헤드는 스윙 암이라는 부품에 달려있으며 스윙 암이 움직임으로써 자기 헤드를 플래터의 동심원 반경 방향으로 이동시킵니다. 여기에 플래터를 회전시킴으로써 자기 헤드를 읽고 싶은 대상 섹터의 바로 위에 오도록 합니다. HDD로부터의 데이터 전송 흐름은 다음과 같습니다.

1 디바이스 드라이버가 데이터의 읽고 쓰기에 필요한 정보를 HDD에 전달합니다. 섹터 번호, 섹터의 개수 그리고 섹터의 종류(읽기 또는 쓰기) 등이 있습니다.

2 스윙 암을 이동시키거나 플래터를 회전시켜 접근하고자 하는 섹터 위에 자기 헤드를 위치시킵니다.

3 데이터를 읽고 씁니다.

4 읽을 경우에는 HDD의 읽기 처리가 완료됩니다.

이러한 처리를 그림으로 나타내면 [그림 8-2]와 같습니다.

그림 8-2 HDD로부터의 데이터 전송 흐름

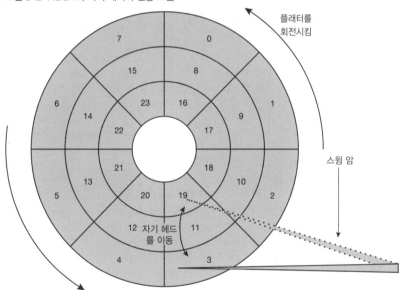

위에서 설명한 접근 처리 중 1과 4는 고속의 전기적 처리인 반면, 스윙 암의 동작과 플래터의 회전은 훨씬 더 느린 기계적 처리입니다. 따라서 HDD에 접근하는 레이턴시는 하드웨어의 처리 속도에 따라 영향을 받게 됩니다. 전기적 처리만으로 읽고 쓸 수 있는 메모리 접근에 비해 레이턴시가 훨씬 커집니다(구체적인 속도 차이에 대해서는 SSD 절에서 설명하도록 하겠습니다). 접근 처리에 드는 소요 시간을 그림으로 나타내면 [그림 8-3]과 같습니다.

그림 8-3 HDD로의 접근 처리 소요 시간

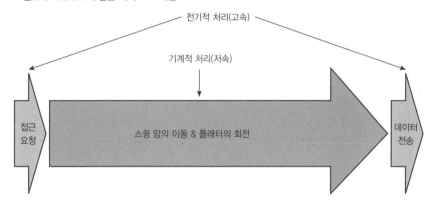

레이턴시 중 대부분이 기계적 처리에 걸리는 시간입니다.

HDD의 성능 특성

HDD는 연속하는 여러 개의 섹터 데이터를 한 번의 접근 요청에 의해 함께 읽을 수 있습니다. 이것은 스윙 암을 동작해서 일단 자기 헤드의 위치를 원하는 동심원의 위치에 맞추기만 하면 플래터를 회전시키는 것만으로 여러 개의 연속된 섹터의 데이터를 한 번에 읽을 수 있기 때문입니다. 한 번에 읽을 수 있는 양은 HDD마다 제한이 있습니다.

[그림 8-4]는 섹터 0에서부터 2까지의 데이터를 한 번에 읽을 경우 자기 헤드의 궤적을 나타내는 모습입니다.

여러 개의 섹터가 연속으로 있더라도 각각의 섹터를 여러 번 나눠서 접근하는 경우에는 처리에 불필요한 시간이 소요됩니다(그림 8-5).

그림 8-4 섹터 0에서부터 2까지 데이터를 한 번에 읽을 경우

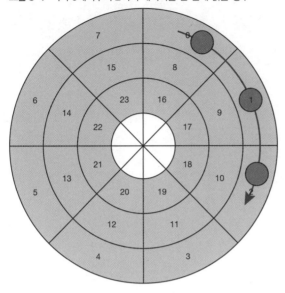

그림 8-5 각각의 섹터를 여러 번 나눠서 접근하는 경우

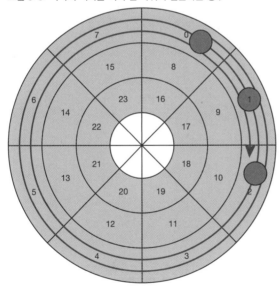

연속된 여러 개의 섹터에 접근하는 경우에 비해 섹터 0, 11, 23과 같이 연속되지 않은 여러 개의 섹터에 접근하는 경우에는 HDD에 여러 번 접근 요청을 해야 합니다.

또한 [그림 8-6]과 같이 궤적이 길어지게 됩니다.

그림 8-6 연속되지 않는 섹터에 접근하는 경우

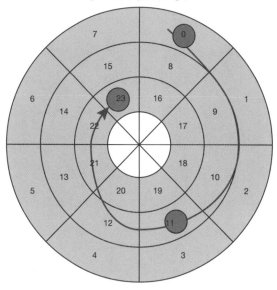

이러한 접근 소요 시간을 시간 순으로 나열하면 [그림 8-7]과 같습니다.

그림 8-7 HDD의 데이터 접근 소요 시간(연속, 불연속)

연속된 여러 개의 섹터에 접근

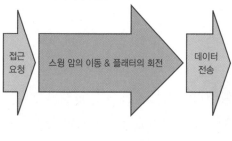

연속되지 않은 여러 개의 섹터에 접근

이러한 성능 특성 때문에 파일시스템은 각 파일의 데이터를 되도록 연속된 영역에 배치되도록 합니다. 여러분이 프로그램을 만들 때도 다음과 같은 것을 생각하지 않으면 안 됩니다.

- 파일 내의 데이터를 연속으로 혹은 가까운 영역에 배치합니다.
- 연속된 영역에 접근할 때에는 여러 번 나누기보다는 한 번에 하도록 합니다.
- 파일은 되도록 큰 사이즈로 시퀀셜(sequential)하게 접근합니다.

HDD의 테스트

여기까지 설명한 HDD의 성능 측정을 실험을 통해 확인해봅시다.

이 실험에서는 움직이고 있는 데이터를 측정하기 위해 블록 장치의 데이터를 직접 읽도록 하겠습니다. 여러분 자신의 환경에서 동일한 테스트를 실시하는 경우에는 반드시 사용하지 않는 파티션을 준비해 이 테스트에 사용하도록 하십시오. 그렇게 하지 않으면 여러분의 중요한 데이터가 파괴될 위험성이 있습니다.

테스트 프로그램

이 테스트에서는 다음과 같은 내용을 측정합니다.

- I/O 사이즈에 따른 성능 변화
- 시퀀셜 접근과 랜덤 접근의 차이

이를 위해 다음과 같은 사양의 프로그램을 작성합니다.

- 지정된 파티션의 처음부터 1기가바이트까지의 영역에 합계 64메가바이트의 I/O를 요청합니다.
- 읽기와 쓰기의 종류, 접근 패턴(시퀀셜, 랜덤 접근), 1회당 I/O 사이즈를 지정할 수 있게 합니다. 받아들이는 파라미터는 다음과 같습니다.
  - 제1파라미터 : 파일명
  - 제2파라미터 : 이번 장의 뒷부분에서 설명할 커널의 I/O 지원 기능을 켜거나 끕니다(on, off).
  - 제3파라미터 : 읽기와 쓰기의 종류(r = 읽기, w = 쓰기)

－ 제4파라미터 : 접근 패턴(seq = 시퀀셜 접근, rand = 랜덤 접근)

　　－ 제5파라미터 : 1회당 I/O 사이즈(킬로바이트)

이것을 구현한 것이 다음의 소스코드입니다(코드 8-1).

코드 8-1 io 프로그램(io.c)

```
#define _GNU_SOURCE
#include <sys/types.h>
#include <sys/stat.h>
#include <fcntl.h>
#include <unistd.h>
#include <stdio.h>
#include <stdlib.h>
#include <string.h>
#include <err.h>
#include <errno.h>
#include <sys/ioctl.h>
#include <linux/fs.h>

#define PART_SIZE   (1024*1024*1024)
#define ACCESS_SIZE (64*1024*1024)

static char *progname;

int main(int argc, char *argv[])
{
    progname = argv[0];
    if (argc != 6) {
        fprintf(stderr, "usage: %s <filename> <kernel's help> <r/w>
        <access pattern> <block size[KB]>\n", progname);
        exit(EXIT_FAILURE);
    }

    char *filename = argv[1];

    bool help;
    if (!strcmp(argv[2], "on")) {
        help = true;
    }
    else if (!strcmp(argv[2], "off")) {
        help = false;
    }
```

```
    else {
        fprintf(stderr, "kernel's help should be 'on' or 'off': %s\n",
        argv[2]);
        exit(EXIT_FAILURE);
    }

    int write_flag;
    if (!strcmp(argv[3], "r")) {
        write_flag = false;
    }
    else if (!strcmp(argv[3], "w")) {
        write_flag = true;
    }
    else {
        fprintf(stderr, "r/w should be 'r' or 'w': %s\n",
        argv[3]);
        exit(EXIT_FAILURE);
    }

    bool random;
    if (!strcmp(argv[4], "seq")) {
        random = false;
    }
    else if (!strcmp(argv[4], "rand")) {
        random = true;
    }
    else {
        fprintf(stderr, "access pattern should be 'seq' or 'rand': %s\n",
        argv[4]);
        exit(EXIT_FAILURE);
    }

    int part_size = PART_SIZE;
    int access_size = ACCESS_SIZE;

    int block_size = atoi(argv[5]) * 1024;
    if (block_size == 0) {
        fprintf(stderr, "block size should be > 0: %s\n",
        argv[5]);
        exit(EXIT_FAILURE);
    }
    if (access_size % block_size != 0) {
        fprintf(stderr, "access size(%d) should be multiple of block size : %s\n",
        access_size, argv[5]);
```

```
        exit(EXIT_FAILURE);
}
int maxcount = part_size / block_size;
int count = access_size / block_size;

int *offset = malloc(maxcount * sizeof(int));
if (offset == NULL)
    err(EXIT_FAILURE, "malloc() failed");

int flag = O_RDWR | O_EXCL;
if (!help)
    flag |= O_DIRECT;

int fd;
fd = open(filename, flag);
if (fd == -1)
    err(EXIT_FAILURE, "open() failed");

int i;
for (i = 0; i < maxcount; i++) {
    offset[i] = i;
}
if (random) {
    for (i = 0; i < maxcount; i++) {
        int j = rand() % maxcount;
        int tmp = offset[i];
        offset[i] = offset[j];
        offset[j] = tmp;
    }
}

int sector_size;
if (ioctl(fd, BLKSSZGET, &sector_size) == -1)
    err(EXIT_FAILURE, "ioctl() failed");

char *buf;
int e;
e = posix_memalign((void **)&buf, sector_size, block_size);
if (e) {
    errno = e;
    err(EXIT_FAILURE, "posix_memalign() failed");
}

for (i = 0; i < count; i++) {
```

```
        ssize_t ret;
        if (lseek(fd, offset[i] * block_size, SEEK_SET) == -1)
            err(EXIT_FAILURE, "lseek() failed");
        if (write_flag) {
            ret = write(fd, buf, block_size);
            if (ret == -1)
                err(EXIT_FAILURE, "write() failed");
        }
        else {
            ret = read(fd, buf, block_size);
            if (ret == -1)
                err(EXIT_FAILURE, "read() failed");
        }
    }
    if (fdatasync(fd) == -1)
        err(EXIT_FAILURE, "fdatasync() failed");
    if (close(fd) == -1)
        err(EXIT_FAILURE, "close() failed");

    exit(EXIT_SUCCESS);
}
```

소스코드를 읽은 뒤에 주의할 점은 다음과 같습니다.

- 'open()' 함수에 'O_DIRECT' 플래그를 넣으면 다이렉트 I/O를 수행합니다. 이 경우 커널의 I/O 지원 기능을 사용하지 않을 수 있습니다.
- 'ioctl()' 함수를 사용하여 지정한 장치에 대응하는 저장 장치의 섹터 사이즈를 얻고 있습니다.
- 저장 장치에 전달하는 데이터를 보관하는 버퍼(소스코드상으로는 buf 변수)용 메모리 영역을 확보하기 위해 malloc() 함수가 아닌 'posix_memalign()' 함수라는 비슷한 함수를 사용합니다. 이 함수는 획득한 메모리의 시작 주소를 지정한 수의 배수로 만들어 줍니다(정렬(align)합니다). 이렇게 하는 이유는 다이렉트 I/O에 사용하는 버퍼의 시작 주소와 사이즈가 저장 장치의 섹터 사이즈의 배수가 될 필요가 있기 때문입니다.
- 'fdatasync()' 함수를 사용하여 앞서 요청된 I/O 처리를 완료할 때까지 기다립니다. 그 이유는 다이렉트 I/O가 아닌 일반적인 I/O의 경우 'write()' 함수는 I/O를 요청한 뒤 기다리지 않기 때문입니다.

빌드 방법은 다음과 같습니다.

```
$ cc -o io io.c
$
```

시퀀셜 접근

다음의 파라미터로 데이터를 얻습니다.

I/O 지원 기능	종류	패턴	1회당 I/O 사이즈
off	r	seq	4, 8, 16, 32, 64, 128, 256, 512, 1024, 2048, 4096
off	w	seq	4, 8, 16, 32, 64, 128, 256, 512, 1024, 2048, 4096

다음과 같이 실행하도록 합시다. 여기서는 /dev/sdb가 HDD이고, /dev/sdb5가 사용 중이 아닌 파티션이라고 가정합니다.

```
$ sudo su
# for i in 4 8 16 32 64 128 256 512 1024 2048 4096 ; do time ./io /dev/sdb5 off
r seq $i ; done

real 0m1.972s
(중략)
real 0m1.311s
(중략)
real 0m0.916s
(중략)
real 0m0.695s
(중략)
real 0m0.595s
(중략)
real 0m0.537s
(중략)
real 0m0.527s
(중략)
real 0m0.509s
(중략)
real 0m0.539s
(중략)
real 0m0.499s
(중략)
real 0m0.531s
 #
```

읽기와 쓰기 각각에 대한 그래프를 그려보았습니다(그림 8-8, 그림 8-9). 세로축의 스루풋

값은 총 I/O 사이즈인 64메가바이트를 프로그램을 실행하는데 걸린 시간으로 나눈 값을 사용했습니다.

그림 8-8 HDD의 시퀀셜 읽기 성능(지원 기능 끔)

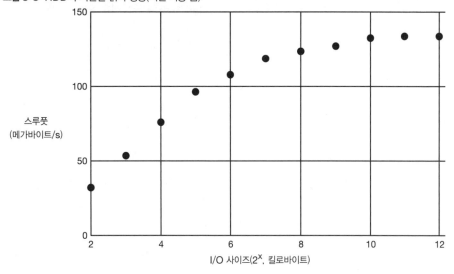

그림 8-9 HDD의 시퀀셜 쓰기 성능(지원 기능 끔)

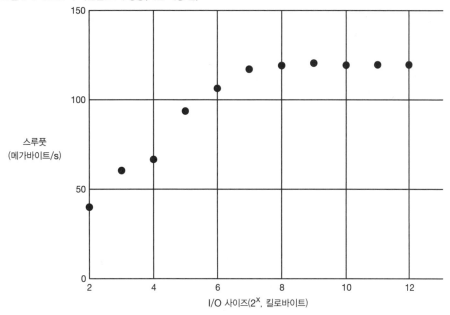

읽기와 쓰기 모두, 1회당 I/O 사이즈가 커질수록 스루풋 성능이 향상됨을 알 수 있습니다.

그러나 I/O 사이즈가 1메가바이트로 되었을 때부터 성능이 더 이상 올라가지 않음을 볼 수 있습니다. 이것은 이 HDD가 한 번에 접근할 수 있는 데이터량의 한계이고 이때의 스루풋 성능이 이 HDD의 최대성능입니다. 한 번에 읽을 수 있는 데이터량의 상한선을 넘는 크기의 I/O를 요청한 경우에는 블록 장치 계층에서 접근을 여러 번 나눠서 가져오게 됩니다.

랜덤 접근

다음의 파라미터로 데이터를 얻습니다.

I/O 지원 기능	종류	패턴	1회당 I/O 사이즈
off	r	rand	4, 8, 16, 32, 64, 128, 256, 512, 1024, 2048, 4096
off	w	rand	4, 8, 16, 32, 64, 128, 256, 512, 1024, 2048, 4096

결과를 시퀀셜 접근과 비교한 것이 [그림 8-10]과 [그림 8-11]입니다.

그림 8-10 HDD의 읽기 성능(지원 기능 끔)

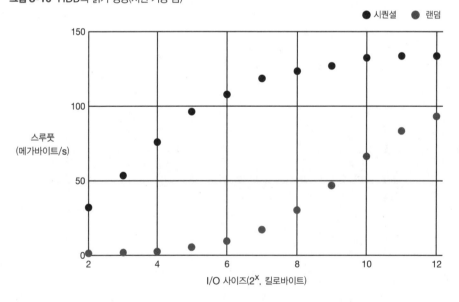

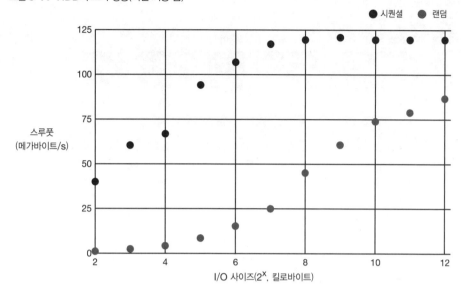

그림 8-11 HDD의 쓰기 성능(지원 기능 끔)

랜덤 접근의 성능이 시퀀셜 접근의 성능보다 전체적으로 떨어지는 것을 알 수 있습니다. 특히 I/O 사이즈가 작을 때 성능의 차이가 두드러지게 보입니다. I/O 사이즈가 커질수록 전체 프로그램의 접근 대기 시간이 줄어들기 때문에 스루풋 성능이 올라갑니다. 그렇다 하더라도 시퀀셜 접근보다는 느립니다.

블록 장치 계층

7장에서도[242쪽] 언급했듯이 리눅스에서는 HDD나 SSD 등의 랜덤 접근이 가능하며 일정 단위로(HDD나 SSD에서는 섹터) 접근 가능한 장치를 합쳐 '블록 장치'라는 이름으로 분류하고 있습니다.

블록 장치에는 디바이스 파일이라고 불리는 특수한 파일을 가지고 직접 접근하던가 또는 그 위에 구축된 파일시스템을 통해서 간접적으로 접근합니다. 대부분의 소프트웨어는 간접적으로 접근합니다.

각종 블록 장치에는 공통된 처리가 많기 때문에 이러한 처리는 각각의 장치에 대한 디바이스 드라이버에서 구현하지 않고 [그림 8-12]처럼 커널의 블록 장치 계층이라는 곳에서 담당합니다.

그림 8-12 블록 장치 공통의 처리에 커널 안의 블록 장치 계층이 담당

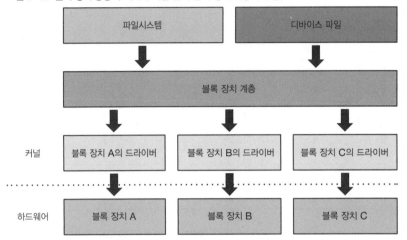

여기서는 블록 장치 계층에 있는 I/O 스케줄러라는 기능과 미리 읽기라는 기능에 대해 설명하겠습니다.

I/O 스케줄러

블록 장치 계층의 I/O 스케줄러 기능은 블록 장치에 접근하려는 요청을 일정 기간 모아둔 뒤, 다음과 같은 가공을 한 다음 디바이스 드라이버에 I/O 요청을 함으로써 I/O 성능을 향상시키는 것을 목표로 합니다.

- **병합(merge)** : 여러 개의 연속된 섹터에 대한 I/O 요청을 하나로 모읍니다.
- **정렬(sort)** : 여러 개의 불연속적인 섹터에 대한 I/O 요청을 섹터 번호 순서대로 정리합니다.

정렬 뒤에 병합이 발생하는 경우도 있으며 이 경우 또한 I/O 성능 향상을 기대할 수 있습니다. [그림 8-13]에 I/O 스케줄러가 동작 하는 모습을 그려보았습니다.

I/O 스케줄러 덕분에 사용자 프로그램을 만드는 사람이 블록 장치의 성능 특성에 대해 자세히 이해할 필요 없이 어느 정도 성능이 나오게 되어 있습니다.

그림 8-13 I/O 스케줄러의 동작

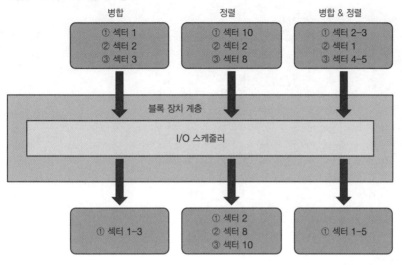

미리 읽기

6장에서 설명한 대로 프로그램으로부터 데이터에 접근할 때에는 공간적 국소성이라는 특징이 있습니다.[198쪽] 이 특징을 이용하기 위해서 블록 장치 계층에는 '미리 읽기[read-ahead]'라는 기능이 있습니다.

이것은 [그림 8-14]처럼 저장 장치 안에 있는 영역에 접근한 다음 그 바로 뒤에 연속되는 영역에 접근할 가능성이 매우 크다는 점을 예측하여 미리 읽어두는 기능입니다.

그림 8-14 미리 읽기(1)

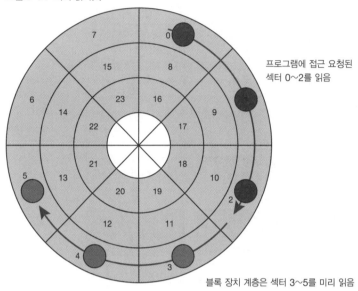

프로그램에 접근 요청된
섹터 0~2를 읽음

블록 장치 계층은 섹터 3~5를 미리 읽음

이 직후에 미리 읽은 영역이 예측대로 접근하면 이미 데이터 읽기가 되어 있으므로 읽기를 생략할 수 있습니다(그림 8-15).

그림 8-15 미리 읽기(2)

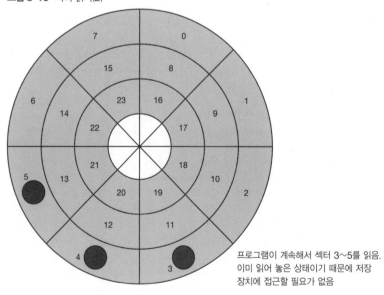

프로그램이 계속해서 섹터 3~5를 읽음.
이미 읽어 놓은 상태이기 때문에 저장
장치에 접근할 필요가 없음

이러한 방법으로 시퀀셜 접근의 경우 성능을 높일 수 있습니다. 예측대로 접근하지 않았을 경우는 단순히 읽었던 데이터를 버리면 됩니다.

테스트

여기서는 I/O 지원 기능을 사용한 경우의 I/O 성능을 확인하고 이 기능을 사용하지 않았을 때와 비교해봅니다.

시퀀셜 접근

다음의 파라미터로 데이터를 얻습니다.

I/O 지원 기능	종류	패턴	1회당 I/O 사이즈
on	r	seq	4, 8, 16, 32, 64, 128, 256, 512, 1024, 2048, 4096
on	w	seq	4, 8, 16, 32, 64, 128, 256, 512, 1024, 2048, 4096

각각의 결과를 I/O 지원 기능이 없었던 경우와 비교해보면 [그림 8-16]과 [그림 8-17]과 같이 됩니다.

그림 8-16 HDD의 시퀀셜 읽기 성능

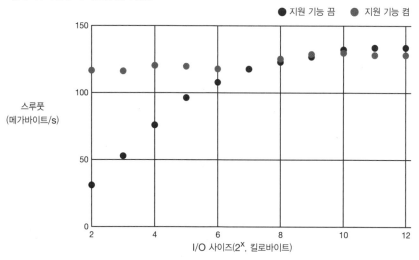

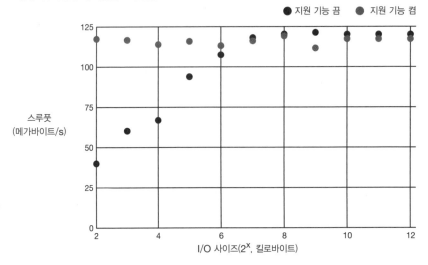

그림 8-17 HDD의 시퀀셜 쓰기 성능

읽기와 쓰기 모두 I/O 사이즈가 작은 시점부터 스루풋 성능이 HDD의 한계까지 아슬아슬하게 나오고 있습니다. 이것이 미리 읽기의 효과입니다. io 프로그램의 실행 중에 다른 터미널로 'iostat -x' 명령어를 실행한 결과를 보면 효과가 어떠한지 알 수 있습니다. 일단 I/O 지원 기능을 끄고 I/O 사이즈를 4킬로바이트로 할 경우입니다.

```
$ iostat -x -p sdb 1
(중략)
Device:        rrqm/s  wrqm/s   r/s        w/s    rkB/s    wkB/s   avgrq-sz
avgqu-sz  await   r_await  w_await   svctm   %util
sdb            0.00    0.00     0.00      0.00    0.00     0.00    0.00
0.00     0.00    0.00     0.00      0.00    0.00
(중략)
sdb            0.00    0.00     2274.00   0.00    9096.00  0.00    8.00
0.26     0.12    0.12     0.00      0.12    26.40  •——— ①
(중략)
sdb            0.00    0.00     8487.00   0.00    33948.00 0.00    8.00
0.98     0.11    0.11     0.00      0.11    97.60
(중략)
sdb            0.00    0.00     5643.00   0.00    23524.00 0.00    8.34
0.66     0.12    0.12     0.00      0.12    66.00  •——— ②
(중략)
sdb            0.00    0.00     0.00      0.00    0.00     0.00    0.00
0.00     0.00    0.00     0.00      0.00    0.00
```

sdb가 I/O를 처리하고 있던 곳은 ①과 ②의 부분입니다. 약 3초 정도 걸려서 64킬로바이트를 읽고 있습니다.

다시 지원 기능을 켠 경우입니다(I/O 사이즈는 4킬로바이트입니다).

```
$ iostat -x -p sdb 1
(중략)
 Device:        rrqm/s   wrqm/s    r/s      w/s     rkB/s     wkB/s    avgrq-sz
avgqu-sz   await   r_await   w_await   svctm   %util
  sdb            0.00     0.00     0.00     0.00    0.00      0.00     0.00
  0.00     0.00    0.00      0.00     0.00    0.40
(중략)
  sdb            0.00     0.00   536.00    0.00   66808.00    0.00     249.28
  1.06     1.98    1.98      0.00     1.05   56.40 •——— ①
(중략)
  sdb            0.00     0.00     0.00     0.00    0.00      0.00     0.00
  0.00     0.00    0.00      0.00     0.00    0.00
  ...
```

sdb가 I/O 처리를 하고 있던 것은 ①의 부분입니다. 약 1초에 걸쳐 64킬로바이트를 읽고 있습니다. 이것은 처음의 데이터에 접근한 시점에 다음의 연속된 데이터를 미리 읽기 때문입니다. 이를 통해 뒤에 연속해서 읽는 영역에 대해서는 이미 데이터가 메모리에 있기 때문에 소요 시간이 짧아지게 된 것입니다.

병합 처리는 어떠할까요? 읽기 처리에 대한 병합은 'rrqm/s' 필드로 얻을 수 있지만, 현재 이 값은 0입니다. 따라서 현재 병합 기능은 동작하고 있지 않음을 알 수 있습니다. 왜냐하면 이 프로그램의 읽기 처리는 동기적으로 스토리지로부터 데이터를 읽어낸 후 다음을 읽을 필요가 있기 때문에 I/O 스케줄러가 동작할 기회가 없기 때문입니다.

이 책에서는 설명하지 않겠지만 읽기에 I/O 스케줄러가 동작할 때에는 여러 개의 프로세스로부터 병렬로 읽기를 하거나 비동기 I/O라는 읽기 종료를 기다리지 않는 I/O의 경우에 동작합니다.

쓰기를 고속화하는 것은 I/O 스케줄러의 병합 처리 덕분입니다. 병합 처리는 프로그램이 자잘하게 I/O를 요청할 경우에도 각각 병합하여 일정한 사이즈 이상이 되면 HDD의 실제 I/O가 수행됩니다. 이것을 통계 데이터에서 실제로 병합해보며 어떻게 동작하나 살펴보도록 합시다.

일단 I/O 지원 기능이 없는 경우입니다.

```
$ iostat -x -p sdb 1
(중략)
 Device:      rrqm/s    wrqm/s     r/s     w/s      rkB/s    wkB/s     avgrq-sz
avgqu-sz   await   r_await    w_await    svctm    %util
 sdb          0.00      0.00       0.00     0.00     0.00     0.00      0.00
 0.00      0.00     0.00       0.00      0.00     0.00
(중략)
 sdb          0.00      0.00       0.00     4966.00  0.00     19864.00  8.00
 0.46      0.09     0.00       0.09      0.09     46.00    •———— ①
(중략)
 sdb          0.00      0.00       0.00     10207.00 0.00     40828.00  8.00
 0.96      0.09     0.00       0.09      0.09     96.00    •———— ②
(중략)
 sdb          0.00      0.00       20.00    1211.00  1032.00  4844.00   9.55
 0.15      0.12     1.80       0.09      0.11     14.00 ... •———— ③
(중략)
 sdb          0.00      0.00       0.00     0.00     0.00     0.00      0.00
 0.00      0.00     0.00       0.00      0.00     0.00
(중략)
```

스토리지 I/O 처리를 하는 것은 ①~③입니다. 이것에 비해 I/O 지원 기능이 있는 경우는 다음
과 같습니다.

```
$ iostat -x -p sdb 1
(중략)
 Device:      rrqm/s    wrqm/s     r/s     w/s      rkB/s    wkB/s     avgrq-sz
avgqu-sz   await   r_await    w_await    svctm    %util
sdb          0.00      0.00       0.00     0.00     0.00     0.00      0.00
 0.00      0.00     0.00       0.00      0.00     0.00
(중략)
 sdb          0.00      16320.00   0.00     18.00    0.00     18432.00  2048.00
 9.02      78.67    0.00       78.67     9.33     16.80 •———— ①
(중략)
 sdb          0.00      0.00       20.00    46.00    1032.00  47104.00  1458.67
 8.32      241.39   0.80       346.00    5.64     37.20 •———— ②
 sdb          0.00      0.00       0.00     0.00     0.00     0.00      0.00
 0.00      0.00     0.00       0.00      0.00     0.00
(중략)
```

스토리지가 I/O 처리를 하고 있는 것은 ①과 ②의 부분입니다. ①에서는 I/O를 병합하고 있음을 나타내는 'wrqm/s'의 값이 증가하고 있음을 알 수 있습니다.

랜덤 접근

다음과 같은 파라미터로 데이터를 얻습니다.

I/O 지원 기능	종류	패턴	1회당 I/O 사이즈
on	r	rand	4, 8, 16, 32, 64, 128, 256, 512, 1024, 2048, 4096
on	w	rand	4, 8, 16, 32, 64, 128, 256, 512, 1024, 2048, 4096

테스트 결과를 시퀀셜 접근의 경우와 비교한 것이 [그림 8-18]과 [그림 8-19]입니다.

그림 8-18 HDD의 읽기 성능(지원 기능이 있는 경우)

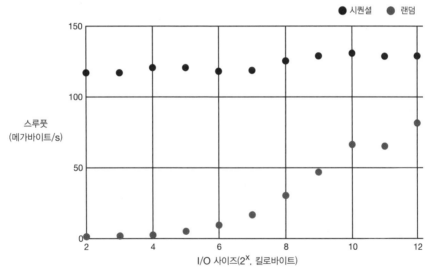

그림 8-19 HDD의 쓰기 성능(지원 기능이 있는 경우)

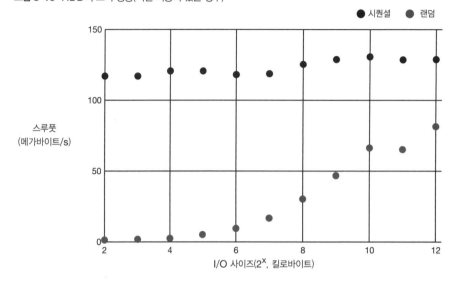

두 경우 모두 I/O 사이즈가 커질수록 스루풋 성능이 시퀀셜에 가까워지다가 결국 같아지는 것을 알 수 있습니다. 테스트 결과를 블록 장치 계층 기능을 *끄고* 비교한 데이터가 [그림 8-20]과 [그림 8-21]입니다.

그림 8-20 HDD의 랜덤 읽기 성능

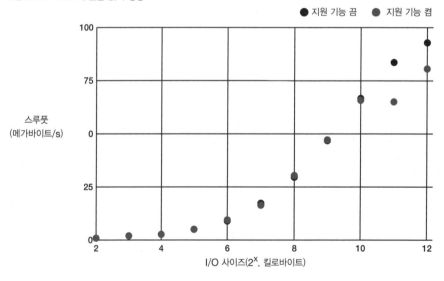

그림 8-21 HDD의 랜덤 쓰기 성능

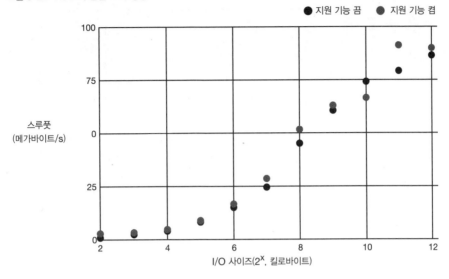

읽기의 랜덤 접근은 거의 바뀌지 않고 있습니다. 이유는 앞서 설명한 대로 읽기의 경우는 I/O 스케줄러가 동작하지 않는 상태로, 미리 읽기를 하더라도 시퀀셜 접근이 되지 않으므로 결국 미리 읽기 한 데이터가 버려지기 때문입니다.

쓰기는 [그림 8-21]에서는 조금 알기 힘듭니다만, I/O의 사이즈가 작은 경우에 I/O 스케줄러의 효과가 보입니다. 이 효과를 좀 더 보기 쉽게 하기 위해 [그림 8-21]의 그래프의 가로축은 그대로 두고 세로축을 'I/O 지원 기능을 켠 경우의 스루풋 성능 / 끈 경우의 스루풋 성능'으로 하여 [그림 8-22]로 나타내 보았습니다.

그림 8-22 HDD의 쓰기 성능 비교 (지원 기능 켬/지원 기능 끔)

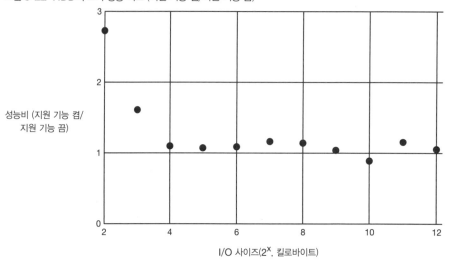

I/O 지원 기능을 켠 경우에 대한 통계 정보를 얻어보면 다음과 같습니다.

```
$ iostat -x -p sdb 1
(중략)
 Device:       rrqm/s  wrqm/s    r/s    w/s    rkB/s   wkB/s   avgrq-sz
 avgqu-sz   await   r_await  w_await  svctm   %util
 sdb           0.00    0.00     0.00   0.00    0.00    0.00    0.00
 0.00      0.00    0.00     0.00     0.00    0.00
(중략)
 sdb           0.00    48.00    0.00   473.00  0.00    2048.00 8.66
 51.08     83.58   0.00     83.58    0.75    35.60
(중략)
 sdb           0.00    57.00    0.00   832.00  0.00    3548.00 8.53
 144.25    169.89  0.00     169.89   1.20    100.00
(중략)
 sdb           0.00    64.00    0.00   667.00  0.00    2920.00 8.76
 143.79    207.17  0.00     207.17   1.50    100.00
(중략)
 sdb           0.00    69.00    0.00   1030.00 0.00    4388.00 8.52
 144.27    148.80  0.00     148.80   0.97    100.00
(중략)
 sdb           0.00    71.00    0.00   863.00  0.00    3756.00 8.70
 143.64    163.86  0.00     163.86   1.16    100.00
(중략)
 sdb           0.00    60.00    0.00   741.00  0.00    3192.00 8.62
```

```
 142.57    189.69    0.00       189.69   1.35    100.00
(중략)
 sdb         0.00   58.00        0.00    759.00   0.00    3280.00  8.64
 143.21    187.87    0.00       187.87   1.32    100.00
(중략)
 sdb         0.00   64.00        0.00    839.00   0.00    3604.00  8.59
 143.30    172.70    0.00       172.70   1.19    100.00
(중략)
 sdb         0.00   55.00        0.00    754.00   0.00    3240.00  8.59
 143.46    187.73    0.00       187.73   1.33    100.00
(중략)
 sdb         0.00   46.00        0.00    581.00   0.00    2512.00  8.65
 143.48    248.78    0.00       248.78   1.72    100.00
(중략)
 sdb         0.00   51.00        0.00    752.00   0.00    3196.00  8.50
 142.96    195.08    0.00       195.08   1.33    100.00
(중략)
 sdb         0.00   56.00        0.00    876.00   0.00    3756.00  8.58
 142.97    159.75    0.00       159.75   1.14    100.00
(중략)
 sdb         0.00   64.00        0.00    810.00   0.00    3452.00  8.52
 142.69    177.17    0.00       177.17   1.23    100.00
(중략)
 sdb         0.00   40.00        0.00    653.00   0.00    2808.00  8.60
 143.59    208.31    0.00       208.31   1.53    100.00
(중략)
 sdb         0.00   45.00        0.00    711.00   0.00    3028.00  8.52
 143.01    215.13    0.00       215.13   1.41    100.00
(중략)
 sdb         0.00   55.00        0.00    791.00   0.00    3356.00  8.49
 143.50    174.28    0.00       174.28   1.26    100.00
(중략)
 sdb         0.00   38.00        0.00    608.00   0.00    2596.00  8.54
 143.41    226.60    0.00       226.60   1.64    100.00
(중략)
 sdb         0.00   33.00        0.00    627.00   0.00    2652.00  8.46
 143.99    232.22    0.00       232.22   1.59    100.00
(중략)
 sdb         0.00   35.00        0.00    738.00   0.00    3092.00  8.38
 141.68    207.18    0.00       207.18   1.36    100.00
(중략)
 sdb         0.00   36.00        0.00    729.00   0.00    3084.00  8.46
 143.62    190.27    0.00       190.27   1.37    100.00
(중략)
```

```
sdb              0.00    13.00     20.00   492.00   1032.00 2028.00  11.95
88.12         200.67    4.80      208.63     1.56     80.00
(중략)
sdb              0.00     0.00      0.00     0.00      0.00     0.00    0.00
0.00           0.00     0.00       0.00     0.00      0.00
(중략)
sdb              0.00     0.00      0.00     0.00      0.00     0.00    0.00
0.00           0.00     0.00       0.00     0.00      0.00
(중략)
```

시퀀셜의 경우만큼은 아니지만 병합이 발생하고 있습니다. 이것은 랜덤 읽기를 하던 도중에 우연히 접근 영역이 연속해서 있는 I/O 요청이 병합된 결과입니다.

SSD의 동작 방식

계속해서 SSD에 대해서 설명하겠습니다. SSD와 HDD의 가장 큰 차이점은 SSD의 경우는 데이터에 접근하는 것이 기계적 동작이 아닌 전기적 동작만으로 이루어진다는 점입니다. HDD와 SSD 각각에 대해 접근 소요 시간의 개념을 설명한 것이 [그림 8-23]입니다.

그림 8-23 HDD와 SSD의 데이터 접근 소요 시간

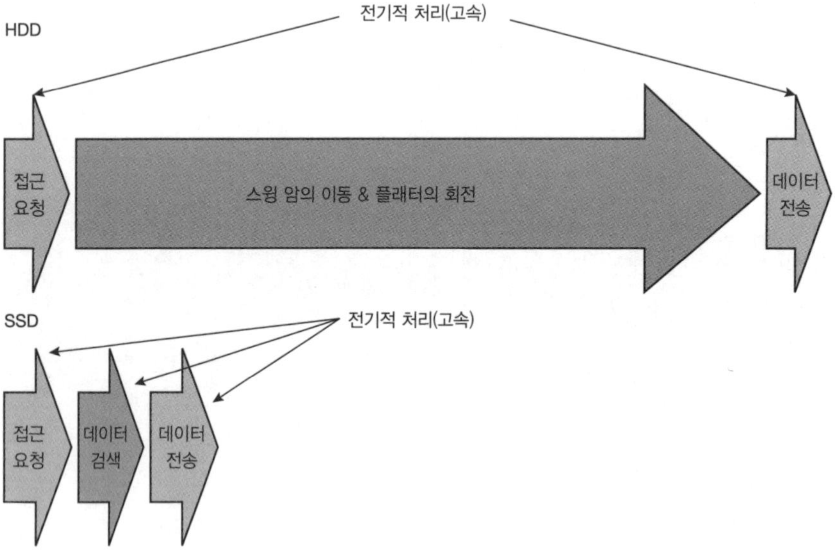

이러한 특징으로 인해 랜덤 접근 성능도 HDD보다 빠릅니다.

그렇다면 사용되는 모든 저장 장치를 HDD에서 SSD로 바꾸면 좋겠지만 용량대비 가격이 SSD가 HDD보다 훨씬 더 비쌉니다. 물론 앞으로는 이 가격 차이가 점점 줄어들겠지만, 현재로는 어쩔 수 없이 양쪽을 범용적으로 사용하는 수밖에 없겠지요.

SSD의 테스트

일단 I/O 지원 기능이 없는 경우에 대해서 테스트해보겠습니다. 시퀀셜 접근에 대해서는 다음과 같은 파라미터로 데이터를 얻습니다.

I/O 지원 기능	종류	패턴	1회당 I/O 사이즈
off	r	seq	4, 8, 16, 32, 64, 128, 256, 512, 1024, 2048, 4096
off	w	seq	4, 8, 16, 32, 64, 128, 256, 512, 1024, 2048, 4096

테스트 결과를 HDD 데이터와 비교한 것이 [그림 8-24]와 [그림 8-25]입니다.

그림 8-24 HDD와 SSD의 시퀀셜 읽기 성능(지원 기능 끔)

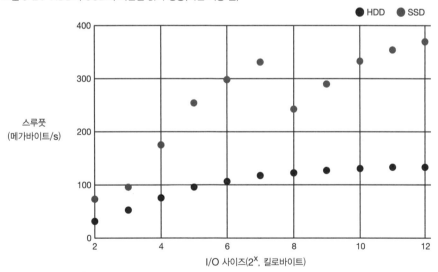

그림 8-25 HDD와 SSD의 시퀀셜 쓰기 성능(지원 기능 끔)

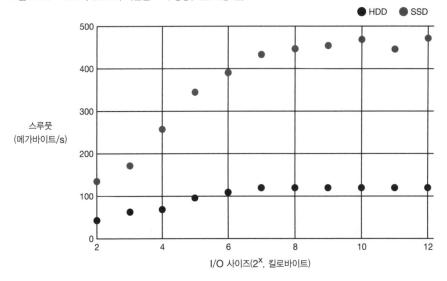

읽기와 쓰기, 어느 경우에도 HDD보다 몇 배 빠름을 알 수 있습니다.

다음으로 랜덤 접근에 대해 확인해보겠습니다. 다음과 같은 파라미터로 데이터를 얻습니다.

I/O 지원 기능	종류	패턴	1회당 I/O 사이즈
off	r	rand	4, 8, 16, 32, 64, 128, 256, 512, 1024, 2048, 4096
off	w	rand	4, 8, 16, 32, 64, 128, 256, 512, 1024, 2048, 4096

테스트 결과를 HDD 데이터와 비교한 것이 [그림 8-26]과 [그림 8-27]입니다.

그림 8-26 HDD와 SSD의 랜덤 읽기 성능(지원 기능 끔)

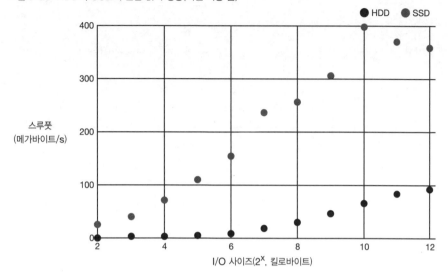

그림 8-27 HDD와 SSD의 랜덤 쓰기 성능(지원 기능 끔)

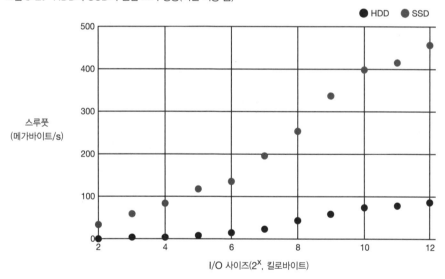

읽기와 쓰기 모두 I/O 사이즈가 커질수록 스루풋 성능이 높아지는 것은 HDD와 같습니다. 한 가지 더 주목할 것은 HDD와의 스루풋 성능의 차이입니다. 시퀀셜의 접근 때보다 더욱 큰 차이가 나고 있음을 알 수 있습니다. 특히 I/O 사이즈가 작은 경우의 차이가 두드러집니다.

시퀀셜 접근의 경우에도 그렇습니다만 랜덤 접근의 경우에는 특히 SSD의 스루풋 성능이 HDD보다 더욱더 크다는 것을 알 수 있습니다.

SSD의 시퀀셜 접근과 랜덤 접근을 비교한 것이 [그림 8-28]과 [그림 8-29]입니다.

그림 8-28 SSD의 읽기 성능(지원 기능 끔)

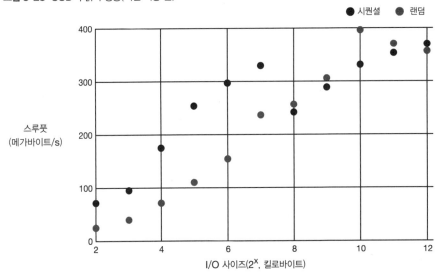

그림 8-29 SSD의 쓰기 성능(지원 기능 끔)

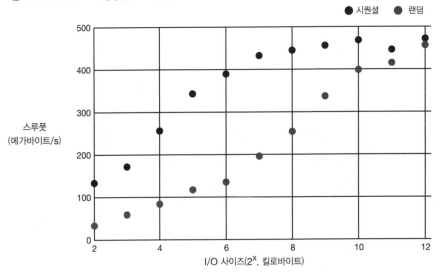

시퀀셜 접근이 랜덤 접근보다 성능이 더 높은 것은 마찬가지지만, HDD보다는 그 차이가 적다는 것을 알 수 있습니다. I/O 사이즈가 어느 정도 커지게 되면 성능 차이는 거의 나오지 않습니다.

이번에는 I/O 지원 기능을 켜고 성능을 확인해보도록 합시다. 일단 시퀀셜 접근에 대해 다음과 같은 파라미터로 데이터를 얻습니다.

I/O 지원 기능	종류	패턴	1회당 I/O 사이즈
on	r	seq	4, 8, 16, 32, 64, 128, 256, 512, 1024, 2048, 4096
on	w	seq	4, 8, 16, 32, 64, 128, 256, 512, 1024, 2048, 4096

테스트 결과를 HDD와 비교한 것이 [그림 8-30]과 [그림 8-31]입니다.

그림 8-30 HDD와 SSD의 시퀀셜 읽기 성능(지원 기능 켬)

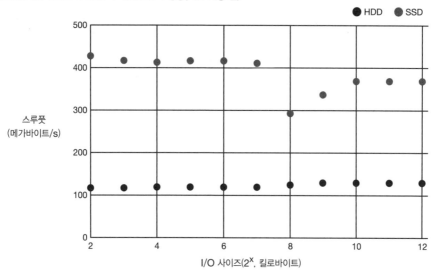

그림 8-31 HDD와 SSD의 시퀀셜 쓰기 성능(지원 기능 켬)

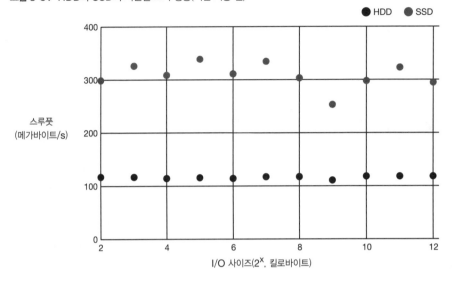

HDD의 경우와 마찬가지로 작은 I/O 사이즈이거나 큰 사이즈이거나 비슷하게 스루풋 성능이 한계에 접근하고 있음을 알 수 있습니다. 읽기 성능이 좋은 것은 HDD와 마찬가지로 미리 읽기의 효과입니다. 쓰기 성능에 대해서는 HDD의 경우와 마찬가지로 I/O 스케줄러의 병합 처리 효과입니다. I/O 지원 기능이 있는 경우와 없는 경우를 비교한 결과는 다음과 같습니다(그림 8-32, 그림 8-33).

그림 8-32 SSD의 시퀀셜 읽기 성능

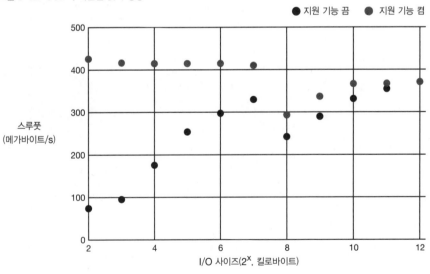

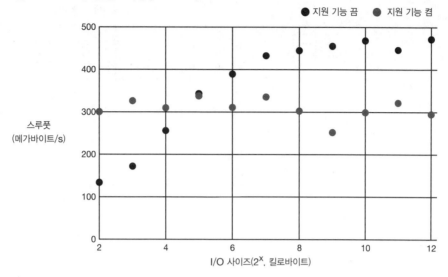

그림 8-33 SSD의 시퀀셜 쓰기 성능

읽기에 대해서는 특별히 설명할 것이 없습니다. 쓰기에 대해서는 커다란 I/O 사이즈의 경우에는 I/O 지원 기능이 없는 경우에 비해 오히려 있는 경우가 스루풋 성능이 낮습니다. 이것은 I/O 스케줄러의 처리를 하기 위해 여러 개의 I/O 요청을 모아두었다가 처리하는 오버헤드가 SSD의 경우 무시할 수 없는 부하가 되기 때문입니다. HDD의 경우에는 기계적 처리의 소요 시간이 이 오버헤드보다 크기 때문에 보이지 않았던 문제입니다.

랜덤 접근은 어떨까요? 다음의 파라미터로 데이터를 얻습니다.

I/O 지원 기능	종류	패턴	1회당 I/O 사이즈
on	r	rand	4, 8, 16, 32, 64, 128, 256, 512, 1024, 2048, 4096
on	w	rand	4, 8, 16, 32, 64, 128, 256, 512, 1024, 2048, 4096

테스트 결과를 HDD의 데이터와 비교한 것이 [그림 8-34]과 [그림 8-35]입니다.

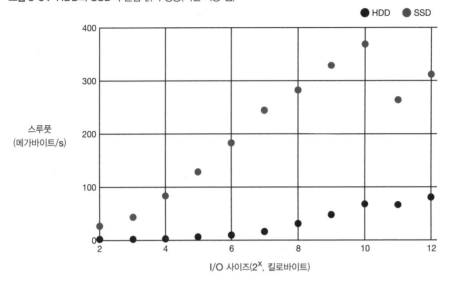

그림 8-34 HDD와 SSD의 랜덤 읽기 성능(지원 기능 켬)

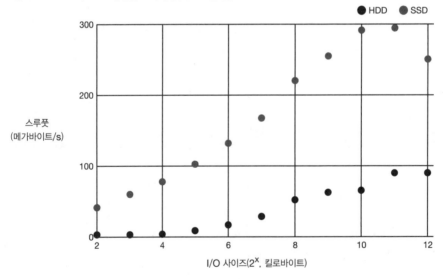

그림 8-35 HDD와 SSD의 랜덤 쓰기 성능(지원 기능 켬)

읽기와 쓰기, 어느 경우라도 I/O 사이즈가 커질수록 성능이 좋아지는 경향은 그대로입니다만, 상대적으로 SSD쪽이 성능이 좋음을 알 수 있습니다. 시퀀셜 접근의 경우와 마찬가지로 특히 I/O 사이즈가 작을수록 두드러지게 좋습니다.

계속해서 시퀀셜 접근과 비교한 것을 [그림 8-36]과 [그림 8-37]에 나타내 보겠습니다.

그림 8-36 SSD의 읽기 성능(지원 기능 켬)

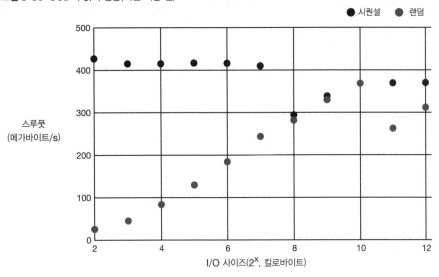

그림 8-37 SSD의 쓰기 성능(지원 기능 켬)

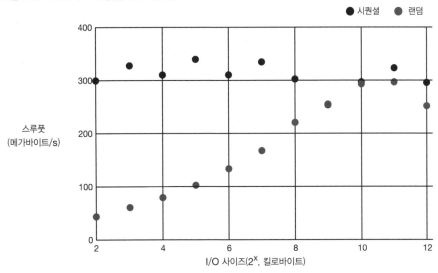

랜덤 접근의 경우에는 I/O 사이즈가 작은 경우 시퀀셜 접근보다 훨씬 느리지만 어느 정도 I/O 사이즈가 커지면 성능이 비슷해지는 것을 알 수 있습니다. 마지막으로 I/O 지원 기능이 있는 경우와 없는 경우를 비교한 것이 [그림 8-38]과 [그림 8-39]입니다.

그림 8-38 SSD의 랜덤 읽기 성능

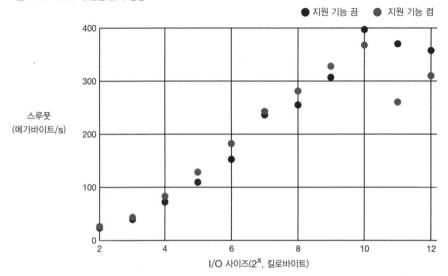

그림 8-39 SSD의 랜덤 쓰기 성능

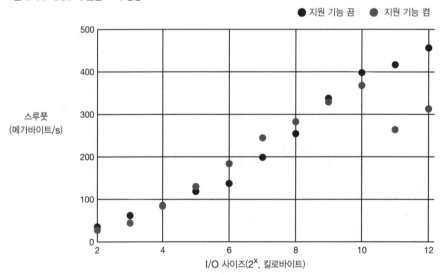

읽기에 대해서는 별로 차이가 없습니다. 이것은 HDD의 경우와 마찬가지로 미리 읽기도 I/O 스케줄러도 동작하지 않기 때문입니다. 쓰기에 대해서는 HDD와 마찬가지로 조금 더 알기 쉽게 세로축을 'I/O 지원 기능을 켠 경우의 스루풋 성능 / 끈 경우의 스루풋 성능'으로 해서 [그림 8-40]으로 나타내 보았습니다.

그림 8-40 SSD의 쓰기 성능 비교(지원 기능 켬/지원 기능 끔)

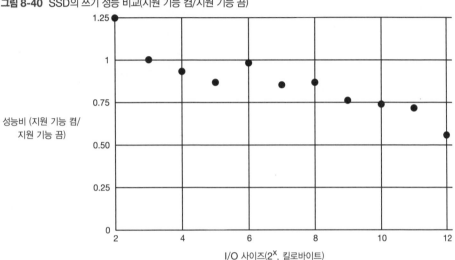

I/O 사이즈가 작을 때는 효과가 있습니다만, 금방 I/O 지원 기능이 없는 경우보다도 성능이 떨어지고 있음을 알 수 있습니다. 이것은 I/O 스케줄러를 위해 여러 개의 I/O 요청을 모아서 처리하는 오버헤드가 SSD의 경우에는 무시할 수 없는 점과 정렬의 효과가 별로 없기 때문입니다.

정리

이번 장에서 테스트한 결과를 보면, HDD의 경우나 SSD의 경우도 사용자가 의식하지 않아도 커널의 지원 기능 덕분에 어느 정도의 접근 최적화가 되고 있음을 알 수 있었습니다. 그러나 모든 경우에 있어 최적의 성능이 나오는 것은 아닙니다. 특히 SSD의 경우 특정 상황에서는 I/O 스케줄러가 오히려 성능을 떨어뜨리는 원인이 될 수 있음을 알 수 있었습니다.

반복해서 설명하지만 여러분께서 소프트웨어를 만들 때에는 다음과 같은 점을 주의하기 바랍니다.

- 파일 안에 데이터가 연속되도록 혹은 가까운 영역에 배치합니다.
- 연속된 영역에서의 접근은 여러 번으로 나누기보다는 한 번에 처리합니다.
- 파일에는 되도록 큰 사이즈로 시퀀셜 하게 접근합니다.

INDEX

INDEX

INDEX

Note